Contacts

Student Activities Manual

Ninth Edition

Contacts
Langue et culture françaises

Jean-Paul Valette

Rebecca M. Valette
Boston College

HEINLE
CENGAGE Learning·

Australia • Brazil • Japan • Korea • Mexico • Singapore • Spain • United Kingdom • United States

ISBN-13: 978-1-133-93762-3
ISBN-10: 1-133-93762-4

Heinle
20 Channel Center Street
Boston, MA 02210
USA

Cengage Learning is a leading provider of customized learning solutions with office locations around the globe, including Singapore, the United Kingdom, Australia, Mexico, Brazil, and Japan. Locate your local office at **www.cengage.com/global**

Cengage Learning products are represented in Canada by Nelson Education, Ltd.

To learn more about Heinle, visit
www.cengage.com/heinle

Purchase any of our products at your local college store or at our preferred online store
www.cengagebrain.com

Printed in the United States of America
4 5 6 7 8 9 10 21 20 19 18 17

Contents

UNITÉ 1   Bonjour, tout le monde!

Leçon 1. Bonjour! 1
Le français écrit 1
Le français parlé 5

Leçon 2. Copain, copine 9
Le français écrit 9
Le français parlé 13

Leçon 3. Salut, ça va? 17
Le français écrit 17
Le français parlé 21

Vie pratique 1: Au café 25

Images du monde francophone 1:
Le français, langue internationale 27

UNITÉ 2   Oui, nous parlons français

Leçon 4. À Québec 29
Le français écrit 29
Le français parlé 33

Leçon 5. À Dakar 37
Le français écrit 37
Le français parlé 41

Leçon 6. À Genève 45
Le français écrit 45
Le français parlé 49

Vie pratique 2: La communication 53

Images du monde francophone 2:
La France et les Français 55

Interlude littéraire Numéro 1 57

UNITÉ 3   Entre Amis

Leçon 7. La vie est belle! 59
Le français écrit 59
Le français parlé 63

Leçon 8. À la terrasse d'un café 67
Le français écrit 67
Le français parlé 71

Leçon 9. Vive la musique! 77
Le français écrit 77
Le français parlé 81

Vie pratique 3: La ville 85

Images du monde francophone 3:
La France d'outre-mer 87

Révision 1: Leçons 1–9 89

UNITÉ 4   Notre monde personnel

Leçon 10. Ma famille   97
Le français écrit   97
Le français parlé   101

Leçon 11. Rien n'est parfait   107
Le français écrit   107
Le français parlé   111

Leçon 12. Le rêve et la réalité   117
Le français écrit   117
Le français parlé   121

Vie pratique 4: L'achat des vêtements   125

Images du monde francophone 4: Paris   127

Interlude littéraire Numéro 2   129

UNITÉ 5   Chez les Français

Leçon 13. Une question de priorité   131
Le français écrit   131
Le français parlé   135

Leçon 14. Un mois à Paris   139
Le français écrit   139
Le français parlé   143

Leçon 15. Souvenirs de vacances   147
Le français écrit   147
Le français parlé   151

Vie pratique 5: Les sorties   155

**Images du monde francophone 5:
Les régions françaises**   157

UNITÉ 6   Bon appétit!

Leçon 16. Un grand gourmand   159
Le français écrit   159
Le français parlé   163

Leçon 17. Petit déjeuner du matin   167
Le français écrit   167
Le français parlé   171

Leçon 18. L'anniversaire de Charlotte   175
Le français écrit   175
Le français parlé   179

Vie pratique 6: Les courses   183

**Images du monde francophone 6:
L'Afrique francophone**   185

Interlude littéraire Numéro 3   187

Révision 2: Leçons 10–18   191

UNITÉ 7   À l'université

Leçon 19. Une condition essentielle   201
Le français écrit   201
Le français parlé   205

Leçon 20. Des notes importantes   209
Le français écrit   209
Le français parlé   213

Leçon 21. Problèmes, problèmes   217
Le français écrit   217
Le français parlé   221

Vie pratique 7: La technologie   225

Images du monde francophone 7:
Le Québec   227

UNITÉ 8   Hier et aujourd'hui

Leçon 22. La vie urbaine   229
Le français écrit   229
Le français parlé   233

Leçon 23. Le premier rendez-vous   237
Le français écrit   237
Le français parlé   241

Leçon 24. Un cambriolage   245
Le français écrit   245
Le français parlé   249

Vie pratique 8: À l'hôtel   253

Images du monde francophone 8:
Haïti   255

Interlude littéraire Numéro 4   257

UNITÉ 9   Images de la vie

Leçon 25. Le sport, c'est la santé   259
Le français écrit   259
Le français parlé   263

Leçon 26. Pauvre Stéphane!   267
Le français écrit   267
Le français parlé   271

Leçon 27. Le grand amour   275
Le français écrit   275
Le français parlé   279

Vie pratique 9: La santé   281

Images du monde francophone 9:
Afrique du Nord   283

Révision 3: Leçons 19–27   285

UNITÉ 10   Perspectives d'avenir

Leçon 28. Une candidate parfaite 293
Le français écrit 293
Le français parlé 297

Leçon 29. Après l'université 301
Le français écrit 301
Le français parlé 305

Leçon 30. Si j'avais plus d'argent... 309
Le français écrit 309
Le français parlé 313

Vie pratique 10: En voyage 315

Images du monde francophone 10:
La France dans le monde 317

Interlude littéraire Numéro 5 319

UNITÉ 11   Le monde actuel

Leçon 31. La réussite 321
Le français écrit 321
Le français parlé 325

Leçon 32. Français ou Européens? 329
Le français écrit 329
Le français parlé 333

Leçon 33. La mondialisation:
pour ou contre? 337
Le français écrit 337
Le français parlé 341

Révision 4: Leçons 28–33 345

Révision Answer Keys 353

UNITÉ **1** Bonjour, tout le monde!

LEÇON **1** Bonjour!

Le français écrit

1 **Leçon de français.** Your friend Jerry is going to Paris and you are helping him with some basic phrases. Write them out. *[p. 5*]*

1. To greet a man you don't know, say:

   _____

2. To greet a woman you don't know, say:

   _____

3. To ask another student his/her name, say:

   _____

4. To give your own name, say:

   _____

5. To ask where another student is from, say:

   _____

6. To say where you are from, say:

   _____

7. To ask the time, say:

   _____

8. To take leave of someone, say:

   _____

*The page references in italics let you know where in your student text you can find help.

2 | **Mais non!** Answer the following questions with complete sentences. Note in parentheses the real places of origin of these people. *[p. 6]*

❋ Shaquille O'Neal est canadien? (États-Unis d'Amérique)
Non, il est américain.

❋ Céline Dion est sénégalaise? (Canada)
Non, elle est canadienne.

1. Le Prince William est italien? (Angleterre)

_____

2. Jodie Foster est française? (États-Unis d'Amérique)

_____

3. Catherine Deneuve est marocaine? (France)

_____

4. Lady Gaga est anglaise? (États-Unis d'Amérique)

_____

5. Jean Chrétien est américain? (Canada)

_____

6. François Hollande est canadien? (France)

_____

3 | **Présentations.** *(Introductions.)* Imagine that you are the president of the international club. You will be introducing the following new members and want to be sure that you pronounce their names correctly. Cross out all silent letters and circle final consonants that are pronounced. *[p. 7]*

❋ Albert Duroc

1. Nicolas Duval
2. Daniel Renard
3. Élisabeth Aveline
4. Michèle Camus
5. Louis Beaufort

6. Bruno Maréchal
7. Bernard Colas
8. Denise Martinot
9. Rémi Andrieux
10. Charles Malec

4 **Les maths.** Write out the results of the following arithmetic problems. *[p. 8]*

✳ 6 − 2 = *quatre*

1. $3 \times 3 =$ _____

2. $8 + 4 =$ _____

3. $(5 \times 2) + 1 =$ _____

4. $(6 - 3) \times 2 =$ _____

5. $(4 \times 2) - 1 =$ _____

6. $(3 \times 4) - 7 =$ _____

7. $8 - (2 \times 2) =$ _____

8. $9 - 3 =$ _____

5 **La ponctualité.** Write out the times indicated on the clocks below. *[p. 9]*

1. Il est _____

2. Il est _____

3. Il est _____

4. Il est _____

5. Il est _____

6. Il est _____

© Cengage Learning

À votre tour

Imagine that you are in a French-speaking country. Write what you would say in the following circumstances.

✳ Say hello to your friend Caroline.   ***Bonjour, Caroline!***

1. You are at a rehearsal of your university orchestra. Ask your new stand partner his or her name.

    _____

2. Give a bank teller your name.

    _____

3. Tell your friend Vincent where you are from.

    _____

4. Tell Monique that you will see her soon.

    _____

5. Say good-by to your friend Jean-Marc.

    _____

Le français parlé

La langue française

A **Pour communiquer: Présentations.** Listen and repeat.

CD1-2

Bonjour!

Salut!

Bonjour, monsieur.

Bonjour, madame.

Bonjour, mademoiselle.

Au revoir.

Salut!

À bientôt.

Je m'appelle...

Je m'appelle Mélanie.

Je suis de...

Je suis de Paris.

Comment t'appelles-tu?

D'où es-tu?

B **Situation: Salutations.** You will hear names of French students. Greet each student informally.

CD1-3

✻ Philippe   *Salut, Philippe!*

Now say hello to the next group of students.

✻ Annie   *Bonjour, Annie.*

C **Pour communiquer: La nationalité.** Listen and repeat.

CD1-4

Je suis...   Je suis français.

Tu es...   Tu es américain?

Il est français.

Elle est française.

Il est anglais.

Elle est anglaise.

Il est américain.

Elle est américaine.

Il est canadien.

Elle est canadienne.

D **Situation: Quelle nationalité?** Look at the list of students and their cities of origin. Listen as CD1-5 the speaker says where each one is from, then give that student's nationality, being sure to pronounce it correctly. Then listen to check your answers.

✳ Vanesssa – New York

Vanessa est de New York. ***Elle est américaine.***

1. Bob – San Francisco
2. Suzanne – Dallas
3. Nicolas – Bordeaux
4. Élaine – Montréal

5. Élisabeth – Londres
6. Georges – Liverpool
7. Vincent – Paris
8. David – Toronto

E **Prononciation: Les lettres muettes.** Some letters in French are not pronounced, especially CD1-6 when they come at the end of a word.

The following letters are usually SILENT:

- **h** in all positions
  Répétez: H̸enri T̸homas Nat̸halie Art̸hur Élisabet̸h H̸ôtel t̸héâtre

- final **-e**
  Répétez: Louis̸e Denis̸e Philipp̸e Stéphan̸e anglais̸e français̸e

- final **-s**
  Répétez: Loui̸s Deni̸s Nicola̸s Charle̸s Pari̸s anglai̸s françai̸s

- other final consonants
  Répétez: Richar̸d Margo̸t Roge̸r Sain̸t-Trope̸z Strasbour̸g Bordeau̸x

EXCEPTIONS: final **-c, -k, -f, -l** are pronounced, and sometimes **-r**
  Répétez: Éri**c** Mar**c** Patric**k** acti**f** Miche**l** Pau**l** Victo**r** bonjou**r**

F **Situation: Au revoir.** The names of eight French students are listed. After you hear the number CD1-7 corresponding to each name, say good-by to that student. Then listen to check your answers. Be sure to respond immediately after you hear the number.

✳ Roger ***Au revoir, Roger.***

1. Nathalie
2. Louise
3. Robert
4. Nicolas

5. Bernard
6. Marthe
7. Édith
8. Marc

G **Les nombres de 0 à 12.** Repeat the following numbers after the speaker.
CD1-8

0 1 2 3 4 5 6 7 8 9 10 11 12

Now, as you hear each number, cross out the corresponding digit.

H **Pratique.** Read each set of three numbers aloud. Then listen to check your answers.

CD1-9

✳ 2   9   4   *deux - neuf - quatre*

A. 3   5   7   C. 2   9   11   E. 10   2   12
B. 8   0   1   D. 4   12   6   F. 7   8   11

I **L'alphabet français.** Listen and repeat.

CD1-10

A   B   C   D   E   F   G   H   I   J   K   L   M

N   O   P   Q   R   S   T   U   V   W   X   Y   Z

J **Géographie.** Look at this map of France on which six cities are indicated. Listen to the spell-
CD1-11 ings of the names of these cities. Write these names in the spaces provided. Each name will be
spelled twice.

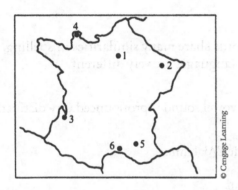

© Cengage Learning

1. __ __ __ __ __ __

2. __ __ __ __ __

3. __ __ __ __ __ __ __

4. __ __ __ __ __ __

5. __ __ __ __ __ __

6. __ __ __ __ __ __ __ __ __

K **Pour communiquer: L'heure.** Listen and repeat.

CD1-12

Quelle heure est-il?

Il est une heure.

deux heures   trois heures   quatre heures   cinq heures   six heures   sept heures
huit heures   neuf heures   dix heures   onze heures   midi   minuit

Il est dix heures du matin.

Il est deux heures de l'après-midi.

Il est neuf heures du soir.

Dialogue

L **Conversation: L'heure.** Charlotte is asking you what time it is. Look at the clocks and answer
CD1-13 accordingly. Then listen to verify your answer.

* CHARLOTTE: Quelle heure est-il?

VOUS: *Il est trois heures.*

1.   2.   3.   4.   5.

Credits: © Cengage Learning

Phonétique

M **Les voyelles françaises.** While French and English words share many similarities in spelling,
CD1-14 they are not pronounced the same. Vowels in the two languages are very different.

- In English, vowels are often glided.
- In French, vowels are clear, short, and clipped. Each vowel sound is pronounced very distinctly.

Voyelles orales

/a/	Anne	Madame Laval est de l'Alabama.
/e/	Mélanie	Léa est de Québec.
/ɛ/	Michel	Elle s'appelle Michèle.
/ə/	je de	Denis est de Genève.
/ø/	deux	Mathieu a deux dollars.
/œ/	heure	Il est neuf heures.
/o/	Rose	Rose est de México.
/ɔ/	Nicole	Thomas est de Limoges.
/i/	Sylvie	Émilie est de Paris.
/u/	Ousmane	Loulou est de Toulouse.
/y/	tu Lucie	D'où es-tu, Julie?

Voyelles nasales

/ã/	anglais	André est français.
	trente	Vincent est de Provence.
/ɔ̃/	onze	Bonjour, Simon.
/ɛ̃/	cinq Alain	Martin est américain.
	un	J'ai un cousin à Verdun.

Dictée

N **Charlotte et Kevin.**
CD1-15 _____. Je _____ Charlotte. Je _____ de Paris.

Je _____ française. Tu _____ Kevin. Tu _____ de Boston.

Tu _____ américain.

LEÇON 2 Copain, copine

Le français écrit

1 **Qui est-ce?** At the International House you point out certain friends and classmates to a new student who just arrived from Quebec. Describe them in complete sentences following the model below. Some of the adjectives are cognates: can you figure out how to use them correctly? *[p. 13]*

❋ voici Vanessa / copine / américain
   Voici Vanessa, une copine américaine.

1. voilà Roger / copain / français

   _____

2. voici Léopold / musicien / anglais

   _____

3. voici Yasmina / copine / algérien

   _____

4. voilà Anh / copine / vietnamien

   _____

5. voici Raïssa / amie / marocain

   _____

6. voilà José / ami / mexicain

   _____

2 **Qui est-ce?** Complete the following introductions by writing the correct word in the blank. *[p. 14]*

1. (ton, ta)   Voici Pierre. C'est _____ frère.

2. (un, une)   Voici Marie. C'est _____ copine.

3. (le, la)   Voilà Mme Faverge. C'est _____ prof de maths.

4. (ton, ta)   Voilà Amélie. C'est _____ camarade de chambre.

5. (mon, ma)   Et voilà Vincent. C'est _____ camarade de chambre.

6. (ton, ta)   Voici Mélanie. C'est _____ soeur.

3 **Une rue en ville.** *(A city street.)* You're showing a photo of Main Street in your town to some French-speaking visitors. Point out some of the places shown. (Their names are cognates!) Write your answers in the same form as the model. *[p. 16]*

© Cengage Learning

✻ Et le numéro 7?

Voilà (Voici) le musée.

1. _____

2. _____

3. _____

4. _____

5. _____

6. _____

| le cinéma | le garage | l'hôpital | le musée | le parc | la pharmacie | le restaurant |

4 **À Paris!** The following actions take place in Paris. Show your understanding of each sentence by writing its English equivalent. *[p. 16]*

✳ Pierre téléphone à Jacqueline.
   Pierre is phoning Jacqueline. or ***Pierre telephones Jacqueline.***

1. Le docteur téléphone au service d'ambulances.

   _____

2. Thomas dîne au restaurant.

   _____

3. Nicolas invite une amie au cinéma.

   _____

4. Les touristes visitent le musée.

   _____

5. Le taxi arrive à l'hôpital.

   _____

6. L'autobus passe dans l'avenue Charles de Gaulle.

   _____

5 **Préférences.** Choose elements from both columns below to create eight sentences that tell what you like and what you don't like. *[p. 17]*

A	B	
J'adore...	la télévision	l'université
J'aime...	la musique	le cinéma
Je n'aime pas tellement...	le café	le dessert
Je déteste...	le jogging	le brocoli
Je préfère...	la violence	le sport

1. _____

2. _____

3. _____

4. _____

5. _____

6. _____

7. _____

8. _____

À votre tour

Write what you would need to say in the following situations.

1. You are sitting in a café when a student you don't know walks by. Ask a friend who he or she is.

   _____

2. A friend asks you who the teacher in the blue suit is. Tell him it is Madame Leblanc.

   _____

3. You and a friend from southern France are visiting Paris by bus. As you approach the cathedral of Paris, point out Notre-Dame.

   _____

4. As your bus continues along the Seine River, tell your friend that there is the Orsay Museum (**le musée d'Orsay**).

   _____

5. At the restaurant, you mention that you hate spaghetti (**les spaghetti**) and that you prefer salad (**la salade**).

   _____

6. After dinner, you and your friend discuss what to do. Tell him/her that you like the movies (**le cinéma**) and you love music (**la musique**).

   _____

7. At a club, you introduce your companion to Richard, an English friend.

   _____

Le français parlé

La langue française

A **Pour communiquer: Les gens.** Listen and repeat.

CD1-16
Voici Léa.
Voici Éric et Thomas.
Voilà Mélanie et Marc.
Voilà Élodie.

Qui est-ce?
C'est Thomas.
C'est un copain.
Il s'appelle Luc.

Qui est-ce?
C'est Charlotte.
C'est une copine.
Elle s'appelle Léa.

J'ai un ami.

un ami	une amie
un copain	une copine
un cousin	une cousine
un frère	une soeur
un prof	une prof
un camarade de chambre	une camarade de chambre

B **Conversation: Qui est-ce?** You have mentioned several people you know by name. Léa wants
CD1-17 to know who they are. Answer her using the information given. Be sure to use **un** or **une,**
as appropriate.

✱ copine   LÉA: Charlotte? Qui est-ce?

VOUS: *Charlotte, c'est une copine.*

1. cousin
2. amie
3. prof d'anglais
4. copain
5. ami
6. cousine

C **Conversation: Oui.** Thomas is asking about your relationship to certain people. Answer in the
CD1-18 affirmative, using **mon** or **ma,** as appropriate. Then listen to check your answers.

✱ THOMAS: Qui est-ce, Mélodie? C'est ta cousine?

VOUS: *Oui, c'est ma cousine.*

D **Prononciation: La liaison.** In spoken French, words are not separated. Within a group of
CD1-19 words, syllables are LINKED TOGETHER.

Note how the following expressions are pronounced. Listen and repeat.

un‿ami   un‿artiste   mon‿ami   ton‿oncle

In general, the final "n" of **un, mon,** and **ton** is silent. However it is pronounced when the next
word begins with a VOWEL SOUND, that is, with an **a, e, i, o, u,** and often **h.** This is called LIAISON.

The liaison consonant, here the "n" of **un, mon,** and **ton,** is pronounced as if it were the *first*
letter of the second word.

Répétez:

un Français	un Canadien	un‿Anglais	un‿Américain
mon copain	mon cousin	mon‿ami	mon‿oncle
deux dollars	trois dollars	deux‿heures	trois‿heures

E **Mots apparentés.** Many words have similar meanings and similar spellings in French and
CD1-20 English. These words are called COGNATES or **mots apparentés.**

Repeat the cognates.

(nationalities)	américain	mexicain	canadien	chinois
(places)	un café	un hôtel	un restaurant	un musée
(leisure activities)	le sport	la musique	la télévision	le cinéma
(concepts)	la liberté	la justice	la civilisation	la philosophie

F **Identifications.** Look at the illustrations as you listen to the following statements. Identify
CD1-21 each illustration by the number of the statement that describes it.

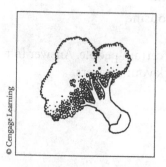

© Cengage Learning

G **Pour communiquer: Préférences.** Listen and repeat.

CD1-22

J'aime...

J'aime beaucoup...

J'adore...

Je préfère...

Je n'aime pas...

Je déteste...

H **Situation: J'aime...** Say whether Mélanie loves or hates the activities mentioned, using the cues
CD1-23 given. Then listen to check your answers.

❋ oui   Tu aimes le jazz?   *Oui, j'adore le jazz.*

❋ non   Tu aimes le théâtre?   *Non, je déteste le théâtre.*

1. oui   2. non   3. oui   4. oui   5. non   6. oui

Dialogue

I **Qui est-ce?** Look at the illustrations and imagine you are in Paris talking to Luc. Other students
CD1-24 that you know come by. Luc asks who they are. You tell him, and give their nationality.

❋ LUC: Qui est-ce?

VOUS: *C'est Barbara. Elle est américaine.*

Barbara

1. Anne-Marie

2. Vincent

3. Sylvie

4. Alex

© Cengage Learning

Phonétique

Prononciation: Français et anglais. Spoken French differs from English in several ways.
CD1-25

tenseness	ENGLISH is a very RELAXED language. Vowels are often glided. Some consonants may also be prolonged.	FRENCH is a very TENSE language. Vowels are short and clipped: they do not glide. Consonants are short and distinctly pronounced. Répétez:
	café, cinema, chateau, Michelle	café, cinéma, château, Michèle
rhythm	ENGLISH rhythm is SING-SONGY. Some syllables are short and others are long.	FRENCH rhythm is very EVEN. Only the LAST syllable of a group of words is longer than others. Répétez:
	She's my **cou**sin. Her **name** is **Emily**.	C'est ma cou**sine**. Elle s'appelle Émi**lie**.
linking	In spoken ENGLISH, words are usually SEPARATED. Your vocal cords may even stop vibrating for an instant between words.	In spoken FRENCH, words are NOT SEPARATED. In fact, within a group of words, all syllables are LINKED or CONNECTED together. Répétez:
	Hello / Isabelle. *She / arrives / at the university.*	Bonjour Isabelle. Elle arrive à l'université.
syllables	In spoken ENGLISH, many words and syllables end on a CONSONANT SOUND.	In spoken FRENCH, syllables end on a VOWEL SOUND whenever possible. Répétez:
	This is Paris.	Voi-ci Pa-ris.

Dictée

K **Amélie et Pierre.**
CD1-26

_____ Amélie. _____ copine. _____ camarade de chambre.
_____ française. _____ Pierre. _____ cousin.
_____ de Chicago. _____ américain.

Student Activities Manual

© 2014 Cengage Learning. All Rights Reserved. May not be scanned, copied or duplicated, or posted to a publicly accessible website, in whole or in part.

LEÇON 3   Salut, ça va?

Le français écrit

1 **Ça va?** How would you answer the question «**Ça va?**» in each of the following circumstances? *[p. 21]*

❋ (You got a "B" on your French exam, when you expected a "C.")

   Ça va (très) bien.

1. (You got a "B," but you expected an "A.")

   _____

2. (You received a letter from your best friend.)

   _____

3. (You have just had a wisdom tooth pulled.)

   _____

4. (You have just won 200 euros in the French lottery.)

   _____

5. (You are recovering from a sprained ankle.)

   _____

2 **Les nombres.** Read the following numbers and write them in digits. *[p. 22]*

❋ ____54____ cinquante-quatre

1. _____ vingt-huit   7. _____ quarante-six

2. _____ trente et un   8. _____ dix-sept

3. _____ cinquante-deux   9. _____ quarante-trois

4. _____ quarante-cinq   10. _____ quatorze

5. _____ quinze   11. _____ vingt-cinq

6. _____ trente-neuf   12. _____ cinquante-sept

3 **Études universitaires.** Read each student's choice of profession, and then say what subjects they should study. Select two options for each person and include at least one language. Begin your sentences with: **Il/Elle doit étudier...** *(He/She should study . . .)* [p. 22]

Arts et lettres	Sciences	Sciences sociales	Études professionnelles
les langues *(languages)*	la chimie *(chemistry)*	l'histoire	le commerce *(business)*
l'anglais	la physique	l'économie	la finance
l'espagnol	la biologie	les sciences politiques	le marketing
le français	(la bio)	la psychologie	l'informatique
l'italien	la géologie	(la psycho)	*(computer science)*
le chinois	les mathématiques	la sociologie	le droit *(law)*
la littérature	(les maths)	la communication	la médecine
la philosophie			
(la philo)			

1. Julien: médecin *(doctor)*

   _____

2. Mélanie: professeur de sciences

   _____

3. Vincent: banquier *(banker)*

   _____

4. Charlotte: avocate *(lawyer)* en droit international

   _____

5. Ahmed: sénateur

   _____

4 **Mes cours.** When are your classes? Write out the times for four of them.

❋ *J'ai un cours de français à dix heures du matin.*

1. _____

2. _____

3. _____

4. _____

5 **À quelle heure?** Say at what time the following events are taking place. Complete the sentences with the times indicated on the clocks. *[p. 24]*

✳ Le concert est à __*huit heures cinq*_____.

1. La classe est à _____.

2. Le film est à _____.

3. J'ai rendez-vous à _____.

4. Le train arrive à _____.

5. Le bus arrive à _____.

© Cengage Learning

6. Je rentre *(go home)* à _____.

À votre tour

Look at the illustrations and write a two- or three-line conversation that might take place between the people pictured.

a.

b.

c.

d.

e.

© Cengage Learning

a. _____

_____

_____

b. _____

_____

_____

c. _____

_____

_____

d. _____

_____

_____

e. _____

_____

_____

Le français parlé

La langue française

A **Pour communiquer: Ça va?** Listen and repeat.

CD1-27

Comment vas-tu?

Ça va.

Ça va bien, merci.

Et toi?

Comment allez-vous?

Je vais bien.

Je vais bien, merci.

Et vous?

Ça va?

Ça va bien.

Ça va très bien.

Ça va pas mal.

Ça va comme ci, comme ça.

Ça va mal.

Ça va très mal.

B **Pour communiquer: Les études.** Listen and repeat.

CD1-28

Qu'est-ce que tu étudies?

J'étudie le français.   l'espagnol

la biologie   l'informatique   les maths   les sciences

J'ai un cours. J'ai un cours de français.

J'ai un examen. J'ai un examen d'histoire.

C **Prononciation: L'élision.** The final letter "e" of a few short words, such as **je, de,** and **le,** and
CD1-29 the final "a" of **la** are dropped when the next word begins with a vowel — **a, e, i, o, u** — or a
"mute **h**" (as in **heure** and **histoire**). This is called ELISION.

Répétez:

		no elision	elision
je	→ **j'**	**Je** suis français.	**J'**ai un examen.
le, la	→ **l'**	**le** chinois, **la** philo	**l'**italien, **l'**histoire
de	→ **d'**	un cours **de** maths	un cours **d'**informatique
		un examen **de** français	un examen **d'**anglais

D **Les études.** Repeat the names of the classes after the speaker.

CD1-30

Arts et lettres	Sciences	Sciences sociales	Études professionnelles
les langues	la chimie	l'histoire	le commerce
l'anglais	la physique	l'économie	la finance
l'espagnol	la biologie	les sciences	le marketing
le français	(la bio)	politiques	l'informatique
l'italien	la géologie	la psychologie	le droit
le chinois	les mathématiques	(la psycho)	la médecine
la littérature	(les maths)	la sociologie	
la philosophie		la communication	
(la philo)			

E **Les nombres de 13 à 60.** Listen and repeat.

CD1-31

treize	vingt	quarante
quatorze	vingt et un	quarante et un...
quinze	vingt-deux	quarante-sept...
seize	vingt-trois...	cinquante
dix-sept	trente	cinquante et un...
dix-huit	trente et un...	cinquante-neuf
dix-neuf	trente-six...	soixante

F **Numéros de téléphone.** In France, phone numbers are given two digits at a time. Write the

CD1-32 phone numbers as you hear them.

Monsieur de Courson: _____-_____-_____-_____-_____

Madame Pelard: _____-_____-_____-_____-_____

Mademoiselle Bertrand: _____-_____-_____-_____-_____

G **Pour communiquer: L'heure et les minutes.** Listen and repeat.

CD1-33

Il est trois heures cinq.
Il est cinq heures vingt.
Il est sept heures dix-huit.
Il est midi cinquante-deux.

Il est dix heures et quart.
Il est une heure et demie.
Il est cinq heures moins le quart.

À quelle heure est le match?
Le match est à trois heures.

H **Conversation: Quelle heure est-il?** Philippe is asking you the time. Answer according to the

CD1-34 clocks shown. Then listen to verify your answer.

❋ PHILIPPE: Quelle heure est-il?

VOUS: *Il est deux heures vingt-cinq.*

1.

2.

3.

4.

5.

6.

7.

8.

Credits: © Cengage Learning

Dialogue

I **Ça va?** Look at the illustrations of various people. From their faces, you can tell how they
CD1-35 feel today. You will hear each person being greeted. Respond to the greeting according to the
picture. Then listen to the suggested answer and repeat it.

❋ — Bonjour, Monsieur.
      Comment allez-vous?

  — *Je vais bien, merci.*

❋ — Bonjour, Michèle.
      Ça va?

  — *Non, ça va mal.*

1.

2.

3.

4.

5.

© Cengage Learning

Phonétique

J **L'intonation.** As you speak, your voice rises and falls: this is called INTONATION. In French, as
CD1-36 in English, your voice falls at the end of a DECLARATIVE SENTENCE. However, in French, the voice
rises after each group of words within a longer sentence, whereas in English it either falls or
stays on the same pitch.

Répétez:

Ça va.

Ça va bien.

Ça va comme ci, comme ça.

Il est deux heures.

Il est deux heures et demie.

Il est deux heures et demie de l'après-midi.

J'ai un cours.

J'ai un cours de français.

J'ai un cours de français à dix heures.

J'ai un examen.

J'ai un examen de chimie.

J'ai un examen de chimie à trois heures.

J'étudie.

J'étudie le français.

J'étudie le français et l'espagnol.

Unité 1   Leçon 3   **23**

K **Situation: À Paris.** You are working as a tour guide in Paris. Point out the following places to the
CD1-37 tourists in your group. Be sure to use a French intonation. Then listen to check your answers.

✳ l'hôtel de la Seine   *Voilà l'hôtel de la Seine.*

l'Opéra
Notre-Dame
la Sorbonne
le musée d'Orsay
la pyramide du Louvre
le parc de la Villette
la Tour Eiffel
le café Bonaparte
la place de la Bastille
l'avenue Victor-Hugo
le boulevard Saint-Michel
le boulevard Raspail

Dictée

L **Salutations.**
CD1-38 —_____ Mademoiselle.

—_____ Monsieur.

—Comment _____?

—_____ très bien. Et vous?

—_____ comme ci, comme ça.

VIE PRATIQUE 1: AU CAFÉ

🔊 Écouter et parler

A **Boisson ou plat?** Listen carefully to each sentence. Determine whether the person is ordering
CD1-39 something to eat (**un plat**) or something to drink (**une boisson**).

1. un plat   une boisson
2. un plat   une boisson
3. un plat   une boisson

4. un plat   une boisson
5. un plat   une boisson
6. un plat   une boisson

B **Au café.** You are at a café in Paris. Listen to the waiter's questions. Answer him and listen to
CD1-40 the confirmation. At the end of the conversation, write the price you hear.

1. The waiter will ask you what you want.
2. Tell him you would like a beer.
3. The waiter asks if you would like something else.
4. Ask him to give you a ham sandwich.

5. The waiter brings you your order. Ask him for the check.
6. The waiter brings the check. Ask him how much it is.
7. The waiter tells you the amount.

Ça fait _____ euros.

C **À la banque.** You have changed your dollars into euros. Listen as the teller identifies the coins
CD1-41 and bills. Write the corresponding number in the appropriate box.

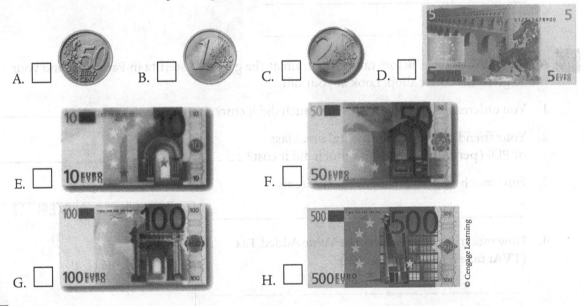

A. ☐   B. ☐   C. ☐   D. ☐

E. ☐   F. ☐

G. ☐   H. ☐

© Cengage Learning

D **Ça fait combien?** You friend is asking you how much
CD1-42 certain items cost. Answer according to the price list.

omelette	6,00 €
sandwich au jambon	3,50 €
steak-frites	9,50 €
soda	2,50 €
limonade	2,00 €
bière	4,00 €

Lire et écrire

E **Au musée d'Orsay.** You are visiting the musée d'Orsay in Paris this morning. Before you see the Impressionist Art collection, you want to have a coffee break. Look at the menu.

1. Which items cost about the same in the US?

   _____

   _____

   _____

2. Which items are more expensive in Paris?

   _____

   _____

   _____

3. Which items are more expensive in the US?

   _____

   _____

   _____

Le Café des Hauteurs

Les viennoiseries

Croissant pur beurre	1,80 €
Pain au chocolat	2,00 €
Pain aux raisins	2,00 €
Muffin	2,50 €
Café ou décaféiné express,	2,00 €
Double café ou double décaféiné	2,95 €
Café crème	2,95 €
Double café crème	3,70 €
Cappuccino	2,95 €
Chocolat chaud	2,95 €
Chocolat ou café viennois	3,70 €
Lait chaud ou froid	2,00 €
Thé : Ceylan, Darjeeling, Earl grey, thé caramel	2,95 €

F **Au Café d'Austerlitz.** Before taking the train at the gare d'Austerlitz in Paris, you and your friend go to the coffee shop. Look at your bill.

1. You ordered a double espresso. How much did it cost? _____

2. Your friend ordered a continental breakfast or PDJ **(petit déjeuner)**. How much did it cost? _____

3. How much were you charged for the items?

   _____

4. How much of that price was the Value Added Tax **(TVA: taxe à la valeur ajoutée)**?

   _____

5. How much of that price was the tip or service charge **(dont service** [including service]**)**?

   _____

6. What was the basic price of the food?

   _____

```
        LE CAFE D'AUSTERLITZ
   Les Buffets des Gares de France
         Gare d'Austerlitz
        85, Quai d'Austerlitz
            75013 PARIS

 BU2

    1 Double Cafe              3.80
    1 Formule PDJ              7.10
 --------------------------------------
       HT Serv.Compris    TVA     TTC
 Normale        9.11     1.79   10.90
 Dont Serv:     1.32
 --------------------------------------
 TOTAL                       10.90
```

IMAGES DU MONDE FRANCOPHONE 1:
LE FRANÇAIS, LANGUE INTERNATIONALE

A **Pourquoi parler français?** Read about the many reasons for studying French (pp. 32–33). Which reasons are most relevant to you? Why?

_____

_____

_____

_____

_____

B **Exploration.** Today English has many words borrowed from French, such as *chic* and *entrepreneur*. List 10 other words borrowed from French.

1. _____ 6. _____

2. _____ 7. _____

3. _____ 8. _____

4. _____ 9. _____

5. _____ 10. _____

C **Ils parlent français.** [Écoutez!] Listen as six
CD1-43 French speakers introduce themselves (p. 34). Match them with their country of origin.

Speaker #1: _____

Speaker #2: _____

Speaker #3: _____

Speaker #4: _____

Speaker #5: _____

Speaker #6: _____

D On parle français aussi en Amérique.

CD1-44 [Écoutez!] Listen as three more French speakers introduce themselves (p. 37). Match them with their area of origin.

Speaker #1: _____

Speaker #2: _____

Speaker #3: _____

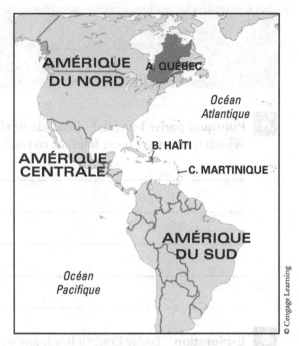

E Le français dans la géographie américaine. The historical presence of France in North America is still reflected in many American place names. Locate the following places on the map below by writing the corresponding letter.

How many fall within the territory of the Louisiana Purchase (shaded area)? _____

1. _____ **St. Louis:** named after Louis IX, patron saint of King Louis XV

2. _____ **Baton Rouge:** *red stick —* an Indian marker

3. _____ **Detroit:** *strait* linking Lake Erie and Lake St. Clair

4. _____ **Eau Claire:** *clear water*

5. _____ **Terre Haute:** *high land*

6. _____ **Belle Fourche:** *beautiful fork in the river*

7. _____ **Boise:** *wooded area*

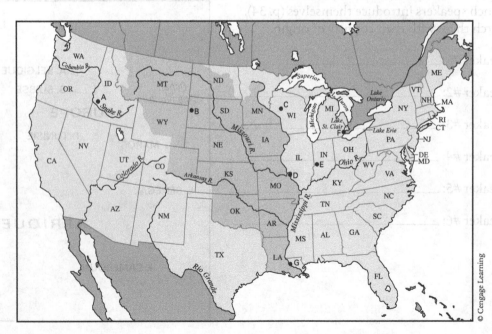

UNITÉ 2 Oui, nous parlons français

LEÇON 4 À Québec

Le français écrit

1 **Où?** *(Where?)* Read the sentences below and then say where the people are. In your statements, use subject pronouns, the appropriate forms of **être à,** and the cities in italics. *[Section A, p. 42]*

✱ Philippe aime *Rome.*   ***Il est à Rome.***

1. Nous visitons *Dakar.* _____

2. Vous habitez à *Berne.* _____

3. M. et Mme Lambert habitent à *Angers.* _____

4. Julie étudie à *Paris.* _____

5. J'arrive à *Casablanca.* _____

6. Tu visites *Québec.* _____

2 **Visites.** Say which places the people in parentheses are visiting. Complete the sentences below with the corresponding subject pronouns and the appropriate forms of the present tense of the verb **visiter.** *[Section B, p. 44]*

✱ (Mlle Moreau)   <u>*Elle visite*</u>_____ Montréal.

1. (Aurelle et Julie)   _____ l'Université Laval.

2. (nous)   _____ Québec.

3. (M. Michaud)   _____ l'hôtel Frontenac.

4. (Marc et François)   _____ Chicoutimi.

5. (M. et Mme Leblanc)   _____ Paris.

6. (vous)   _____ l'Arc de Triomphe.

7. (je)   _____ la Tour Eiffel.

8. (tu)   _____ le Louvre.

3 **Activités.** What are the various people doing? Complete the sentences below with the appropriate form of one of the verbs in the box. Be logical. *[Section B, p. 44]*

> aimer étudier habiter inviter parler visiter

1. Mitsuko et Tatsuya _____ japonais.

2. Fatima _____ les sciences économiques.

3. Nous _____ le football américain.

4. Je _____ Paris avec tes cousins.

5. Tu _____ au Canada.

6. Vous _____ Amélie et Nicolas au restaurant.

4 **Mais non! Pas du tout!** Answer the following questions in the negative, using **nous**. *[Section C, p. 46]*

❋ Vous parlez russe?   *Mais non, nous ne parlons pas russe.*

1. Vous habitez à Paris?

_____

2. Vous étudiez l'arabe?

_____

3. Vous êtes canadiens?

_____

4. Vous aimez l'opéra?

_____

5. Vous visitez Paris ce week-end?

_____

5 **Différences.** Say that Cécile never does what her cousin Nicolas does. Use the expression **ne... jamais.** [Section D, p. 47]

1. Nicolas parle anglais.

   Cécile _____

2. Nicolas étudie le week-end.

   Cécile _____

3. Nicolas visite les musées.

   Cécile _____

4. Nicolas est optimiste.

   Cécile _____

5. Nicolas invite son copain au restaurant.

   Cécile _____

6 **Quand on est étudiant.** Say whether or not students at your university generally do the following things. Use **on** in affirmative or negative sentences. [Section E, p. 48]

✻ étudier beaucoup?   *Oui, on étudie beaucoup.*
                    ou: *Non, on n'étudie pas beaucoup.*

1. être idéaliste?

   _____

2. être toujours d'accord avec les professeurs?

   _____

3. habiter dans une résidence *(dorm)*?

   _____

4. aimer les examens?

   _____

À votre tour

Imagine that you are studying at the Alliance française in Paris. Another student wants to get to know you better. Answer her questions with affirmative or negative sentences.

1. Tu parles anglais?

   _____

2. Tu parles espagnol?

   _____

3. Tu habites à Chicago?

   _____

4. Tu étudies la biologie?

   _____

5. Tu aimes Paris?

   _____

6. Tu visites les musées?

   _____

Le français parlé

La langue française

A **Le verbe *être*.** Écoutez et répétez. *Listen and repeat.*

CD2-2

je suis	Je suis américain.
tu es	Tu es canadienne.
il est	Il est à Montréal.
elle est	Elle est à Québec.
nous sommes	Nous sommes de San Francisco.
vous êtes	Vous êtes avec un copain.
ils sont	Ils sont à Paris.
elles sont	Elles sont à Lyon.

B **Vocabulaire: Mots utiles.** Écoutez et répétez. *Listen and repeat.*

CD2-3

à	Nous sommes à l'Université Laval.
	Vous êtes à Québec.
de	Tu es de San Francisco. Je suis d'Omaha.
	Voici une photo de Montréal.
et	Anne et Sophie sont camarades de chambre.
ou	Qui est-ce? Juliette ou Sophie?
avec	Philippe est avec Pauline.
pour	Nous sommes pour la justice.
mais	Je suis français, mais mon cousin est canadien.

C **Origines.** Say where various people are from, using the cues given.

CD2-4

✱ Vanessa – New York

  Vanessa est de New York.

1. Nicolas – Paris
2. vous – Nice
3. je – Denver
4. tu – Madrid
5. nous – Montréal
6. Stéphane et Charlotte – Tours

D **Les verbes en -er.** Écoutez et répétez. *Listen and repeat.*

CD2-5

Je parle français.	J'habite à Paris.
Tu parles français.	Tu habites à Québec.
Il parle anglais.	Il habite à Toronto.
Nous parlons italien.	Nous habitons à Rome.
Vous parlez espagnol.	Vous habitez à Madrid.
Elles parlent russe.	Elles habitent à Moscou.

E **Vocabulaire: Quelques verbes en -er.** Écoutez et répétez. *Listen and repeat.*

CD2-6

parler	Nous parlons français.
visiter	Vous visitez Québec.
aimer	J'aime le sport.
étudier	Claire étudie la finance.
habiter	Ma cousine habite à Montréal.
inviter	J'invite un copain au restaurant.

F **Identification de formes.** You will hear Clément talking about his friends. Listen carefully to each sentence and try to tell if he is speaking about one person or several people. If the verb begins with a consonant sound, it is impossible to tell. **Il(s) parle(nt)** could mean *He is talking* or *They are talking*. But if the verb begins with a vowel sound, you can hear a difference between singular and plural. **Il étudie** means *He is studying*. In the plural, you hear the sound [z]: **Ils étudient,** meaning *They are studying*.

CD2-7

Mark **singulier** if the speaker is definitely talking about a single person. Mark **pluriel** if he is definitely talking about two or more people. If it is impossible to tell, mark **singulier ou pluriel**.

1. ○ singulier   ○ pluriel   ○ singulier ou pluriel

2. ○ singulier   ○ pluriel   ○ singulier ou pluriel

3. ○ singulier   ○ pluriel   ○ singulier ou pluriel

4. ○ singulier   ○ pluriel   ○ singulier ou pluriel

5. ○ singulier   ○ pluriel   ○ singulier ou pluriel

6. ○ singulier   ○ pluriel   ○ singulier ou pluriel

7. ○ singulier   ○ pluriel   ○ singulier ou pluriel

8. ○ singulier   ○ pluriel   ○ singulier ou pluriel

G **Situation: À Paris.** Summer is tourist season in Paris. After you hear who is in Paris, tell what
CD2-8 monument or place they are visiting.

❋ le Louvre   Tu es à Paris.   *Tu visites le Louvre.*

1. la Tour Eiffel
2. les Champs-Élysées
3. Notre-Dame
4. l'Arc de Triomphe
5. le Sacré-Coeur
6. la Sorbonne

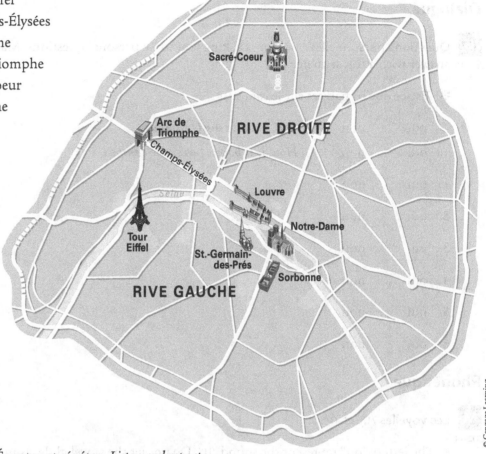

© Cengage Learning

H **La négation.** Écoutez et répétez. *Listen and repeat.*
CD2-9

Je suis à Québec.   Je ne suis pas à Montréal.
Anne est canadienne.   Elle n'est pas française.
Nous parlons français.   Nous ne parlons pas espagnol.
Éric étudie l'histoire.   Il n'étudie pas l'anglais.

I **Conversation: Pas moi.** You will hear Amélie make a series of statements about her friends.
CD2-10 Say that you do not do the things that her friends do. Then listen to check your answer.

❋ AMÉLIE: Nicolas visite Québec. Et toi?
   VOUS: *Je ne visite pas Québec.*

J **Situation: Contradictions.** You will hear Pierre making certain statements. Contradict him by
CD2-11 making his statements negative. Use subject pronouns. Then listen to check your answer.

❋ Marie parle espagnol.   *Mais non! Elle ne parle pas espagnol.*

K **Conversation: Dans une université américaine.** Vanessa will ask you questions about life in an
CD2-12 American university. Answer affirmatively, as in the model.

✳ Est-ce qu'on étudie?　　　　　　*Mais oui, bien sûr, on étudie.*

Dialogue

L **Questions personnelles.** Sophie is asking you some personal questions. Mark **oui** or **non**, then
CD2-13 answer with a full sentence.

✳ Est-ce que tu habites sur le campus?

　　　<u>oui</u>　　non　　　　*Oui, j'habite sur le campus.*

ou: oui　　<u>non</u>　　　*Non, je n'habite pas sur le campus.*

1. oui　　non

2. oui　　non

3. oui　　non

4. oui　　non

5. oui　　non

6. oui　　non

Phonétique

M **Les voyelles /u/ et /i/**
CD2-14

- The letters "ou" represent the sound /u/. Do not let the vowel glide, as in English.
  Répétez: v<u>ou</u>s n<u>ou</u>s d<u>ou</u>ze éc<u>ou</u>te beac<u>ou</u>p s<u>ou</u>vent t<u>ou</u>j<u>ou</u>rs c<u>ou</u>sin

- The letters "i" and "y" represent the sound /i/ as in **Mimi.** Do not let the vowel glide.
  Répétez: <u>i</u>l am<u>i</u> m<u>i</u>d<u>i</u> s<u>i</u>x cop<u>i</u>ne auss<u>i</u> vis<u>i</u>ter f<u>i</u>nance Sylv<u>i</u>e phys<u>i</u>que

Dictée

N **À Québec**
CD2-15

_____ à Paris? _____ au Canada _____ Paul et

Nicolas. _____ à Québec.　Paul et Nicolas _____ à l'Université

Laval. _____ la biologie. Et moi? _____ la musique.

LEÇON 5 À Dakar

Le français écrit

1 **Qu'est-ce que vous faites?** What are the various students doing? Complete the sentences below with the appropriate form of one of the verbs in the box. Be logical. *[Vocabulaire, p. 52]*

```
chanter   dîner   écouter   jouer   manger
    regarder   téléphoner   travailler
```

1. Nous _____ un sandwich.

2. Je _____ à un copain.

3. Vincent _____ dans un garage.

4. Vous _____ dans une chorale.

5. Charlotte et Léa _____ au basket.

6. Marc et Mathieu _____ au restaurant.

7. Tu _____ la télé.

8. Émilie _____ un CD.

2 **Rencontres.** A French student is asking you the following questions. Answer him or her affirmatively or negatively. *[Section A, p. 54]*

✱ Est-ce que tu habites à Boston?   *Oui, j'habite à Boston.*
   ou: *Non, je n'habite pas à Boston.*

1. Est-ce que tu es en cours maintenant? _____

2. Est-ce que tu joues au basket? _____

3. Est-ce que tu dînes souvent au restaurant? _____

4. Est-ce que tu travailles beaucoup? _____

5. Est-ce que tu nages bien? _____

6. Est-ce que tu chantes dans une chorale? _____

7. Est-ce que tu aimes voyager? _____

8. Est-ce que tu aimes danser? _____

3 **Questions.** Complete the following dialogues. First complete each question using the subject in parentheses and the verb suggested by the illustration. Then complete the answer affirmatively or negatively as suggested. *[Section A, p. 54]*

– *Est-ce que tu chantes* _____ bien?

– Non, je *ne chante pas bien* _____.

✱ (tu)

– _____ souvent?

– Oui, il _____.

1. (Robert)

– _____ bien au tennis?

– Non, je _____.

2. (tu)

– _____ beaucoup?

– Oui, ils _____.

3. (Paul et André)

– _____ souvent la télévision?

– Non, nous_____.

4. (vous)

– _____ au Canada?

– Oui, il _____.

5. (M. Marchand)

4   **Préférences.** Read what the following people do or don't do, and then say that they like or don't like these things. Study the two models. *[Section B, p. 56]*

✳ Philippe joue beaucoup au tennis.   *Il aime jouer au tennis.*

✳ Sarah ne joue pas au tennis.   *Elle n'aime pas jouer au tennis.*

1. Vous voyagez.

    _____

2. Tu ne travailles pas.

    _____

3. Je regarde un film.

    _____

4. Aurélie ne téléphone pas souvent.

    _____

5. Nous dansons très bien.

    _____

6. Pierre et Clément ne visitent pas les musées.

    _____

7. Vous n'écoutez pas la musique classique.

    _____

5   **Jours de la semaine.** Complete the sentences below with the appropriate day of the week. *[Vocabulaire, p. 58]*

1. Aujourd'hui, c'est dimanche.

    Demain, c'est _____.

2. Aujourd'hui, c'est jeudi.

    Demain, c'est _____.

3. Aujourd'hui, c'est mardi.

    Demain, c'est _____.

À votre tour

Imagine that you are at a sports club with your French friends. Write out what you would say in the following situations.

❋ Ask Jean-Pierre if he likes to swim.

Est-ce que tu aimes nager?

1. Ask Chantal and Marie if they swim often.

   _____

2. Ask Jacques if he wants to play tennis.

   _____

3. Ask Isabelle if she wants to play golf.

   _____

4. Ask Élisabeth if she can phone François.

   _____

5. Tell them that you must study.

   _____

6. Tell your friends that you cannot have dinner with them.

   _____

🔊 **Le français parlé**

La langue française

A **Vocabulaire: Activités.** Écoutez et répétez. *Listen and repeat.*

CD2-16

Qu'est-ce que tu fais?	J'étudie.
Qu'est-ce que tu aimes faire?	J'aime voyager.

tous les jours

écouter	Marc et Céline écoutent la radio.
	J'écoute mon copain.
regarder	Nous regardons le prof.
	Je regarde la télé.
dîner	Tu dînes au restaurant.
manger	Je mange un sandwich.
téléphoner à	Je téléphone à un ami.
travailler	Je travaille à la cafétéria.

les loisirs

chanter	Je chante dans une chorale.
danser	Zoé et Richard dansent le rock.
jouer	Nous jouons au tennis et au volley.
	Alice joue au foot et au basket.
nager	Je nage dans l'océan.
voyager	Paul voyage avec un copain.

B **Situation: Répétition.** You will hear Malika ask several questions in an informal way, using
CD2-17 intonation only. Repeat these questions using **est-ce que.** Then listen to check your answer.

✳ Vous aimez voyager? ***Est-ce que vous aimez voyager?***

C **Vocabulaire: Expressions utiles.** Écoutez et répétez. *Listen and repeat.*

CD2-18

bien	Tu chantes bien.
mal	Je chante mal.
assez	Vous dansez assez bien!
très	Anne joue très bien au tennis.
assez	Vous n'étudiez pas assez!
peu	Je mange peu.
beaucoup	Nous regardons beaucoup la télé.
trop	Tu travailles trop!
toujours	Nous parlons toujours français en classe.
souvent	Pauline ne dîne pas souvent au restaurant.
aussi	Je joue au volley. Je joue aussi au basket.
maintenant	Maintenant, nous sommes à l'université.

Unité 2 Leçon 5 41

D Situation: Clarifications. You will hear what several people do. Make the statements clearer by
CD2-19 adding the adverb suggested. Then listen to check your answer.

✳ bien

Marie et David dansent.   *Marie et David dansent bien.*

1. mal
2. souvent
3. beaucoup
4. maintenant

5. toujours
6. aussi
7. assez bien
8. très souvent

E Conversation: Souvent? Using the cues provided, respond to the questions about people's
CD2-20 activities. Then listen to check your answer.

✳ oui   Est-ce qu'Alain travaille beaucoup?   *Oui, il travaille beaucoup.*

1. oui   2. non   3. oui   4. oui   5. oui   6. non   7. oui

F Narration: Mais non! You will hear questions about what certain people like to do. Answer the
CD2-21 questions, using the verb **détester**. Then listen to check your answer.

✳ Georges aime nager?   *Mais non, Georges déteste nager.*

G Vocabulaire: Invitations. Écoutez et répétez. *Listen and repeat.*
CD2-22

Est-ce que tu veux...?   Est-ce que tu veux dîner au restaurant?
Est-ce que tu peux...?   Est-ce que tu peux téléphoner à mon cousin?

Oui, d'accord.   Oui, je veux bien.
                                Oui, je veux bien dîner au restaurant.

Je voudrais...   Oui, je voudrais dîner à huit heures.
Je peux...   Oui, je peux téléphoner à ton cousin.

Je regrette mais je ne peux pas...   Je regrette, mais je ne peux pas dîner au restaurant.
Je dois...   Je dois préparer l'examen.

H Les jours de la semaine. Écoutez et répétez. *Listen and repeat.*
CD2-23

Quel jour est-ce?
Quel jour sommes-nous?
   aujourd'hui   Aujourd'hui, nous sommes lundi.
   demain   Demain, c'est mardi.

les jours de la semaine
lundi   mardi   mercredi   jeudi   vendredi   samedi   dimanche

I **Situation: Demain.** You will hear what day of the week it is today. Say what day it will be
CD2-24 tomorrow. Then listen to check your answer.

✻ Aujourd'hui, c'est mardi.   ***Demain, c'est mercredi.***

Dialogue

J **Qu'est-ce que tu fais?** *(What do you do?)* Philippe will ask you what you do at certain hours of
CD2-25 the day. Answer his questions according to the illustrations. Then listen to check your answer.

✻ PHILIPPE: Qu'est-ce que tu fais à deux heures?
     VOUS: *À deux heures, j'étudie.*

1.

2.

3.

4.

5.

© Cengage Learning

Phonétique

K **La voyelle /ə/.** When the letter "e" occurs at the end of a word or when it is followed by only CD2-26 one consonant sound, it is called a "mute e." It is either silent or is pronounced /ə/. Be careful not to pronounce it like the /ɛ/ in **elle**.

Répétez: je que ne demain mercredi vendredi samedi regarder regretter

Dictée

L **Les voyages**
CD2-27

_____ voyager. _____ assez souvent. Maintenant _____ à Québec. Je _____ aussi visiter Montréal. Est-ce que _____ souvent? Est-ce que _____ voyager?

LEÇON **6** À Genève

Le français écrit

1 **Rencontres.** Imagine that a French student at your university is asking you the questions below. Write out your answers in complete sentences. *[Sections A, B, pp. 62, 64]*

1. Où est-ce que tu habites?

_____

2. Où est-ce que tu étudies?

_____

3. À quelle heure est-ce que tu regardes la télé?

_____

4. Avec qui est-ce que tu parles français?

_____

2 **Une interview.** Imagine that you are transcribing an interview with Anne Marchand, a Canadian student who is visiting your campus. Use the information in her answers to decide which questions were asked. In your questions, use **est-ce que** and address Anne as **tu.** *[Sections A, B, pp. 62, 64]*

❊ Vous: *Où est-ce que tu habites?*
   Anne: J'habite à Québec.

1. Vous: _____
   Anne: J'étudie à l'Université Laval.

2. Vous: _____
   Anne: J'étudie la littérature.

3. Vous: _____
   Anne: Je voyage avec mon amie Pauline.

4. Vous: _____
   Anne: Je voyage en train.

5. Vous: _____
   Anne: Je visite les États-Unis parce que j'aime voyager.

6. Vous: _____
   Anne: Je rentre *(go back)* au Canada le 10 septembre.

3 **Vraiment?** *(Really?)* Bernard talks to Pierre about his friends. Pierre seems surprised. Write what Pierre says, using the appropriate subject and stress pronouns to replace the names of people Bernard mentions. *[Section C, p. 66]*

Bernard	Pierre
✻ Julie est avec Vincent.	Vraiment? *Elle est avec lui?*
1. Fatima est avec Ali.	Vraiment? _____
2. Charlotte habite avec Léa et Laura.	Vraiment? _____
3. Marc étudie avec Céline.	Vraiment? _____
4. Yasmina travaille pour M. Moreau.	Vraiment? _____
5. Amélie est avec Nicolas et Thomas.	Vraiment? _____
6. Ahmed voyage avec Amadou et Youcef.	Vraiment? _____

4 **Réciprocité.** Switch things around. Rewrite each sentence so that the person indicated by the stress pronoun (underlined) becomes the subject and vice versa. Use the appropriate pronouns, and make sure that the verb agrees with the new subject. *[Section C, p. 66]*

✻ Il habite avec <u>moi</u>.   **J'habite avec lui.**

1. Ils étudient avec <u>nous</u>.

    _____

2. Tu danses avec <u>elle</u>.

    _____

3. Vous travaillez pour <u>lui</u>.

    _____

4. J'étudie avec <u>eux</u>.

    _____

5. Elles rentrent avec <u>toi</u>.

    _____

6. Nous travaillons avec <u>elles</u>.

    _____

5 **Quand?** Write out when the following actions are taking place. Use complete sentences. Remember that in French, dates are abbreviated as follows: day / month. *[Section D, p. 68]*

✳ (3/4)

— Quand est-ce que vous *dînez au restaurant?*

— Nous *dînons au restaurant le 3 avril.*

1. (20/7)

— Quand est-ce que les touristes _____ Paris?

— Ils _____.

2. (13/2)

— Quand est-ce que Pierre _____ pour *American Idol?*

— Il _____.

3. (15/8)

— Quand est-ce que Nicolas _____ dans la compétition?

— Il _____.

4. (1/6)

— Quand est-ce que Léa et Julien _____?

— Ils _____.

5. (18/1)

— Quand est-ce que les étudiants _____ pour l'examen?

— Ils _____.

À votre tour

Imagine you are studying this summer in Brussels. At the student residence you meet other young people. Since you want to become better acquainted, ask each of them two questions in French.

1. Robert is listening to his radio. Ask him what he is listening to. Ask him if you can listen to the radio with him.

   _____?

   _____?

2. Luisa is a Spanish student. Ask her what she studies. Ask her if one studies a lot in Spanish universities.

   _____?

   _____ dans les universités espagnoles?

3. Nathalie is from Lausanne, Switzerland. Ask her if she speaks French. Ask her if people speak French in Lausanne.

   _____?

   _____ à Lausanne?

4. You want to go out to dinner with Isabelle. Ask her at what time she has dinner. Ask her if she wants to have dinner with you tomorrow.

   _____?

   _____?

🔊 Le français parlé

La langue française

A **Vocabulaire: Expressions interrogatives.** Écoutez et répétez. *Listen and repeat.*

CD2-28

où?	Où est-ce que vous habitez?
quand?	Quand est-ce que ton cousin arrive à Genève?
à quelle heure?	À quelle heure est-ce que vous dînez?
comment?	Comment est-ce que vous jouez au tennis?
pourquoi?	Pourquoi est-ce que tu étudies la biologie?
parce que	Parce que je veux être médecin.

B **Questions avec *qui* et *que*.** Écoutez et répétez. *Listen and repeat.*

CD2-29

qui?	Qui est-ce que tu invites au concert?
à qui?	À qui est-ce que vous téléphonez?
de qui?	De qui est-ce que tu parles?
avec qui?	Avec qui est-ce que Pierre étudie?
pour qui?	Pour qui est-ce que ton cousin travaille?
qui + *verb* . . . ?	Qui habite ici?
qu'est-ce que?	Qu'est-ce que tu étudies?
de quoi?	De quoi est-ce que vous parlez?

C **Situation: Questions.** Be nosy and ask a lot of questions. Use the suggested interrogative ex-

CD2-30 pressions. Then listen to check your answer.

❋ Pierre travaille. Pour qui? ***Pour qui est-ce que Pierre travaille?***

D **Conversation: Comment?** You are talking to your friend Mathieu in a noisy café. You can't

CD2-31 hear everything he says; ask him to clarify his statements by asking a follow-up question. Then listen to check your answer.

❋ Mathieu: Isabelle habite à Genève.

VOUS: ***Où est-ce qu'elle habite?***

E **Les pronoms accentués.** Écoutez et répétez. *Listen and repeat.*

CD2-32

Moi, je parle français.

Vous, vous parlez anglais.

— C'est Paul?

— Non, ce n'est pas lui.

— Qui parle français ici?

— Moi!

Lui et moi, nous sommes français.

Voici Thomas. Nous parlons souvent de lui.

Voici Marc et Paul. Je joue au foot avec eux.

Voici Monsieur Lucas. Nous travaillons pour lui.

F **Situation: Avec insistance.** Repeat the statements you hear, emphasizing the subject. Use a

CD2-33 stress pronoun and repeat the subject pronoun as in the model. Then listen to check your answer.

✱ Georges arrive à midi.   *Lui, il arrive à midi.*

G **Conversation: Pourquoi?** Mathieu is telling you with which friends he does certain things. Ask

CD2-34 him why. Use a stress pronoun in each of your questions. Then listen to check your answer.

✱ MATHIEU: Je joue au tennis avec Vincent.

    VOUS: *Pourquoi est-ce que tu joues avec lui?*

H **Vocabulaire: La date, les mois et les saisons.** Écoutez et répétez. *Listen and repeat.*

CD2-35

Quelle est la date?

    C'est le 2 avril.

Mon anniversaire est le 3 mai.

J'ai rendez-vous le 5 juin.

un an   une année

les mois

janvier	février	mars	avril	mai	juin
juillet	août	septembre	octobre	novembre	décembre

les saisons

le printemps   l'été   l'automne   l'hiver

I **Compréhension orale: Quelle est la date?** You will hear various people speaking about certain
CD2-36 events and when these events will take place. Listen carefully to the date mentioned by each
person and write it in the space provided. Do not worry if you do not understand every word.
Concentrate on the dates.

❋ J'arrive à Zurich le douze avril.   _le 12 avril_ _____

1. _____   5. _____

2. _____   6. _____

3. _____   7. _____

4. _____   8. _____

Dialogue

J **Questions.** Claire is asking you some questions about your life. Answer her, basing your re-
CD2-37 sponses on the illustrations. Then listen to check your answer.

❋ CLAIRE: Où est-ce que tu habites?
VOUS: *J'habite à Paris.*

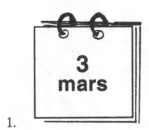

1.

3. **Barbara**

2.

4.

5.

Phonétique

K
Les voyelles /e/ et /ɛ/

CD2-38

- In French, the vowel /e/ is very tense. There is no glide, as in English.

    Répétez: e<u>t</u>   <u>é</u>t<u>é</u>   ann<u>ée</u>   f<u>é</u>vri<u>er</u>   d<u>é</u>cembre   t<u>é</u>léphon<u>er</u>   <u>é</u>tudi<u>er</u>   visit<u>ez</u>

- The vowel /ɛ/ is usually followed by a consonant sound.

    Répétez: <u>e</u>lle   av<u>e</u>c   hiv<u>e</u>r   p<u>è</u>re   m<u>è</u>re   fr<u>è</u>re   annivers<u>ai</u>re   <u>ê</u>tre

Dictée

L   Le tennis

CD2-39

Avec _____ est-ce que _____ au tennis? _____ avec

Pierre et Philippe, n'est-ce pas? Pourquoi est-ce que _____ avec _____?

Pourquoi est-ce que _____ avec _____? Moi aussi, _____

bien!

VIE PRATIQUE 2: LA COMMUNICATION

🔊 **Écouter et parler**

A **Qu'est-ce que c'est?** Listen carefully to each sentence and identify the corresponding illustration.

CD2-40

A.   B.   C.   D.

1. A B C D   2. A B C D   3. A B C D   4. A B C D

B **Au téléphone.** You are explaining French telephone etiquette to a friend. Answer his questions.

CD2-41

1. How do you say: "Hello?"

   Réponse: _____

2. How do you ask: "Who is calling?"

   Réponse: _____

3. How do you say: "May I speak to Christine?"

   Réponse: _____

4. How do you say: "Just a moment please."

   Réponse: _____

5. How do you say: "Please hold."

   Réponse: _____

6. How do you say: "Good-by. See you soon."

   Réponse: _____

C **Message téléphonique.** Listen to the following phone message and answer the questions in English.

CD2-42

1. Who called? _____

2. What was the message? _____

3. What time did she call? _____

4. At what phone number can she be reached? _____

5. What is her cell phone number? _____

D **Veuillez laisser un message.** Now it is your turn to leave a phone message. Imagine you are
CD2-43 Dominique.

1. Identify yourself.
2. Say it is ten o'clock.
3. Ask if your friend wants to play basketball.
4. Tell him to phone you at 01.42.22.31.75.
5. Say good-by. See you soon.

Lire et écrire

E **Les numéros en 0800.** In France, not all 800 phone numbers are free. Look at the chart below which
CD2-44 shows the maximum rates which may apply for calls made from a land line **(téléphone fixe).**

Les tarifs des numéros ou services spéciaux

À partir d'un téléphone fixe *(à partir d'un téléphone mobile, consultez votre opérateur)*

Numéros à 10 chiffres commençant par :

080...	appel gratuit d'un poste fixe
081..., 086...	appel local d'un poste fixe
0820..., 0821...	appel à 0,12 € TTC/mn maxi
0825..., 0826..., 0884..., 0890...	appel à 0,15 € TTC/mn maxi
0891...	appel à 0,30 € TTC/mn maxi
0892...	appel à 0,45 € TTC/mn maxi
0893...	appel à 0,75 € TTC/mn maxi
0897...	appel à 0,60 € TTC/appel maxi
0898...	appel à 1,20 € TTC/appel maxi
0899..., 09*...	tarification selon opérateur

* 087 devient 09X courant 2008, selon l'opérateur

Tarifs maximum aux heures pleines quel que soit l'opérateur. Tarifs en vigueur au 1er octobre 2007

© PagesJaunes-2008

1. Which prefixes can you call for free **(appel gratuit)**?

   _____

2. Which prefixes charge you the rate of a local call?

   _____

3. Which prefixes are the most expensive in euros per minute, tax included **(TTC: toutes taxes comprises)**?

   _____

IMAGES DU MONDE FRANCOPHONE 2:
LA FRANCE ET LES FRANÇAIS

A **La France.** Fill in the chart below with the appropriate information (p. 74).

> **LA FRANCE**
> - **Capitale:** _____
> - **Population:** _____
> - **Monnaie:** _____
> - **Drapeau** *(flag colors)*: _____
> - **Devise** *(motto)*: _____
> - **Hymne national:** _____
> - **Fête** *(holiday)* **nationale:** _____

B **Vrai ou faux?** Read the general description of France (pp. 74–75). Then indicate whether the following statements are true (**vrai**) or false (**faux**).

vrai	faux	1.	La France a la forme générale d'un triangle.
vrai	faux	2.	Le Rhin sépare la France de l'Espagne.
vrai	faux	3.	Les Alpes forment une frontière avec la Suisse.
vrai	faux	4.	La France est une république constitutionnelle.
vrai	faux	5.	Le président de la République est élu pour quatre ans.
vrai	faux	6.	La France n'a pas de religion officielle.
vrai	faux	7.	La France est la troisième puissance économique du monde.
vrai	faux	8.	La France est un pionnier dans le domaine de la recherche contre le SIDA.

C **La France multiculturelle.** Read the information about the cultural makeup of French society (pp. 76–77) and complete the following statements.

1. La majorité des Français sont d'origine _____.

2. Les non-Européens représentent environ _____ [%] de la population.

3. La présence des immigrants enrichit la vie quotidienne dans un grand nombre de domaines: _____, _____, _____.

4. Religion: la majorité des Français sont _____.

5. En France, il y a _____ millions de musulmans.

6. La France a la troisième plus grande population juive du monde, après _____ et _____.

D **Des Français comme les autres.** [Écoutez!] Listen to the descriptions of four French personalities of diverse origins. Match each one with the corresponding photograph.

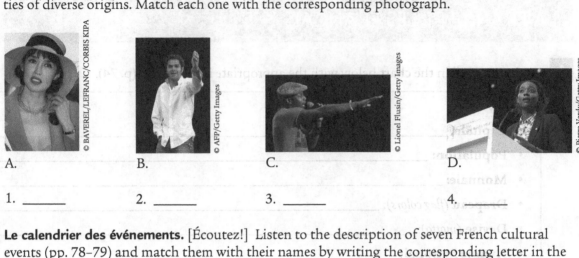

A.   B.   C.   D.

1. _____   2. _____   3. _____   4. _____

E **Le calendrier des événements.** [Écoutez!] Listen to the description of seven French cultural events (pp. 78–79) and match them with their names by writing the corresponding letter in the blank.

1. _____
2. _____
3. _____
4. _____
5. _____
6. _____
7. _____

A. Le Festival de Cannes
B. La Fête de la Musique
C. Le Tour de France
D. La Fête nationale
E. La Semaine de la Mode
F. Le Réveillon du Jour de l'An
G. La Fête des Rois

F **Après la lecture.** What are three interesting things that you learned about France in this *Images* section (pp. 74–79)?

1. _____

_____

2. _____

_____

_____

3. _____

_____

_____

Interlude littéraire Numéro 1

René Philombe, écrivain africain

A **Faisons connaissance.** Read the biography of René Philombe on page 80 of your student text. Then indicate whether the following statements are true **(vrai)** or false **(faux).**

vrai   faux   1. René Philombe est un écrivain américain.

vrai   faux   2. René Philombe parle de son handicap physique.

vrai   faux   3. René Philombe critique la colonisation.

vrai   faux   4. René Philombe encourage les différentes races humaines à vivre ensemble.

B **L'homme qui te ressemble.** Listen to the poem.

CD3-2

L'homme qui te ressemble

J'ai frappé° à ta porte°,	*knocked / door*
j'ai frappé à ton coeur	
pour avoir bon lit°	*to have a good bed (place to sleep)*
pour avoir bon feu°	*to have a nice fire (place to keep warm)*
pourquoi me repousser°?	*push me away*
Ouvre-moi° mon frère!...	*Open up to me*

Pourquoi me demander
si je suis d'Afrique
si je suis d'Amérique
si je suis d'Asie
si je suis d'Europe?
Ouvre-moi mon frère!...

Pourquoi me demander	
la longueur° de mon nez	*length*
l'épaisseur° de ma bouche	*thickness*
la couleur de ma peau	
et le nom de mes dieux°?	*gods*
Ouvre-moi mon frère!...	

Je ne suis pas un noir	
je ne suis pas un rouge	
je ne suis pas un jaune	
je ne suis pas un blanc	
mais je ne suis qu'un° homme	**ne... que** *only*
Ouvre-moi mon frère!...	

Ouvre-moi ta porte,	
Ouvre-moi ton coeur	
car je suis un homme	
l'homme de tous les temps°	*all ages (of time)*
l'homme de tous les cieux°	*(who lives) under all skies*
l'homme qui te ressemble°!...	*is like you*

© *Le Monde*, 8 février 1973

C Compréhension. Listen to the following phrases. Indicate whether or not they correspond to
CD3-3 the poem.

1. oui   non
2. oui   non
3. oui   non

À la découverte

Un poème anonyme africain

D Polychromie. Listen to this anonymous African poem.

CD3-4

Cher° frère blanc,	*Dear*
Quand je suis né°, j'étais° noir.	*was born / was*
Quand j'ai grandi°, j'étais noir.	*grew up*
Quand je suis au soleil°, je suis noir.	*in the sun*
Quand j'ai froid°, je suis noir.	*am cold*
Quand j'ai peur°, je suis noir.	*am afraid*
Quand je suis malade°, je suis noir.	*sick*
Quant à° toi, homme blanc,	*As for*
Quand tu es né, tu étais rose°.	*pink*
Quand tu as grandi, tu étais blanc.	
Quand tu es au soleil, tu es rouge.	
Quand tu as froid, tu es bleu°.	*blue*
Quand tu as peur, tu es vert°.	*green*
Quand tu es malade, tu es jaune.	
Et après cela°, tu oses° m'appeler «homme de couleur»!	*after that / dare*

E Compréhension. Listen to the following statements. Indicate whether or not they correspond
CD3-5 to the poem.

1. oui   non
2. oui   non
3. oui   non
4. oui   non
5. oui   non
6. oui   non

UNITÉ **3** Entre amis

LEÇON **7** La vie est belle!

Le français écrit

1 **Être et avoir.** Complete the sentences below. Fill in the first blank with the appropriate form of **être** and the second blank with the appropriate form of **avoir.** *[Section A, p. 86]*

1. Je _____ en France. J' _____ un ami à Bordeaux.

2. Pierre et Léa _____ musiciens. Ils _____ une guitare.

3. Paul Richard _____ millionnaire. Il _____ une Rolls-Royce.

4. Vous _____ pianiste. Vous _____ un piano.

5. Nous _____ à l'université. Nous _____ un examen à neuf heures.

6. Tu _____ avec Marie. Tu _____ rendez-vous avec elle.

2 **Présentations.** Introduce the following people, using the appropriate indefinite articles. *[Sections B, C, pp. 89, 92]*

✱ Philippe / cousin   ***Philippe est un cousin.***

1. Clément / copain _____

2. Pierre et Vincent / amis _____

3. Amélie / amie _____

4. Aurelle / cousine _____

5. Nicolas et Julien / copains _____

6. Julie et Charlotte / copines _____

3 Est-ce que ça marche? *(Does it work?)* Point out the following objects and say whether or not they work. *[Sections B, C, pp. 89, 92]*

＊ *Regarde la montre. Elle ne marche pas.*

1. _____

2. _____

3. _____

4. _____

60 Student Activities Manual

4 **On ne peut pas tout avoir.** *(You can't have everything.)* Say that the following people have the first item listed, but not the second one. Be sure to use the appropriate indefinite articles. *[Section D, p. 94]*

✳ tu (ordinateur, imprimante) *Tu as un ordinateur, mais tu n'as pas d'imprimante.*

1. nous (chaîne-stéréo, télé)

   _____

2. Vincent (VTT, voiture)

   _____

3. Fatima (portable, baladeur MP3)

   _____

4. Marc et Léa (tablette, ordinateur)

   _____

5. je (mobylette, scooter)

   _____

6. Marc (raquette, balles de tennis)

   _____

5 **La chambre de Fatima.** Describe Fatima's room at the **Cité universitaire** by indicating whether or not there are the following objects. Use the appropriate articles. *[Sections D, E, pp. 94, 95]*

✳ crayons?
Non, il n'y a pas de crayons.

✳ radio?
Oui, il y a une radio.

1. appareil photo? _____

2. sac à dos? _____

3. CD? _____

4. télé? _____

5. ordinateur? _____

6. baladeur MP3? _____

6 **Expression personnelle.** Complete the following sentences with items from the **Vocabulaires,** pp. 83, 84. Be sure to use the appropriate articles. *[Sections B–E, pp. 89–94]*

1. J'ai _____

2. Je n'ai pas _____

3. J'ai un ami qui *(who)* a _____

4. J'ai des amis qui ont _____

5. Dans ma chambre *(In my room)*, il y a _____

   _____

6. Il n'y a pas _____

À votre tour

Imagine that you are in Paris. You have met Nicolas, who wants to know you better. Answer his questions.

1. À l'université, est-ce que tu as un(e) camarade de chambre? Si oui *(If so)*, est-ce qu'il (elle) parle français avec toi?

   _____

   _____

2. Est-ce que tu as un copain (une copine)? Si oui, comment est-ce qu'il (elle) s'appelle *(what's his or her name)*?

   _____

   Il (Elle) s'appelle _____.

3. Est-ce que tu as une chaîne-stéréo? un lecteur CD? Est-ce qu'ils marchent bien?

   _____

   _____

4. Est-ce que tes parents ont une voiture?

   _____, ils _____.

Le français parlé

La langue française

A **Le verbe** *avoir*. Écoutez et répétez.

CD3-6

j'ai	J'ai une copine à Montréal.
tu as	Est-ce que tu as un frère?
il a, elle a, on a	Marc a une cousine à Québec.
nous avons	Nous avons une voiture.
vous avez	Est-ce que vous avez un vélo?
ils ont, elles ont	Ils ont un appartement à Paris.

Écoutez et répétez les expressions avec **avoir.**

avoir besoin de	J'ai besoin d'un dictionnaire.
	Vous avez besoin de travailler.
avoir envie de	Thomas a envie d'une pizza.
	J'ai envie de regarder la télé.

B **Situation: Préférences.** You will hear what people like to do. Say that they feel like doing those

CD3-7 things, using the expression **avoir envie de.** Then listen to check your answer.

✻ Pierre et Céline aiment danser.　*Ils ont envie de danser.*

Now say that the following people do NOT feel like doing what they don't like to do. Then listen to check your answer.

✻ David n'aime pas danser.　*Il n'a pas envie de danser.*

C **Vocabulaire: Les objets personnels.** Écoutez et répétez.

CD3-8

un portable
un mobile
un appareil photo
un baladeur MP3
un ordinateur
un ordinateur portable
un sac

une montre
une radio
une tablette
une chaîne-stéréo
une raquette
une guitare

D **Conversation: Qu'est-ce que c'est?** Your American friend is asking the French names of the
CD3-9 objects in the illustrations. Answer him, as in the model.

✻ VOTRE AMI: Qu'est-ce que c'est?

VOUS: *C'est une raquette.*

1.

2.

3.

4.

5.

6.

7.

8.

© Cengage Learning

E **Vocabulaire: D'autres objets.** Écoutez et répétez.
CD3-10

Qu'est-ce que c'est?

C'est un objet.   C'est une chose.

en classe

un cahier   une calculatrice

un crayon

un livre

un stylo

dans le garage

un vélo   une bicyclette

un scooter   une mobylette

un VTT   une moto

une voiture

dans la chambre

un CD   une affiche

un DVD   une photo

un lecteur CD   une table

un lecteur DVD   une chaise

un téléphone   une télé

un smartphone   une télévision

verbes

marcher   J'ai une télé mais elle ne marche pas.

utiliser   J'utilise une tablette.

F **Situation: Aux Galeries Lafayette.** Imagine that you are in a French department store. When
CD3-11 you hear a number, ask the salesman if he has the objects pictured. Be sure to use plural nouns.
Then listen to check your answer.

✳ — *Est-ce que vous avez des portables?*

  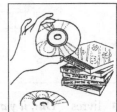

1.　　　　　　　　　　2.　　　　　　　　　　3.

 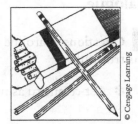

4.　　　　　　　　　　5.　　　　　　　　　　6.

© Cengage Learning

G **Conversation: Caroline.** Mélanie is asking you whether Caroline has certain objects. Answer in
CD3-12 the negative. Then listen to check your answer.

✳ MÉLANIE: Est-ce que Caroline a une voiture?

VOUS: *Non, elle n'a pas de voiture.*

H **Situation: Possessions.** You will hear a series of questions about what people own. Answer in
CD3-13 the affirmative or in the negative, as indicated. Use subject pronouns. Then listen to check
your answer.

✳ oui　Est-ce que Vincent a des crayons?　　　　*Oui, il a des crayons.*

✳ non　Est-ce que Sophie et Marie ont une moto?　*Non, elles n'ont pas de moto.*

1. non　　2. non　　3. oui

4. oui　　5. oui　　6. non

I **La chambre de Fatima.** Look at the picture of **Fatima's** room. Say whether or not the items
CD3-14 listed by the speaker can be found in it. Then listen to check your answer.

❋ livres   *Oui, il y a des livres.*   ❋ ordinateur   *Non, il n'y a pas d'ordinateur.*

Dialogue

J **Questions.** Caroline is asking you questions about your possessions. Answer her questions
CD3-15 truthfully.

❋ Est-ce que tu as un baladeur MP3?   *Oui, j'ai un baladeur MP3.*
                                       [Non, je n'ai pas de baladeur MP3.]

Phonétique

K **Les voyelles nasales.** Spoken French has three nasal vowels. Note the spellings for each sound.
CD3-16 Although nasal vowels are written with an "n" or "m," this consonant is not pronounced.

Répétez.

/ɔ̃/ on nom crayon montre bonjour onze

/ɑ̃/ an quand dimanche janvier chanter manger quarante
    en souvent vendredi septembre novembre rendez-vous trente

/ɛ̃/ in matin cinq vingt quinze inviter
    ain train américain Alain maintenant
    (i)en bien canadien italien
    un un sac un DVD un CD un VTT

Dictée

L **Jacqueline**
CD3-17 _____ Jacqueline. _____ amie. Elle _____ CD,
mais elle _____ chaîne-stéréo. Moi, j'ai _____,
mais il _____ bien. Et toi, est-ce que tu as _____?

LEÇON **8**   À la terrasse d'un café

Le français écrit

1   **Le tour du monde.** Linda is traveling around the world and is buying things in various countries. Describe her purchases using the nouns in parentheses and the appropriate adjectives of nationality. *[Section A, p. 100]*

✳ (des livres)   À Moscou, elle achète *(buys)* **_des livres russes_** _____.

1. (un portable)   À Tokyo, elle achète _____.

2. (une guitare)   À Madrid, elle achète _____.

3. (des montres)   À Genève, elle achète _____.

4. (une voiture)   À Berlin, elle achète _____.

5. (un vélo)   À Londres *(London)*, elle achète _____.

6. (des CD)   À Bordeaux, elle achète _____.

2   **Mes amis.** *(My friends.)* Describe your two best friends, male and female, using the adjectives in parentheses in affirmative or negative sentences. Be sure to use the appropriate forms of the adjectives. *[Section A, p. 100]*

	Mon meilleur ami	**Ma meilleure amie**
1. (blond?)	Il (n')est (pas) _____	Elle (n')est (pas) _____
2. (grand?)	_____	_____
3. (optimiste?)	_____	_____
4. (amusant?)	_____	_____
5. (gentil?)	_____	_____
6. (égoïste?)	_____	_____
7. (poli?)	_____	_____

3 **Non!** The following people do not have the characteristics in parentheses. Express this in two sentences, one negative, the other affirmative. Use the appropriate corresponding adjectives. *[Vocabulaire, p. 102]*

✳ (content) Catherine _n'est pas contente_ .

Elle _est triste_ .

1. (drôle) Le professeur de maths _____ .

Il _____ .

2. (stupide) Anne et Thérèse _____ .

Elles _____ .

3. (petit) Marc et Thomas _____ .

Ils _____ .

4. (brun) Janine _____ .

Elle _____ .

4 **Jumeaux.** *(Twins.)* The following sets of twins share certain characteristics. Complete the descriptions. *[Section B, p. 104]*

✳ Michel est actif. Michèle est _active_ .

1. Paul est spirituel. Pauline est _____ .

2. Éric est sportif. Érica est _____ .

3. Stéphane est travailleur. Stéphanie est _____ .

4. Julien est mignon. Julie est _____ .

5. Charles est créateur. Charlotte est _____ .

6. Christophe est musicien. Christine est _____ .

7. Georges est ambitieux. Georgette est _____ .

8. Antoine est génial. Antoinette est _____ .

5 **Une question de personnalité.** *(A matter of personality.)* Describe the following people, using the appropriate form of the suggested adjective. Then say that they have friends or possessions with the same characteristics. Remember that some adjectives come before the noun. *[Section C, p. 106]*

✻ Nicolas (amusant)   *Nicolas est amusant.*
   (des amies)   *Il a des amies amusantes.*

1. Jacqueline (originale) _____

   (des livres) _____

2. Amélie (petit) _____

   (une auto) _____

3. Pauline (grand) _____

   (un appartement) _____

4. Léa et Laura (français) _____

   (une voiture) _____

5. Mme Jacquemain (compétent) _____

   (un assistant) _____

6. Le professeur (brillant) _____

   (des étudiants) _____

6 **Descriptions.** Nathalie describes various people and things. Complete her descriptions with the appropriate form of **il est** or **c'est**. *[Section D, p. 108]*

1. J'ai un ordinateur.

   _____ japonais.

   _____ un Sony.

   _____ très bon.

2. J'ai une camarade de chambre.

   _____ une fille brillante.

   _____ sympathique.

   _____ une bonne étudiante.

3. J'ai une voiture.

   _____ une Renault.

   _____ une voiture française.

   _____ très rapide.

4. J'ai un copain.

   _____ canadien.

   _____ un garçon intelligent.

   _____ architecte.

À votre tour

A **Vos amis.** Describe two friends of yours, a man and a woman. Write a short paragraph in which you describe each friend's physical appearance and personality traits. Use both affirmative and negative sentences.

1. J'ai un copain. Il s'appelle *(His name is)* _____

_____

_____

_____

2. J'ai une copine. Elle s'appelle _____

_____

_____

_____

_____

B **Vos possessions.** Name three things that you own and describe each one in a short paragraph.

✱ *J'ai une voiture. C'est une Toyota. Elle est japonaise.*
C'est une petite voiture. Elle n'est pas très rapide, mais
elle est assez confortable. C'est une bonne voiture.

1. _____

_____

2. _____

_____

3. _____

_____

Nom _____ Date _____

 Le français parlé

La langue française

A **Vocabulaire: Adjectifs de nationalité.** You will hear the masculine and feminine forms of the
CD3-18 adjectives of nationality. Écoutez et répétez.

anglais	anglaise
français	française
japonais	japonaise
chinois	chinoise
américain	américaine
mexicain	mexicaine
canadien	canadienne
italien	italienne
espagnol	espagnole
allemand	allemande
russe	russe
suisse	suisse

B **Quelle nationalité?** You will hear where the following people are from. State each person's
CD3-19 nationality. Then listen to check your answer.

❋ Mark – Boston

Mark est de Boston. *Il est américain.*

1. Maria – Madrid
2. Karl – Berlin
3. Gregor – Moscou
4. Anne-Marie – Genève

5. Antonio – Rome
6. Marta – Cancun
7. M. Fujimoto – Tokyo
8. Mme Wang – Shanghaï

C **Vocabulaire: Les personnes.** Écoutez et répétez.
CD3-20 Qui est-ce?

C'est un garçon.	C'est une fille.
C'est un jeune homme.	C'est une jeune fille.
C'est un homme.	C'est une femme.
C'est un monsieur.	C'est une dame.
C'est un étudiant.	C'est une étudiante.
C'est un voisin.	C'est une voisine.
	C'est une personne.

Ce sont des gens.

D **Vocabulaire: La description.** You will hear the masculine and feminine forms of some
CD3-21 descriptive adjectives. Écoutez et répétez.

beau	belle
mignon	mignonne
moche	moche
joli	jolie
blond	blonde
brun	brune
grand	grande
petit	petite
fort	forte
faible	faible
rapide	rapide
lent	lente
intelligent	intelligente
stupide	stupide
drôle	drôle
amusant	amusante
pénible	pénible
intéressant	intéressante
sympathique (sympa)	sympathique
antipathique	antipathique
gentil	gentille
méchant	méchante
poli	polie
impoli	impolie
riche	riche
pauvre	pauvre
content	contente
triste	triste
généreux	généreuse
égoïste	égoïste

E **Description: Les jumeaux.** The following sets of twins resemble each other. You will hear the
CD3-22 description of the brother. Say that the sister has the same characteristics. Then listen to check
your answer.

✱ Clément est brun. Et Céline?　　　*Elle est brune aussi.*

Now you will hear the description of the sister. Describe the brother. Then listen to check
your answer.

✱ Sophie est française. Et Pierre?　　　*Il est français aussi.*

72 Student Activities Manual

F **Adjectifs irréguliers.** Écoutez et répétez.

CD3-23

Antoine est sérieux.   Alice est sérieuse.
Les garçons sont sérieux.   Les filles sont sérieuses.
Vincent est loyal.   Valérie est loyale.
Les amis sont loyaux.   Les amies sont loyales.
Éric est ponctuel.   Céline est ponctuelle.
Théo est mignon.   Annick est mignonne.
Marc est canadien.   Alice est canadienne.
Bernard est actif.   Éliane est active.
Paul est travailleur.   Zoé est travailleuse.
Mon père est conservateur.   Ma mère n'est pas conservatrice.

G **Vocabulaire: Quelques adjectifs de personnalité.** Écoutez et répétez.

CD3-24

ambitieux	ambitieuse
consciencieux	consciencieuse
curieux	curieuse
ennuyeux	ennuyeuse
généreux	généreuse
sérieux	sérieuse
heureux	heureuse
malheureux	malheureuse
paresseux	paresseuse
génial	géniale
libéral	libérale
loyal	loyale
intellectuel	intellectuelle
ponctuel	ponctuelle
spirituel	spirituelle
mignon	mignonne
musicien	musicienne
actif	active
imaginatif	imaginative
impulsif	impulsive
intuitif	intuitive
naïf	naïve
sportif	sportive
travailleur	travailleuse
conservateur	conservatrice
créateur	créatrice

H **Vocabulaire: Adjectifs qui précèdent le nom.** Écoutez et répétez.

CD3-25

bon, bonne	J'ai un très bon appareil photo.
mauvais	Nous n'avons pas de mauvais professeurs.
grand	Mélanie a un grand appartement.
petit	Élodie a un petit ordinateur.
joli	Inès est une jolie fille.
jeune	Qui est le jeune homme avec qui vous parlez?
vrai	Vous êtes de vrais amis.

I **Situation: Descriptions.** You will hear a series of descriptions, each consisting of two sentences.
CD3-26 Transform each description into a single sentence according to the model. Note that the adjectives follow the noun. Then listen to check your answer.

✱ Voici un garçon. Il est intelligent. *Voici un garçon intelligent.*

Now you will hear other descriptions that also consist of two sentences each. Transform them into single sentences according to the model. Here the adjectives come before the noun. Then listen to check your answer.

✱ Voilà une voiture. Elle est petite. *Voilà une petite voiture.*

J **Opinions.** You will hear a series of opinions about various people or things. Agree with
CD3-27 each opinion according to the model. Pay attention to the position of the adjective in your sentences. Then listen to check your answer.

✱ Le professeur est sympathique.

Mais oui, c'est un professeur sympathique.

K **C'est un acteur.** For each of the people listed, say what their profession is, and then describe
CD3-28 them, using the cues given. Then listen to check your answer.

✱ Catherine Deneuve: actrice / grand / blond

C'est une actrice. Elle est grande et blonde.

1. Brian Williams: journaliste / intelligent / amusant

2. M. Dupont: professeur / intéressant / sympathique

3. Roberto Benigni: acteur / drôle / dynamique

4. Caroline: étudiante / impatiente / brillante

5. Étienne: artiste / idéaliste / brillant

L **Vocabulaire: Expressions d'opinion.** Écoutez et répétez.

CD3-29

C'est vrai.	C'est faux.
C'est super.	C'est génial.
C'est utile.	C'est inutile.
C'est facile.	C'est difficile.
C'est amusant.	C'est ennuyeux.

Dialogue

M **N'est-ce pas?** Here are some pictures of various French people. Your friend Stéphanie asks you

CD3-30 about them. Answer her questions in the negative, and then give the proper description. Then listen to check your answer.

❋ STÉPHANIE: Tiens, Caroline est brune, n'est-ce pas?

VOUS: *Mais non, elle n'est pas brune. Elle est blonde.*

1.

2.

3.

4.

5.

6.

© Cengage Learning

Phonétique

N Masculin — féminin

- Masculine adjectives, nouns, and articles in "-n," "-nt," or "-nd" end on a NASAL vowel. The "n" is not pronounced, nor is the "t" or "d."

- Feminine adjectives, nouns, and articles in "-ne" or "-nne" do NOT have a NASAL vowel and end on the consonant sound /n/. Contrastez et répétez:

"-un"	<u>un</u> – <u>une</u> br<u>un</u> – br<u>une</u>	
"-in"	vois<u>in</u> – vois<u>ine</u>	
"-ain"	améric<u>ain</u> – améric<u>aine</u> mexic<u>ain</u> – mexic<u>aine</u> afric<u>ain</u> – afric<u>aine</u>	
"-(i)en"	ital<u>ien</u> – ital<u>ienne</u> canad<u>ien</u> – canad<u>ienne</u> paris<u>ien</u> – paris<u>ienne</u>	
"-on"	b<u>on</u> – b<u>onne</u> mign<u>on</u> – mign<u>onne</u>	

- Feminine adjectives in "-nte" or "-nde" keep the NASAL vowel and add the consonant sound /t/ or /d/. The "n" is not pronounced. Contrastez et répétez:

"-ant"	amus<u>ant</u> – amus<u>ante</u> méch<u>ant</u> – méch<u>ante</u> intéress<u>ant</u> – intéress<u>ante</u>	
"-ent"	cont<u>ent</u> – cont<u>ente</u> l<u>ent</u> – l<u>ente</u> intellig<u>ent</u> – intellig<u>ente</u>	
"-and"	gr<u>and</u> – gr<u>ande</u>	
"-ond"	bl<u>ond</u> – bl<u>onde</u>	

Dictée

O Suzanne

Suzanne est une _____ fille _____.

Elle _____ à Paris, mais elle n'est pas _____.

Elle est _____.

Elle a _____. _____ étudiant _____.

Et vous, est-ce que vous avez des amis _____?

LEÇON **9** Vive la musique!

Le français écrit

1 **Généralisations.** Make general statements, affirmative or negative, using the elements below. NOTE: Nouns with an asterisk are feminine. The others are masculine. *[Section A, p. 114]*

✱ Allemands / aimer / musique*   ***Les Allemands aiment la musique classique.***
   classique   ou: ***Les Allemands n'aiment pas la musique classique.***

1. étudiants japonais / aimer / politique*

_____

2. étudiants / respecter / professeurs

_____

3. Canadiens / détester / violence*

_____

4. personnes* / indépendantes / être pour / autorité*

_____

2 **Qu'est-ce qu'ils font?** Describe what the following people are doing. In your sentences, use the suggested elements. *[Section B, p. 115]*

✱ je / rester à / l'université   ***Je reste à l'université.***

1. Nicolas / arriver à / le stade

_____

2. le sénateur / parler à / les journalistes

_____

3. vous / jouer de / le violon

_____

4. tu / téléphoner à / l'étudiante martiniquaise

_____

5. on / parler de / le match de tennis

_____

6. vous / rentrer de / le voyage

_____

3 **Activités.** Indicate whether or not you engage in the following activities. Use **jouer à** or **jouer de,** as appropriate. *[Vocabulaire, p. 116–117]*

✱ (la flûte)   *Je joue de la flûte.*   ou   *Je ne joue pas de la flûte.*

1. (la guitare) _____

2. (le foot) _____

3. (le tennis) _____

4. (les échecs) _____

5. (le piano) _____

6. (les jeux vidéo) _____

4 **Le verbe exact.** Complete the following sentences with the appropriate forms of **être, avoir,** or **aller.** Be sure that your sentences are logical. *[Section C, p. 118]*

1. Pierre et Monique _____ français.

   En septembre, ils _____ visiter Québec.

   Ils _____ des cousins là-bas.

2. Jacques _____ une raquette de tennis.

   Il _____ souvent jouer au tennis.

   Il _____ très athlétique.

3. Nous _____ étudiants.

   Nous _____ rendez-vous avec des amies.

   Nous _____ danser dans un club.

4. Vous _____ parisiens, n'est-ce pas?

   _____-vous une voiture?

   _____-vous souvent en Normandie?

Nom ______________________ Date ______________

5 **Où et pourquoi.** Say where the following people are going by completing the sentences below with the appropriate forms of **aller** and of **à** + definite article. Then say what each person is going to do there, using the construction **aller** + a verb from the box. *[Sections B, C, D, pp. 115, 118, 120]*

étudier	**jouer au foot**	**nager**	**regarder des sculptures**	**voyager**	**travailler**

❊ Catherine ***va à la*** plage. ***Elle va nager.***

1. Tu ______________ stade.
   ____
2. Nous ______________ bibliothèque.
   ____
3. Mme Dupin ______________ bureau.
   ____
4. Vous ______________ piscine.
   ____
5. Les touristes ______________ musée.
   ____
6. Je ______________ gare.
   ____

6 **Samedi soir.** On Saturday night, some people go out and others stay home. Read what the following people do and say whether or not they stay home. Use the verb **rester** in affirmative or negative sentences and **chez** + the appropriate form of the corresponding stress pronoun. *[Section E, p. 122]*

❊ Nous allons au théâtre. ***Vous ne restez pas chez vous.***

1. Je regarde la télé.
   ____
2. Tu écoutes tes *(your)* CD.
   ____
3. Nous dînons au restaurant.
   ____
4. M. et Mme Durand invitent des amis.
   ____
5. Jean-Marie va dans un club.
   ____

À votre tour

Imagine you have met Alexandre at the Maison des Jeunes. You want to know more about his leisure-time activities. Write out the questions you ask him, using the **tu** form.

✳ Ask him if he likes music.   *Est-ce que tu aimes la musique?*

1. Ask him if he likes sports.

   _____?

2. Ask him if he plays chess.

   _____?

3. Ask him if he plays the guitar.

   _____?

4. Ask him if he often goes to the movies.

   _____?

5. Ask him if he is going to the theater on Saturday.

   _____?

6. Ask him if he wants to go to the restaurant with you on Sunday.

   _____?

Le français parlé

La langue française

A **Les prépositions à et de + l'article défini.** Écoutez et répétez.
CD4-2

Voici le garçon.	Paul parle au garçon.	Léa parle du garçon.
Voici la fille.	Paul parle à la fille.	Léa parle de la fille.
Voici l'étudiant.	Paul parle à l'étudiant.	Léa parle de l'étudiant.
Voici les étudiants.	Paul parle aux étudiants.	Léa parle des étudiants.

B **Situation: Nous parlons.** You will hear a series of nouns designating people. Say that you are
CD4-3 speaking to these people. Then listen to check your answer.

❋ le professeur de français   ***Nous parlons au professeur de français.***

Now say that you are talking ABOUT the following people. Then listen to check your answer.

❋ le professeur d'italien   ***Nous parlons du professeur d'italien.***

C **Vocabulaire: Deux verbes — *jouer* et *penser*.** Écoutez et répétez.
CD4-4

jouer	L'actrice joue un rôle intéressant.
jouer à (+ *sport*)	Je joue au tennis mais je ne joue pas au volley.
jouer de (+ *instrument*)	Je joue du piano mais je ne joue pas de la guitare.
penser	Je pense, donc je suis.
penser à	Je ne pense pas à l'examen.
	À qui penses-tu? Je pense à mon copain.
	À quoi penses-tu? Je pense aux vacances.

D **Vocabulaire: Sports, jeux et musique.** Écoutez et répétez.
CD4-5

Avez-vous un passe-temps?
Avez-vous des loisirs?

un sport: le tennis   le foot   le volley   le basket   le football américain

un jeu: le bridge   les cartes   les échecs   les jeux vidéo   les jeux sur ordinateur

un instrument de musique: un piano   un violon   une flûte   une guitare

E **Situation: Les loisirs.** You will hear the names of sports and musical instruments. Ask a friend
CD4-6 if he plays them. Be careful to use **à** or **de** as appropriate. Then listen to check your answer.

❋ le piano?   ***Est-ce que tu joues du piano?***

❋ le football?   ***Est-ce que tu joues au football?***

F **Le verbe *aller*.** Écoutez et répétez.

CD4-7

je vais	Je vais au cinéma.
tu vas	Tu vas au concert.
il va, elle va, on va	Elle va au restaurant.
nous allons	Nous allons à l'université.
vous allez	Vous allez au café.
ils vont, elles vont	Ils vont au musée.

G **Vocabulaire: Ma ville.** Écoutez et répétez.

CD4-8

Où est-ce que tu habites?
J'habite dans un appartement   dans un quartier.
J'habite dans une maison   dans une ville   dans une rue.

Où êtes-vous?
    Je suis en ville.
    Je suis à la maison.

Dans ma ville, il y a...

un bureau	une banque
un café	une bibliothèque
un centre commercial	une boutique
un cinéma	une école
un magasin	une gare
un musée	une piscine
un parc	une plage
un stade	une poste
un supermarché	une université
un théâtre	

H **Identification de formes.** Listen to the following sentences. Can you determine whether the

CD4-9 speaker is talking about an event that is already taking place, or about an event that will occur in the future? Listen carefully to the verb. If the present tense is used, mark **présent**. If you hear a form of the verb **aller** + *infinitive*, mark **futur**.

1. ○ présent   ○ futur   5. ○ présent   ○ futur

2. ○ présent   ○ futur   6. ○ présent   ○ futur

3. ○ présent   ○ futur   7. ○ présent   ○ futur

4. ○ présent   ○ futur   8. ○ présent   ○ futur

I **Conversation: Demain.** Thomas is asking you whether you are doing certain things today. Say

CD4-10 that you are going to do them tomorrow. Then listen to check your answer.

✳ Tu joues au tennis aujourd'hui?   ***Non, je vais jouer au tennis demain.***

82 Student Activities Manual

J **Situation: Qu'est-ce qu'ils vont faire?** Based on the illustrations, say what the indicated people
CD4-11 are going to do tonight. Then listen to check your answer.

1. Robert et Sylvie   2. Nous   3. Je

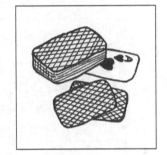

© Cengage Learning

4. Anne-Sophie   5. Les Du Maurier

K **Vocabulaire: Les déplacements.** Écoutez et répétez.
CD4-12

Je suis ici.   Je vais là.   Je vais là-bas.

Je vais à l'université à pied   à vélo   en bus   en train   en avion   en voiture.

arriver à	J'arrive au café.
arriver de	Tu arrives du restaurant.
entrer dans	Nous entrons dans le magasin.
passer	Je passe une heure au café.
passer par	Vous passez par la bibliothèque.
rentrer à	Éric rentre à Paris.
rentrer de	Il rentre de Québec.
rester	Nous restons à la maison.

L **La préposition *chez*.** Écoutez et répétez.
CD4-13

Paul est chez Céline.   J'étudie chez moi.

Nous allons chez un copain.   Éric travaille chez lui.

Je vais chez le dentiste.

M **Situation: On dîne à la maison.** It is Monday night. Yasmina says that certain people are having
CD4-14 dinner at home. Repeat her statements, using **chez** and the corresponding stress pronoun.
Then listen to check your answer.

❋ Raphaël dîne à la maison.   ***Raphaël dîne chez lui.***

Dialogue

N **Où?** Nicolas is asking you where certain people are. Answer him according to the illustrations.
CD4-15 Then listen to check your answer.

✳ NICOLAS: Où est Philippe?

   VOUS: *Il est à la piscine.*

1.

2.

3.

4.

5.

6.

Phonétique

O **La voyelle /a/.** In French, the letter "a" always represents the sound /a/, which is like the
CD4-16 English *ah*. It never sounds like the "a" in *all, at,* or *agree.*

Répétez:

/a/   l<u>a</u> v<u>a</u> ç<u>a</u> m<u>a</u> l<u>à</u>-b<u>a</u>s <u>a</u>vec st<u>a</u>de c<u>a</u>fé pl<u>a</u>ge g<u>a</u>re
<u>a</u>rrivez p<u>a</u>sser <u>a</u>pp<u>a</u>rtement b<u>a</u>sket m<u>a</u>g<u>a</u>sin <u>a</u>ctif libér<u>a</u>l

Dictée

P **Le temps libre.**
CD4-17

Où _____? Moi, _____ à la piscine avec Jean-Michel.

Nous _____ et _____ volley. À quatre heures,

nous _____ chez lui et nous _____

cartes. _____ le bridge?

VIE PRATIQUE 3: LA VILLE

🔊 Écouter et parler

A **En ville.** Listen carefully as each place is mentioned and mark its corresponding English
CD4-18 equivalent.

	A	B	C
1.	swimming pool	sports center	bank
2.	city hall	fire station	public garden
3.	house	apartment	apartment building
4.	neighborhood	suburbs	center of town
5.	high rise	city hall	park
6.	fire department	police station	court house

B **Où habitez-vous?** Posez la question et écoutez la confirmation. Puis écoutez et complétez la
CD4-19 réponse.

1. Demandez à Madame Galand: Where do you live?

   Réponse: _____

2. Demandez: Is it near here?

   Réponse: _____

3. Demandez: How can you get there?

   Réponse: _____

4. Demandez: What kind of residence do you live in?

   Réponse: _____

5. Demandez: On which floor do you live?

   Réponse: _____

C **Destination.** Regardez le plan de la
CD4-20 ville. Vous êtes en bas, à droite. Suivez
les indications et tracez votre route.
Quelle est votre destination?

Destination: _____

_____

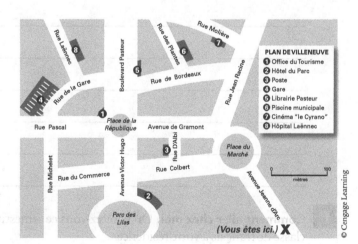

D **Renseignements.** Regardez le plan de la
CD4-21 ville. Vous êtes en bas, à droite. Écoutez
la question de Monsieur Lagarde et donnez les renseignements appropriés. Puis
écoutez pour vérifier votre réponse.

Destination: _____

1. Tell him the name of the street.

2. Tell him to go straight ahead till [name of street].

3. Tell him to turn left and continue till [name of square].

4. Tell him to turn right and continue till [name of street].

5. Tell him to turn left on [name of street] and right on [name of street].

Lire et écrire

E | **Hôtel de Saint-Germain.** Vous êtes à l'Hôtel de Saint-Germain. Imaginez que votre ami français se trouve sur le boulevard Saint-Michel, près du Panthéon. Regardez le plan du quartier sur ce dépliant *(flyer)* et indiquez comment arriver à votre hôtel.

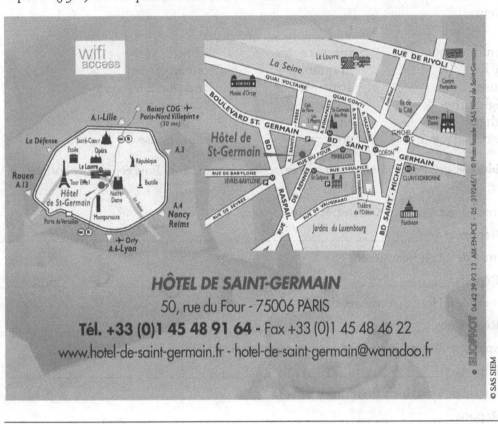

HÔTEL DE SAINT-GERMAIN
50, rue du Four - 75006 PARIS
Tél. +33 (0)1 45 48 91 64 - Fax +33 (0)1 45 48 46 22
www.hotel-de-saint-germain.fr - hotel-de-saint-germain@wanadoo.fr

_____

_____

_____

_____

_____

_____

F | **Comment aller chez moi.** Où habitez-vous ce semestre? Indiquez comment aller de votre salle de classe de français à votre résidence.

_____

_____

_____

_____

IMAGES DU MONDE FRANCOPHONE 3:
LA FRANCE D'OUTRE-MER

A **La France d'outre-mer.** Complétez la grille avec les informations appropriées (p. 128).

Département/Territoire	Capitale	Produits
Saint-Pierre-et-Miquelon		
la Guyane française		
la Martinique		
la Guadeloupe		
la Polynésie française		
La Réunion		

B **Géographie.** [Écoutez!] Lisez les textes (p. 129). Puis écoutez les descriptions suivantes. S'il
CD4-22 est question de Saint-Pierre-et-Miquelon, marquez A. S'il est question de la Guyane française,
marquez B.

1. A B
2. A B
3. A B
4. A B
5. A B
6. A B

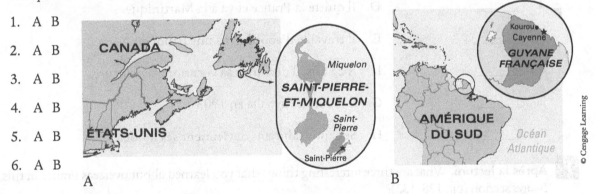

C **Aimé Césaire.** Lisez l'article sur Aimé Césaire et la Négritude (p. 131). Puis indiquez si les
phrases suivantes sont vraies *(true)* ou fausses *(false)*.

vrai	faux	1. Aimé Césaire vient de la Martinique.
vrai	faux	2. La Négritude est un mouvement philosophique, littéraire et politique.
vrai	faux	3. Aimé Césaire est l'auteur du livre *Cahiers du retour au pays natal*.
vrai	faux	4. Il est élu maire de Port-au-Prince en Haïti.
vrai	faux	5. Il représente la Guadeloupe à l'Assemblée Nationale française.
vrai	faux	6. C'est une source d'inspiration pour le mouvement «Black Power».
vrai	faux	7. Aimé Césaire se considère comme «un Africain transporté».
vrai	faux	8. C'est un homme qui veut «l'accomplissement de l'humanité dans l'homme».

D **Les îles françaises.** [Écoutez!] Lisez les textes (p. 132). Puis écoutez les descriptions suivantes. Est-ce
CD4-23 qu'on parle de Tahiti ou de La Réunion?

1. Tahiti   La Réunion

2. Tahiti   La Réunion

3. Tahiti   La Réunion

4. Tahiti   La Réunion

5. Tahiti   La Réunion

6. Tahiti   La Réunion

E **Paul Gauguin.** Lisez la biographie de Paul Gauguin (p. 133). Puis indiquez l'ordre chronologique des
phrases suivantes.

1. _____   A.   À Tahiti, il découvre des gens simples et heureux.

2. _____   B.   Avec son ami Van Gogh, il peint les paysages de Bretagne.

3. _____   C.   Paul Gauguin est né *(born)* en 1848.

4. _____   D.   Il quitte la France et va à la Martinique.

5. _____   E.   Il travaille d'abord dans une banque.

6. _____   F.   À 25 ans, il découvre sa vocation: la peinture.

7. _____   G.   Il meurt à Hiva Oa en 1903.

8. _____   H.   Ses amis tahitiens deviennent ses modèles.

F **Après la lecture.** What are three interesting things that you learned about overseas France in this
Images section (pp. 128–133)?

1. _____

_____

2. _____

_____

3. _____

_____

Révision 1: Leçons 1–9

By completing this series of short tests, you will be able to check your progress in French. Correct your work using the Answer Key at the back of the *Student Activities Manual*. If you make any mistakes on these tests, you may want to review the lesson sections indicated in brackets.

Structures

Test 1. Les pronoms sujets et les pronoms accentués.

Read the following sentences carefully and fill in the blanks with the appropriate subject or stress pronouns. *[4-A; 6-C]*

1. J'admire Nicolas, mais je ne suis pas toujours d'accord avec _____.

2. Où est-ce que _____ travaillez?

3. _____ habites à Québec, n'est-ce pas?

4. Marc et Léa habitent à Versailles. Demain nous allons dîner chez _____.

5. Toi et _____, nous aimons bien le cinéma, n'est-ce pas?

6. Nous allons à la piscine. Est-ce que tu veux nager avec _____?

7. Est-ce que c'est Mélanie là-bas? Oui, c'est _____!

8. Vincent aime Monique. Il pense souvent à _____.

Test 2. La forme des adjectifs.

Complete the following sentences with the appropriate forms of the adjectives in parentheses. *[8-A, B]*

1. (canadien) Pauline et Aurelle sont _____.

2. (bon) Julie est très _____ en espagnol.

3. (brillant) Christine et Sarah sont _____, n'est-ce pas?

4. (mauvais) François et Georges sont _____ en maths.

5. (sympathique) Le frère d'Annie est _____.

6. (sportif) Yasmina et Fatima ne sont pas _____.

7. (égoïste) David et Pierre sont _____.

8. (poli) Les étudiants sont toujours _____ avec le professeur.

9. (courageux) Amélie est très _____.

10. (ponctuel) Charlotte est toujours très _____.

Test 3. L'article défini: formes simples et formes contractées.

Complete the following sentences with the verbs in parentheses and the appropriate forms of the definite articles, **le, la, les. Use contracted forms where necessary.** *[7-B, C; 9-B]*

1. (téléphoner à) Je vais _____ professeur.

2. (inviter) Je vais _____ amies de Claudine.

3. (utiliser) Je vais _____ portable de Philippe.

4. (parler à) Le professeur va _____ étudiants.

5. (parler de) Jeanne aime _____ copains de Mélanie.

6. (arriver à) Le train va _____ gare dans dix minutes.

7. (arriver de) Les étudiants vont _____ laboratoire.

8. (jouer à) Nathalie va _____ tennis avec nous.

Test 4. La négation.

Answer the following questions in the negative. *[4-C; 5-B]*

1. Est-ce que Paul va regarder la télévision?

   _____

2. Est-ce que Sylvie aime écouter le jazz?

   _____

3. Est-ce que Christine parle bien français?

   _____

4. Est-ce que Georges va visiter Paris?

   _____

Test 5. Descriptions.

Describe the following people and things, using the appropriate indefinite articles and the appropriate forms of the nouns and adjectives in parentheses. (The nouns are given in the singular. The adjectives are given in the masculine singular.) *[7-B, C; 8-A, B, C]*

✽ Suzanne (fille / intelligent)   ***Suzanne est une fille intelligente.***

1. Marc et Antoine (garçon / intelligent) _____

2. Jacqueline et Élodie (amie / amusant) _____

3. Les Ford et les Chevrolet (voiture / américain) _____

4. Jodie Foster (actrice / américain) _____

5. Les Rolling Stones (musicien / anglais) _____

6. Les Renault (voiture / bon) _____

7. Christine et Florence (amie / vrai) _____

8. M. Dupont (professeur / sérieux) _____

Test 6. Autres structures.

Decide which of the four options suggested <u>correctly</u> completes each sentence. Indicate the corresponding letter.

✳ Voici _____ voiture française.

    a. un   (b.) une   c. le   d. l'

1. Émile est un _____ étudiant.
    a. timide   b. intelligent   c. mauvais   d. canadien

2. Regarde la voiture rouge. _____ est rapide.
    a. C'   b. Il   c. Elle   d. Voici

3. Tu es un copain _____.
    a. bon   b. grand   c. vrai   d. sympathique

4. _____ Thomas.
    a. Il y a   b. C'est   c. Il est   d. Elle est

5. _____ parle français à Québec, n'est-ce pas?
    a. On   b. Les gens   c. Les Canadiens   d. Tu

6. Combien d'étudiants est-ce que (qu') _____ dans la classe?
    a. c'est   b. ils sont   c. il est   d. il y a

7. Mlle Leblanc n'a pas _____ smartphone.
    a. un   b. une   c. de   d. d'

8. Est-ce que tu veux _____?
    a. joue au ping-pong   b. regardez la télé   c. rester ici   d. visites le musée avec moi

9. Est-ce que tu veux dîner chez _____?
    a. tu   b. je   c. il   d. nous

10. En général, les jeunes Français aiment _____ cinéma.
    a. un   b. le   c. au   d. *(no word needed)*

Verbes

Test 7. Les verbes en *-er.*

Complete the sentences with the appropriate present-tense forms of the verbs in the box. Be logical in your choice of verbs. *[4-B]*

> danser   dîner   étudier   habiter   inviter   visiter

1. Nous _____ dans *(in)* un appartement.
2. Je _____ la cathédrale.
3. À quelle heure est-ce que tu _____ au restaurant?
4. Vous _____ la médecine, n'est-ce pas?
5. Au club, François _____ le rock avec Denise.
6. Alain et Jacqueline _____ des amis à dîner.

Test 8. Les verbes *être, avoir* et *aller.*

Complete each set of sentences with the appropriate present-tense forms of **être, avoir,** and **aller,** in that order. *[4-A, 7-A, 9-C]*

1. Nous _____ étudiants. Nous _____ un cours à une heure. Après *(Afterward),* nous _____ passer à la bibliothèque.

2. Tu _____ athlétique *(athletic).* Tu _____ une raquette de tennis. Tu _____ jouer au tennis avec un copain.

3. Nancy et Janet _____ américaines. Elles _____ un cousin à Paris. Elles _____ à Paris en octobre.

4. Vous _____ français. Vous _____ des camarades sympathiques. Vous _____ souvent au café avec eux.

Test 9. Verbes.

Fill in the blanks with French verbs that correspond to the English words in parentheses. Be sure to use the appropriate present-tense form and construction for each verb.

✱ *(plays)*   Jacques _joue au_____ football.

1. *(plays)*   Jacques _____ piano.

2. *(listens to)*   Paul _____ un CD.

3. *(looks at)*   Marie _____ Pierre.

4. *(phones)*   Thomas _____ Michèle.

5. *(thinks of)*   Antoine _____ Sophie.

6. *(enters)*   Albert _____ sa chambre.

7. *(spends)*   Gisèle _____ deux mois à Québec.

Vocabulaire

Test 10. Qu'est-ce que c'est?

Identify each object by writing the corresponding noun with its appropriate indefinite article (**un, une**).

1. _____   2. _____   3. _____   4. _____

5. _____   6. _____   7. _____   8. _____

Test 11. Les contraires.

Write the adjectives that have the opposite meaning of those given below. *[8-B]*

1. bon   ≠ _____

2. faible   ≠ _____

3. lent   ≠ _____

4. gentil   ≠ _____

5. blond   ≠ _____

6. heureux   ≠ _____

Test 12. Logique!

For each item, select the option that <u>logically completes</u> the sentence.

1. Thomas est mon camarade de chambre. Il _____ avec moi.
   a. habite   b. est d'accord   c. visite   d. marche

2. Ça va _____!
   a. bon   b. mauvais   c. petit   d. mal

3. La chaîne-stéréo ne _____ pas.
   a. travaille   b. marche   c. va   d. rentre

4. Je vais à la piscine parce que j'aime _____.
   a. chanter   b. voyager   c. marcher   d. nager

5. Le professeur est heureux parce qu'il a des étudiants _____.
   a. désagréables   b. brillants   c. célibataires   d. mauvais

6. Je n'ai pas de _____. Quelle heure est-il?
   a. cahier   b. stylo   c. montre   d. lecteur CD

7. Écoute _____ là-bas! Qu'est-ce que c'est?
   a. la musique   b. le jeune homme   c. la femme   d. une copine

8. J'aime beaucoup Béatrice. C'est une fille _____.
   a. triste   b. sympathique   c. faible   d. pénible

Test 13. L'heure.

Match the times with the corresponding clocks.

1. _____ Il est minuit.

2. _____ Il est trois heures et demie.

3. _____ Il est cinq heures moins le quart.

4. _____ Il est sept heures vingt.

5. _____ Il est onze heures moins dix.

6. _____ Il est huit heures cinq.

A.

B.

C.

D.

E.

F.

© Cengage Learning

UNITÉ **4** Notre monde personnel

LEÇON **10** Ma famille

1 **Les relations familiales.** Express the family relationships that exist among the people in the family tree below. *[Vocabulaire, p. 138]*

✱ Alain Vasseur *est le frère de* _____ Jacques Vasseur.

1. Robert _____ Alain Vasseur.

2. Jacques Vasseur _____ Éliane.

3. Monique Vasseur _____ Suzanne.

4. Robert _____ Suzanne.

5. Suzanne _____ Robert.

6. Éliane _____ Suzanne.

7. Robert _____ Éliane.

8. Robert et Suzanne _____ M. Dumas.

9. Mme Dumas _____ M. Dumas.

10. Jacques Vasseur _____ Monique Vasseur.

© Cengage Learning

2 **À l'aéroport.** The following Canadian students are going to spend a year in France. They have come to the airport with friends and family. Complete the sentences with the appropriate possessive adjectives. *[Section A, p. 140]*

✱ Tu arrives avec __*ta*_____ cousine.

1. Claire arrive avec _____ frère et _____ ami Charles.

2. Tu arrives avec _____ ami Marc et _____ parents.

3. Jacques arrive avec _____ oncle et _____ tante.

4. Robert arrive avec _____ parents et _____ frère.

5. Suzanne arrive avec _____ père, _____ ami Georges

   et _____ amie Lili.

6. Henry et Roger arrivent avec _____ amies et _____ soeur.

7. Sylvia et Barbara arrivent avec _____ amies et _____ frère.

8. Nous arrivons avec _____ amis et _____ professeur de français.

9. Vous arrivez avec _____ amies et _____ cousine Donna.

3 **Emprunts.** *(Borrowed items.)* Sometimes we use things that belong to other people. Express this by completing the sentences according to the model. *[Section B, p. 142]*

✱ Jean a une raquette. Paul joue au tennis avec __*la raquette de Jean*_____.

1. Marc a un vélo. Charlotte utilise _____.

2. Sylvie a un ordinateur. Guillaume utilise _____.

3. Le professeur a des livres. Nous regardons _____.

4. Isabelle a une mobylette. Mélanie emploie souvent _____.

5. Les étudiants anglais ont des CD. Vous écoutez _____.

6. Les voisins ont une voiture. J'utilise _____.

7. Le copain de Julie prépare un budget. J'étudie _____.

4 **À qui est-ce?** Read what the following people do. Use this information to decide to whom the objects belong. Use the expression **être à.** [Section C, p. 143]

Fatima joue au tennis.   Je suis photographe.
Tu étudies les maths.   Chloé joue de la flûte.
Nous regardons la télé.   Les étudiants voyagent à vélo.
Mme Moreau voyage en voiture.   Vous prenez (take) des notes.

✱ La télé _est à nous_ _____.

1. La flûte _____.

2. La voiture _____.

3. L'appareil photo _____.

4. Le stylo _____.

5. La raquette _____.

6. Le livre d'algèbre _____.

7. Les vélos _____.

5 **Qu'est-ce qu'ils font?** Read what the following people are doing. Describe their activities by using an expression with the appropriate present-tense form of the verb **faire.** [Section D, p. 144]

✱ Jacqueline joue au tennis.

Elle fait un match.

1. Vous ne dépensez pas votre argent.

   _____

2. Les étudiants vont à l'université.

   _____

3. Je nettoie ma chambre.

   _____

4. Tu marches dans la campagne (country).

   _____

5. Nous nettoyons les assiettes (plates).

   _____

6. M. Broussard n'est pas chez lui. Il est au Japon.

   _____

5 **Quel temps fait-il?** For each of the following scenes, write three sentences to describe the weather. Your sentences may be affirmative or negative. *[Vocabulaire, p. 146]*

1. _____

_____

2. _____

_____

3. _____

_____

À votre tour

Imagine that your family will be hosting Charlotte, a French exchange student. Charlotte has written and wants to know more about you and your family. Answer her questions.

1. Parle-moi de tes parents. Comment sont-ils?

_____

_____

2. Parle-moi de tes frères et soeurs. Comment sont-ils?

_____

_____

3. Est-ce que tes grands-parents habitent près de chez vous? Comment sont-ils?

_____

Le français parlé

La langue française

A **Vocabulaire: La famille et les relations personnelles.** Écoutez et répétez.

CD4-24 **La situation familiale**

On est...

    marié

    célibataire

    divorcé

    remarié

La famille

les parents

le mari	la femme
le père	la mère
le beau-père	la belle-mère

les enfants

le fils	la fille
le frère	la soeur
le demi-frère	la demi-soeur
le frère aîné	la soeur aînée
le petit frère	la petite soeur

les grands-parents

le grand-père	la grand-mère

les petits-enfants

le petit-fils	la petite-fille

les parents

l'oncle	la tante
le cousin	la cousine
le neveu	la nièce

Les animaux domestiques

    un animal

    un chien

    un chat

    un oiseau

    un poisson rouge

B **Les adjectifs possessifs.** To indicate possession or relationship, we often use possessive adjec-
CD4-25 tives. In French, possessive adjectives agree with the nouns they introduce. Écoutez et répétez.

mon vélo	notre vélo
ma radio	notre radio
mes CD	nos CD
ton vélo	votre vélo
ta radio	votre radio
tes CD	vos CD
son vélo	leur vélo
sa radio	leur radio
ses CD	leurs CD

C **Jouons un rôle: Possessions.** Pauline's class is evacuated for a fire drill in a state of panic and
CD4-26 disarray. When they come back, the teacher tries to identify the possessions scattered around
the room. Pauline answers his questions affirmatively, using the possessive adjective. Play the
role of Pauline. Then listen to check your answer.

✳ LE PROF: Est-ce que c'est le stylo de Nicolas?

   PAULINE: *Oui, c'est son stylo.*

D **Conversation: La famille.** You are at a party and Monsieur Jacob wants to know if certain
CD4-27 guests are relatives or acquaintances of yours. Answer his questions in the affirmative or in the
negative as indicated. Then listen to check your answer.

✳ non   M. JACOB: Est-ce que Jacqueline est votre soeur?

      VOUS: *Non, ce n'est pas ma soeur.*

1. oui   2. oui   3. non   4. oui   5. oui   6. non   7. non

E **Description: La famille Dupont.** Look at the family tree. Listen to the people mentioned and
CD4-28 say how the first person or persons named are related to the second persons. Then listen to
check your answer.

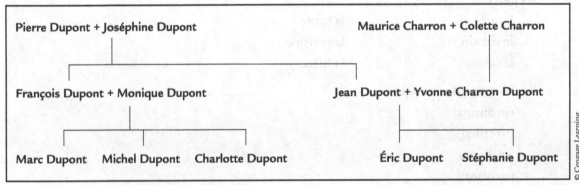

✳ Michel Dupont / Éric et Stéphanie Dupont   *C'est leur cousin.*

F **Conversation: À qui est-ce?** Charlotte is asking whether certain items belong to certain people.
CD4-29 Answer her in the affirmative, using **de** as in the model. Listen to check your answer.

✽ CHARLOTTE: La moto est à Pierre?

VOUS: *Oui, c'est la moto de Pierre.*

G **Le verbe** *faire.* Écoutez et répétez.

CD4-30

je fais	Je fais un sandwich.
tu fais	Qu'est-ce que tu fais ici?
il fait / elle fait / on fait	Céline fait du shopping.
nous faisons	Nous ne faisons pas la cuisine.
vous faites	Qu'est-ce que vous faites?
ils font / elles font	Qu'est-ce qu'ils font à l'université?

The verb **faire** is used in many expressions. Repeat the following sentences.

Je fais attention.

Je fais le ménage.

Je fais la cuisine.

Je fais la vaisselle.

Je fais du shopping.

Je fais les courses.

Je fais des études.

Je fais les devoirs.

Je fais des économies.

Je fais un voyage.

Je fais une promenade.

Je fais un match.

H **Conversation: Occupations.** Mélanie is asking what various people are doing. Answer her
CD4-31 according to the illustrations using an expression with **faire.** Then listen to check your answer.

* MÉLANIE: Que fait Thomas?

VOUS: ***Thomas fait le ménage.***

1.

2.

3.

4.

5.

© Cengage Learning

I **Vocabulaire: Le temps et les saisons.** Écoutez et répétez.

CD4-32

Le temps

Quel temps fait-il?

    Aujourd'hui il fait beau.

        Il fait bon.

        Il fait mauvais.

        Il fait chaud.

        Il fait froid.

        Il fait du vent.

        Il fait du soleil.

        Il pleut.

        Il neige.

    Demain il va faire beau.

        Il va faire froid.

        Il va pleuvoir.

        Il va neiger.

Quelle température fait-il?

    Il fait 18 degrés Celsius.

Les saisons

le printemps	au printemps
l'été	en été
l'automne	en automne
l'hiver	en hiver

Dialogue

J **Une question de temps.** Michèle will ask you if you are going to do certain things. Tell her
CD4-33 that you are not doing those things because of the weather. Base your responses on the illustrations. Then listen to check your answer.

MÉLANIE: Est-ce que tu vas nager?

VOUS: *Non, je ne nage pas quand il fait mauvais.*

1.   2.   3.   4.

Phonétique

K **Les lettres «ch».** In French, the letters "ch" are always pronounced /ʃ/ as in *Chicago*.
CD4-34 Répétez: <u>ch</u>ien <u>ch</u>at <u>ch</u>aud <u>ch</u>er <u>ch</u>anter mar<u>ch</u>er ri<u>ch</u>e blan<u>ch</u>e <u>Ch</u>arles

Dictée

L **Mes voisins.**
CD4-35 Mes voisins ont _____. _____ Vincent est étudiant.

_____ copain. _____ Amélie est professeur.

Elle _____. _____ travaille au laboratoire

_____.

LEÇON **11** Rien n'est parfait

Le français écrit

1 **Quels vêtements?** Read what the following people are going to do. Then describe what they are wearing for these occasions. Give the colors of the items of clothing. *[Vocabulaire, pp. 150, 151]*

1. Antoine va jouer au tennis. Il porte _____

   _____

2. Aurelle va danser dans une discothèque très élégante. Elle porte _____

   _____

3. Tu vas skier. Tu portes _____

   _____

4. Je vais à la plage. Je porte _____

   _____

5. M. Thomas a un rendez-vous professionnel avec le président d'IBM. Il porte _____

   _____

2 **Activités.** Complete the sentences with the appropriate present-tense forms of the verbs provided. Be logical! *[Section A, p. 152]*

acheter	amener	célébrer	espérer	posséder	préférer	répéter

✱ Pauline _*achète*_____ une robe à Mod'Shop.

1. Mlle Lasalle est riche. Elle _____ posséde _____ une Rolls-Royce.

2. Tu _____ amènes _____ une amie au concert.

3. Julien et Pierre _____ archètent _____ des chaussures chez Bally.

4. Le professeur _____ répète _____ toujours la même *(same)* question!

5. Nous étudions beaucoup. Nous _____ espérons _____ avoir un «A» à l'examen.

6. M. et Mme Lamblet _____ célèbrent _____ leur anniversaire de mariage le 24 juillet.

7. J'aime le cinéma, mais je _____ préfère _____ le théâtre!

3 Dialogues. Complete the following dialogues according to the model. *[Sections B, C, pp. 154, 155]*

* — ___Quel tee-shirt___ _____ est-ce que tu préfères?

— Je ___préfère ce tee-shirt-ci___ _____.

1. — _____ est-ce que Zoé va acheter?

— Elle _____.

2. — _____ est-ce que tu achètes?

— J' _____.

3. — _____ est-ce que Patrick va porter?

— Il _____.

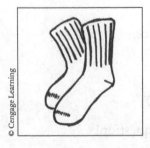

4. — _____ est-ce que vous préférez?

— Nous _____.

4 **Activités.** Describe what the following people are doing by filling in the blanks with the appropriate forms of the verbs in the box. Be logical! *[Section D, p. 156]*

> employer   envoyer   nettoyer   payer

✳ Mme Dulac *envoie* _____ une lettre à un client.

1. Les touristes _____ l'hôtel avec une carte de crédit.

2. Je _____ l'appartement.

3. Nous _____ un fax à M. Lamblet.

4. Cette entreprise *(firm)* _____ des étudiants pendant *(during)* les vacances.

5. M. Durand _____ le garage.

6. Est-ce que vous _____ l'addition *(bill)* avec une carte bancaire?

7. Est-ce que tu _____ des SMS à tes copains?

8. Je _____ le loyer de l'appartement le premier octobre.

5 **Combien?** Give the prices of the following items by filling in the blanks with the corresponding numbers. *[Vocabulaire, p. 157]*

1.

2.

3. ![tablette 580 €]

4. ![voiture 9 500 €]

5.

© Cengage Learning

✳ Le scooter coûte __*neuf cents*_____ euros.

1. Le vélo coûte _____ euros.

2. La chaîne-stéréo coûte _____ euros.

3. La tablette coûte _____ euros.

4. La voiture coûte _____ euros.

5. La maison coûte _____ euros.

6 **Descriptions.** Complete the sentences below with the appropriate forms of the adjectives in parentheses. *[Section E, p. 158]*

1. (nouveau) M. Thibaud va moderniser son bureau *(office)*. Il va acheter un

   _____ ordinateur et une _____ imprimante *(printer)*.

2. (vieux) M. Bertrand aime les choses anciennes. Il y a beaucoup de _____

   livres dans son _____ appartement.

3. (beau) Jacques va aller à une entrevue *(interview)* professionnelle très importante. Il va

   porter une _____ cravate et un _____ costume.

4. (beau) Mlle Dupont est toujours très élégante. Aujourd'hui, elle porte un

   _____ manteau gris et de _____ chaussures noires.

5. (nouveau) Pour mon anniversaire, je voudrais une _____ tablette et de

   _____ affiches pour ma chambre.

À votre tour

Amélie, a French friend, is asking you a few questions about American clothing. Answer her questions.

1. Quels vêtements portes-tu quand tu vas à une fête? (Indique *[Give]* aussi leur couleur, s'il te plaît.)

   _____

   _____

   _____

2. Quels vêtements est-ce que tu vas acheter pour cet été?

   _____

   _____

   _____

3. Dans quel magasin achètes-tu tes vêtements? Pourquoi est-ce que tu préfères ce magasin?

   _____

   _____

   _____

Le français parlé

La langue française

A **Vocabulaire: Les vêtements.** Écoutez et répétez. *[p. 150]*

CD5-2

Pour acheter des vêtements, on va dans un grand magasin.

On va dans une boutique.

On va dans un centre commercial.

On va dans une grande surface.

La première personne *(first person)* porte...

des lunettes   une chemise

un pantalon   des chaussures

La deuxième personne porte...

un chemisier   une jupe

des collants

La troisième personne porte...

un chapeau   une cravate

une veste

un imper   un costume

La quatrième personne porte...

une robe   un manteau

des sandales

La cinquième personne porte...

un blouson   un pull

un jean   des bottes

B **Vocabulaire: Les vêtements de sport.** Écoutez et répétez. *[p. 151]*

CD5-3

La première personne porte...

un survêt   un tee-shirt   des baskets

La deuxième personne porte...

une casquette

un polo   un short

des chaussettes

des tennis

La troisième personne porte...

des lunettes de soleil

un maillot de bain

C **Vocabulaire: Les couleurs et le prix.** Écoutez et répétez.

CD5-4

De quelle couleur est ta casquette?

Elle est bleue.

Les chaussures italiennes sont chères.
Les lunettes de soleil sont bon marché.

Listen and repeat the masculine and feminine forms of the colors.

bleu	bleue
vert	verte
jaune	jaune
orange	orange
rouge	rouge
rose	rose
violet	violette
marron	marron
gris	grise
blanc	blanche
noir	noire

D **Compréhension orale.** You will hear eight sentences, each one mentioning an item of clothing.

CD5-5 Write that word with the corresponding article **un, une,** or **des** in the blanks provided. Don't worry if you do not understand everything that is said.

✻ J'aime beaucoup le chapeau d'Émilie.   _un chapeau_ _____

1. _____   5. _____

2. _____   6. _____

3. _____   7. _____

4. _____   8. _____

E **Les verbes *acheter* et *préférer*.** Écoutez et répétez. [p. 152]

CD5-6

J'achète une veste.	Je préfère la veste bleue.
Tu achètes une cravate.	Tu préfères la cravate jaune.
Il achète un imper.	Il préfère l'imper gris.
Nous achetons un jean.	Nous préférons le jean noir.
Vous achetez un short.	Vous préférez le short blanc.
Elles achètent un pull.	Elles préfèrent le pull rouge.

F **Narration: Préférences.** The following people do not buy red items of clothing. Say that they
CD5-7 prefer blue items. Then listen to check your answer.

✱ Nicolas n'achète pas la veste rouge. *Il préfère la veste bleue.*

G **Conversation: Caroline.** Caroline is telling you about her likes and dislikes. You don't hear
CD5-8 everything she says. Ask her to clarify, using the appropriate form of **quel.** Then listen to check
your answer.

✱ J'aime le restaurant «Chez André». *Quel restaurant?*

H **Conversation: Au grand magasin.** You and Raphaël are in a department store. Each time he
CD5-9 comments positively on something, say that you prefer a different one. Then listen to check
your answer.

✱ Cette veste-ci est jolie. *Je préfère cette veste-là.*

I **Le verbe *payer*.** Écoutez et répétez les formes du verbe **payer.**
CD5-10
je paie

tu paies

il paie

nous payons

vous payez

ils paient

Maintenant écoutez et répétez les verbes conjugués comme **payer.**

payer   Nous payons avec une carte de crédit.

employer   Le magasin emploie des étudiants.

envoyer   Paul envoie un email à Patrick.

essayer   Julie essaie une robe.

nettoyer   Tu nettoies l'appartement.

J **Vocabulaire: Les nombres de 60 à l'infini.** Écoutez et répétez.
CD5-11

60	soixante	80	quatre-vingts	100	cent
61	soixante et un	81	quatre-vingt-un	101	cent un
62	soixante-deux	82	quatre-vingt-deux	102	cent deux...
63	soixante-trois...	83	quatre-vingt-trois...	200	deux cents
69	soixante-neuf	89	quatre-vingt-neuf	201	deux cent un...
70	soixante-dix	90	quatre-vingt-dix	1 000	mille
71	soixante et onze	91	quatre-vingt-onze	10 000	dix mille
72	soixante-douze	92	quatre-vingt-douze...	100 000	cent mille
73	soixante-treize...	98	quatre-vingt-dix-huit	1 000 000	un million
79	soixante-dix-neuf	99	quatre-vingt-dix-neuf	10 000 000	dix millions

K **Compréhension orale.** You will hear Stéphane telling you how much money his friends have.
CD5-12 Listen carefully to each sentence. There are three choices given for each sentence. Mark the number you hear.

1.	100	1 000	8 000
2.	100	120	210
3.	50	1 300	3 000
4.	50	150	1 500
5.	150	300	125
6.	1 650	18 000	80 000
7.	100	400	1 600
8.	1 000	650	20 000

L **Les adjectifs *beau, nouveau, vieux*.** Écoutez et répétez.
CD5-13

un beau costume	un nouveau vélo	un vieux livre
un bel homme	un nouvel ami	un vieil ami
une belle robe	une nouvelle moto	une vieille dame
les beaux manteaux	les nouveaux pulls	les vieux vêtements
les belles chaussures	les nouvelles robes	les vieilles personnes

M **Situation: C'est neuf?** Aurélie is asking whether certain items are brand new. Answer in the
CD5-14 affirmative, using the appropriate form of **nouveau.** Then listen to check your answer.

✳ Est-ce que cette radio est neuve?   *Oui, c'est une nouvelle radio.*

Aurélie will now ask about other items. Answer in the negative, using the appropriate form of
vieux. Then listen to check your answer.

✳ Est-ce que cette montre est neuve?   *Non, c'est une vieille montre.*

Dialogue

N **En ville.** You and Nathalie are in town shopping and talking about clothes. Answer her
CD5-15 questions according to the illustrations. Then listen to check your answer.

✳ NATHALIE: Qu'est-ce que tu achètes?

      VOUS: *J'achète ce pantalon.*

1.

2.

3.

4.

5.

6.

© Cengage Learning

Phonétique

O **Les voyelles /o/ et /ɔ/**
CD5-16
• closed /o/

At the end of a word, the letters **-o, -ot, -au,** and **-eau** represent the vowel sound /o/. Do not
let the vowel glide, as in English.

Répétez:

    radi<u>o</u>   styl<u>o</u>   vél<u>o</u>   phil<u>o</u>   gé<u>o</u>   stéré<u>o</u>   maill<u>ot</u>   Marg<u>ot</u>

    <u>au</u>   ch<u>au</u>d   b<u>eau</u>   nouv<u>eau</u>   chap<u>eau</u>   mant<u>eau</u>   ois<u>eau</u>

• open /ɔ/

In the middle of a word or when followed by a consonant sound, the letters **-o-** and **-au-**
usually represent the vowel sound /ɔ/, which is somewhat similar to the "u" in the English
word *up*.

Répétez:

    b<u>o</u>tte   sh<u>o</u>rt   r<u>o</u>be   c<u>o</u>stume   c<u>o</u>llants   éc<u>o</u>le   m<u>o</u>bile   Nic<u>o</u>le

    ch<u>au</u>ssures   ch<u>au</u>ssettes   m<u>au</u>vais   <u>Au</u>stralie   <u>Au</u>rélie

Dictée

P **Au magasin.**

CD5-17

Je _____ cette _____. Elle _____ euros.

Elle n'est pas très _____, mais elle _____.

Je vais _____ cette _____ et ces _____.

Et toi, _____ _____ préfères-tu?

LEÇON **12**   Le rêve et la réalité

Le français écrit

1   **Où est-ce?** Indicate where one place or thing is in relation to the other. Use prepositions from the **Vocabulaire,** p. 164.

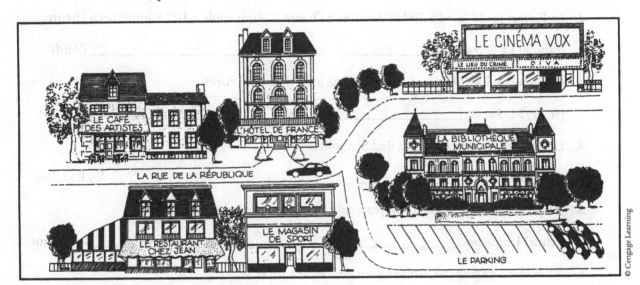

✱   Le magasin de sport est   _dans la_ _____ rue de la République.

1.   La voiture est _____ hôtel de France.

2.   L'hôtel de France est _____ café des Artistes et le cinéma Vox.

3.   Le restaurant «Chez Jean» est _____ magasin de sport.

4.   Le parking est _____ bibliothèque municipale.

5.   La bibliothèque municipale est _____ magasin de sport.

6.   Le café des Artistes est _____ hôtel de France.

2 **Comparaisons.** Based on the information given, make comparisons using **être** and the adjectives in parentheses. *[Section A, p. 166]*

✱ La robe bleue coûte 150 euros. La robe rouge coûte 200 euros.

(cher) La robe bleue _**est moins chère que**_ la robe rouge.

1. L'imperméable coûte 250 euros. Le costume coûte 250 euros.

(cher) L'imperméable _____ le costume.

2. La Ferrari roule *(goes)* à 200 kilomètres à l'heure. L'Audi roule à 180 kilomètres à l'heure.

(rapide) La Ferrari _____ l'Audi.

3. M. Simon a 500 000 euros. Mme Dumas a un million d'euros.

(riche) M. Simon _____ Mme Dumas.

4. Les Yankees jouent bien. Les Red Sox jouent mal.

(bon) Les Yankees _____ les Red Sox.

5. Jacqueline a dix-huit ans *(is 18 years old)*. Sa cousine a dix-huit ans aussi.

(jeune) Jacqueline _____ sa cousine.

6. À l'examen de français, Robert a un «A». Paul a un «C».

(bon) En français, Robert _____ Paul.

3 **À votre avis.** *(In your opinion.)* Compare the following people and things. Express your own opinions. *[Section A, p. 166]*

✱ les jeunes / leurs parents (idéaliste?)

Les jeunes sont plus (moins, aussi) idéalistes que leurs parents.

1. les Américaines / les Françaises (élégant?)

_____

2. les Américains / les Français (individualiste?)

_____

3. les femmes / les hommes (indépendant?)

_____

4. les voitures américaines / les voitures japonaises (économique?)

_____

5. la cuisine française / la cuisine américaine (bon?)

_____

4 **Les Oscars.** Below are several categories of people or things. Indicate who or what in your opinion is the best in each category. Use the superlative form of the italicized adjectives. *[Section B, p. 168]*

✻ un acteur *intelligent*   ***L'acteur le plus intelligent est [Anthony Hopkins].***

✻ une *bonne* saison   ***La meilleure saison est [le printemps].***

1. un(e) comédien(ne) *drôle* _____

2. un professeur *intéressant* _____

3. un *bon* film _____

4. une *jolie* ville _____

5. des voitures *confortables* _____

6. un *bon* restaurant _____

5 **Questions.** You want to know more about the following people. Complete the questions below using inversion and the appropriate subject pronouns. *[Section C, p. 171]*

✻ Antoine est au restaurant.

    Avec qui _est-il au restaurant_ _____ ?

1. Catherine téléphone.

    À qui _____ ?

2. Les étudiants travaillent.

    Pourquoi _____ ?

3. Mlle Moreau voyage.

    Quand _____ ?

4. Jacques va au musée.

    Avec qui _____ ?

5. Florence et Lucie jouent au tennis.

    Comment _____ ?

6. On fait les courses.

    À quelle heure _____ ?

À votre tour

Jonathan wants to know about your home. Answer his questions.

1. Combien de pièces est-ce qu'il y a dans ta maison?

   _____

   _____

   _____

2. Quelle est la plus grande pièce de la maison? Quelle est la plus petite pièce?

   _____

   _____

   _____

3. Est-ce que la cuisine est moderne? Est-ce qu'elle est grande? De quelle couleur est-elle?

   _____

   _____

   _____

   _____

4. Combien de chambres y a-t-il? Est-ce que chaque (each) chambre a une salle de bains?

   _____

   _____

   _____

   _____

5. Quels meubles est-ce qu'il y a dans ta chambre?

   _____

   _____

   _____

   _____

Le français parlé

La langue française

A **Vocabulaire: Le logement.** Écoutez et répétez.

CD5-18

J'habite en ville.

J'habite dans une résidence.

Je vais chercher un studio.

Je vais trouver un appartement.

Je vais louer une maison.

Dans cette maison, il y a un salon

un living   des meubles   un garage   un jardin   l'accès wifi   des WC

Dans cette maison, il y a une chambre

une pièce   une cuisine   une salle à manger   une salle de séjour   une salle de bains   des toilettes

Dans la chambre, il y a

une étagère

un mur   un lit   un placard   un tapis

une fenêtre   une porte   une lampe

un bureau   un fauteuil

une chaise   une table

un sofa

Dans la salle de bains, il y a une douche   une baignoire

B **Compréhension orale.** You will hear a series of sentences in which specific areas of the home
CD5-19 are mentioned. Listen carefully to each sentence and write down the part of the house you hear.
Be sure to write the corresponding definite articles: **le** or **la**.

✱ Notre voiture est dans le garage. ___*le garage*_____

1. _____

2. _____

3. _____

4. _____

5. _____

6. _____

C **Vocabulaire: Les prépositions de lieu.** Écoutez et répétez.

CD5-20

dans	La télé est dans la salle de séjour.
par	Je passe par la cuisine pour aller au garage.
entre	Lyon est entre Paris et Nice.
sur	Il y a un ordinateur sur mon bureau.
sous	Mes chaussettes sont sous le lit.
devant	La chaise est devant le bureau.
derrière	Le jardin est derrière la maison.
près de	J'habite près de l'université.
loin de	Habitez-vous loin du campus?
à côté de	Il y a un café à côté du cinéma.
en face de	En face du cinéma, il y a un restaurant.
à droite de	La salle de bains est à droite de la chambre.
à gauche de	La cuisine est à gauche du salon.

D **Situation: La chambre d'Amélie.** Look at the picture of Amélie's room. You will hear statements about where certain items are located. Indicate whether these statements are accurate or not by marking **vrai** or **faux**.

CD5-21

© Cengage Learning

✳ Il y a des photos sur le bureau.   <u>vrai</u>   faux

1. vrai   faux   3. vrai   faux   5. vrai   faux   7. vrai   faux

2. vrai   faux   4. vrai   faux   6. vrai   faux   8. vrai   faux

E **Situation: Comparaisons.** You will hear descriptions of people and things in relation to others. Make comparisons according to the models. Then listen to check your answer.

CD5-22

✳ Pierre est très grand. Jacques est grand.

Pierre est plus grand que Jacques.

✳ Ces chaussures-ci ne sont pas très confortables. Ces chaussures-là sont confortables.

Ces chaussures-ci sont moins confortables que ces chaussures-là.

Nom ______________________________ Date ______________

F **Conversation: Ce sont les meilleurs!** Mathilde will ask you about certain people or things. Say that they are the best in their categories, as indicated. Then listen to check your answer.

CD5-23

✻ la classe — YASMINA: C'est une fille intelligente, n'est-ce pas?

VOUS: ***Oui, c'est la fille la plus intelligente de la classe.***

1. la classe de français
2. la ville
3. la bibliothèque
4. le magasin
5. la région
6. la maison

G **Vocabulaire: Finances personnelles.** Écoutez et répétez.

CD5-24

l'argent

un coût — un prix — un chèque
une carte de crédit — une carte bancaire

les dépenses

les frais de scolarité — la pension
le logement — un repas — les loisirs — les transports

verbes

coûter	L'appartement coûte 600 dollars par mois.
dépenser	Combien dépensez-vous pour les repas?
gagner	Combien d'argent gagnez-vous?
	Qui va gagner le match de basket?

expressions

par jour	Je dépense 10 dollars par jour pour les repas.
par semaine	Je gagne 180 euros par semaine.
par mois	Combien dépenses-tu par mois pour les loisirs?

H **Les questions avec inversion.** Écoutez la première question et répétez la deuxième question.

CD5-25

Est-ce que tu habites sur le campus?	Habites-tu sur le campus?
Où est-ce que vous dînez ce soir?	Où dînez-vous ce soir?
Quand est-ce qu'ils étudient?	Quand étudient-ils?

I **Conversation: Pardon?** Élodie is telling you about her friends. You did not understand the last part of each sentence and ask her to repeat. Use the appropriate interrogative expression plus inversion. Then listen to check your answer.

CD5-26

✻ ÉLODIE: Nathalie arrive demain.

VOUS: ***Quand arrive-t-elle?***

Dialogue

J **Le budget de Christine.** Look at Christine's budget. Answer
CD5-27 the following questions according to the information you
see. Then listen to check your answer.

✳ Combien est-ce que Christine dépense pour le logement?

Elle dépense sept cents euros.

Logement	700 €
Repas	90 €
Vêtements	100 €
Livres	75 €
Transports	72 €
Loisirs	70 €
smart phone	86 €
	1193 €

Phonétique

K **L'accent final.** In French words and phrases, all the syllables are very EVEN, except the last one
CD5-28 which is LONGER than the others. Always be sure to pronounce this **accent final.**

Répétez:

bu<u>reau</u>   pla<u>card</u>   cui<u>sine</u>   mai<u>son</u>   écono<u>mie</u>   philoso<u>phie</u>   grands-pa<u>rents</u>

apparte<u>ment</u>   salle à man<u>ger</u>   carte de cré<u>dit</u>   par se<u>maine</u>   lunettes de so<u>leil</u>

Vous cher<u>chez</u>.   Nous ne cherchons <u>pas</u>.   Vous ne trouvez pas l'a<u>dresse</u>.

Dictée

L **Ma chambre**
CD5-29

J'aime beaucoup _____.

_____, il y a un petit _____.

_____ la fenêtre, il y a un _____.

_____ mon bureau, j'ai _____

avec _____. Et _____,

j'ai _____ de Picasso.

Vie pratique 4: L'achat des vêtements

Écouter et parler

A **Est-ce que ce vêtement vous va?** Écoutez bien chaque phrase. Quelle est l'illustration qui
CD5-30 correspond?

A.   B.   C.

1. A   B   C   5. A   B   C
2. A   B   C   6. A   B   C
3. A   B   C   7. A   B   C
4. A   B   C   8. A   B   C

B **Au grand magasin.** Vous êtes dans un grand magasin. Répondez aux questions des vendeuses
CD5-31 et écoutez la confirmation.

Au rayon des chaussures	Au rayon des vêtements
1. Say you would like to see sports shoes.	4. Say you would like to try on this jacket.
2. Say your shoe size is 42.	5. Say it doesn't fit. It is too tight.
3. Say that the shoes fit beautifully.	6. Say you like the shirt a lot.

C **Les accessoires de Mireille.** Écoutez bien. Mireille vous parle de ses accessoires. Pour chaque
CD5-32 phrase, écrivez la lettre qui correspond.

1. _____   5. _____
2. _____   6. _____
3. _____   7. _____
4. _____   8. _____

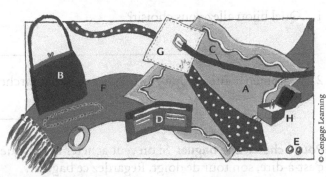

D **Descriptions.** Répondez aux questions selon les indications et écoutez la confirmation.
CD5-33

1. Say it's a silk tie.
2. Say it's a woolen scarf.
3. Say it's a leather bag.
4. Say it's a silver ring.
5. Say it's a gold bracelet.

Lire et écrire

E **Pour la fête des mères.** Regardez cette publicité pour la fête des mères. Choisissez un bijou pour votre maman.

© MATY Bijoutier Créateur (www.maty.com)

a. collier Argent 925 *(sterling silver)* et oxyde de zirconium synthétique *(cubic zirconia)*

b. bague Argent 925 et oxyde de zirconium synthétique

c. boucles d'oreille Argent 925

d. cabochon d'ambre sur monture Argent 925

1. Quel bijou allez-vous choisir?

_____

2. Combien coûte ce bijou? Est-il cher ou bon marché?

_____

F **Pour acheter une bague.** Si on veut acheter une bague, il faut connaître *(to know)* sa taille, c'est-à-dire, son tour de doigt. Regardez ce baguier.

> Utilisez ce baguier pour mesurer votre tour de doigt :
>
> Posez l'une de vos bagues et indiquez le n° du cercle qui touche l'intérieur de l'anneau.
>
> 48   52   56   60   64
>
> 50   54   58   62   66

© MATY Bijoutier Créateur (www.maty.com)

Placez une bague (un anneau) sur les cercles et trouvez le cercle qui correspond bien.

Quel est votre tour de doigt? _____

Nom _____   Date _____

IMAGES DU MONDE FRANCOPHONE 4:
PARIS

A   **Histoire de Paris.** Lisez «Un peu d'histoire» (p. 178). Puis, mettez les phrases suivantes dans ordre chronologique.

1. _____   300 av. J.C.   A.   On construit la cathédrale de Notre-Dame.

2. _____   100–200 apr. J.C.   B.   Paris devient la «Ville lumière».

3. _____   12ᵉ–14ᵉ siècles   C.   Lutetia, une ville romaine, se développe sur la rive gauche.

4. _____   17ᵉ–18ᵉ siècles   D.   Paris est occupé par les Allemands.

5. _____   1890–1939   E.   Les rois de France abandonnent Paris pour Versailles.

6. _____   1940–1944   F.   Les Parisii occupent l'île de la Cité.

7. _____   1975–présent   G.   Paris se modernise avec la construction de nouveaux monuments et de grandes tours commerciales.

le nouveau Par!s Île-de-France

www.nouveau-paris-ile-de-france.fr/

B   **Rive droite ou rive gauche?** [Écoutez!]

CD5-34   Écoutez les descriptions suivantes et regardez le plan de Paris. Pour chaque monument, indiquez s'il est situé sur la rive droite ou sur la rive gauche.

1. rive droite   rive gauche

2. rive droite   rive gauche

3. rive droite   rive gauche

4. rive droite   rive gauche

5. rive droite   rive gauche

6. rive droite   rive gauche

© Cengage Learning

C   **Le Quartier latin.** Lisez l'article sur le Quartier latin (p. 180). Puis indiquez si les phrases suivantes sont vraies (*true*) ou fausses (*false*).

vrai   faux   1. La Sorbonne est l'université de Montpellier.

vrai   faux   2. Au Moyen Âge, les étudiants de l'Europe entière venaient à la Sorbonne.

Unité 4   Images du monde francophone   **127**

vrai	faux	3. Pour communiquer entre eux, ces étudiants parlaient français.
vrai	faux	4. Aujourd'hui, le Quartier latin est toujours le quartier des étudiants.
vrai	faux	5. Au Quartier latin on trouve des vieilles librairies et des clubs de jazz.
vrai	faux	6. On trouve aussi des restaurants vietnamiens, grecs et marocains.

D **Paris, capitale artistique.** Lisez le texte (p. 182) sur l'École de Paris. Puis indiquez le pays d'origine de chaque artiste.

1. Salvador Dalí _____
2. Man Ray _____
3. Joan Miró _____
4. Pablo Picasso _____
5. Marc Chagall _____
6. Tsuguharu Foujita _____
7. Amadeo Modigliani _____
8. Max Ernst _____
9. Piet Mondrian _____
10. Diego Rivera _____

Allemagne
Espagne
États-Unis
Hollande
Italie
Japon
Mexique
Russie

E **Des Américains à Paris.** [Écoutez!] Lisez l'article sur les Américains à Paris (p. 183). Puis
CD5-35 écoutez bien et identifiez la personne qui correspond à chaque courte biographie.

1. _____   A. Benjamin Franklin
2. _____   B. John Adams et John Jay
3. _____   C. Mary Cassatt
4. _____   D. Ernest Hemingway
5. _____   E. Joséphine Baker
6. _____   F. James Baldwin

F **Après la lecture.** Quels sont les trois faits les plus importants que vous avez appris sur Paris (pp. 174–179)?

1. _____

_____

_____

2. _____

_____

_____

3. _____

_____

_____

Interlude littéraire Numéro 2

Georges Moustaki, chanteur français

A **Faisons connaissance.** Allez à la page 184 et lisez la biographie de Georges Moustaki. Puis indiquez si les observations sont vraies ou fausses.

vrai   faux   1. Georges Moustaki est d'origine égyptienne.

vrai   faux   2. Il est né à Paris.

vrai   faux   3. *Milord* est une de ses premières chansons.

vrai   faux   4. C'est Édith Piaf qui chante *Elle est elle*.

B **Elle est elle.** Écoutez le poème.

CD6-2 *Elle est elle*

Elle est docile elle est rebelle	
Elle est changeante et éternelle	
Elle est blue-jean elle est dentelle°	*lace*
Elle est vestale° elle est charnelle°	*chaste / sensual*
Elle est gamine° elle est femelle°	*enfant / femme*
Elle est fugace° elle est fidèle°	*flighty / faithful*
Elle est Mozart elle est Ravel	
Elle est passion elle est pastel	
Elle est jadis° elle est futur	*passé*
Elle est le havre° et l'aventure	*haven, harbor*
Elle est le musc et la lavande°	*musk (pungent perfume) / lavender*
Elle est l'Espagne elle est Irlande	
Elle est consonne elle est voyelle	
Elle est l'orage° et l'arc-en-ciel°	*storm / rainbow*
Elle est guitare et violoncelle	
Elle est tigresse elle est gazelle	
Elle est piment° elle est canelle°	*hot pepper / cinnamon*
Elle est la poudre° et l'étincelle°	*gunpowder / spark*
Elle est docile elle est rebelle	
Elle est changeante et éternelle	

Elle est elle est elle est elle est

© 2007 Moustaki: *Les 50 plus belles chansons* Polydor

C **Compréhension.** Écoutez et indiquez quelle phrase vous entendez.

CD6-3 1. a. elle est gamine   b. elle est femelle

2. a. elle est Mozart   b. elle est Ravel

3. a. elle est l'Espagne   b. elle est Irlande

4. a. elle est consonne   b. elle est voyelle

5. a. elle est guitare   b. elle est violoncelle

6. a. elle est tigresse   b. elle est gazelle

D **La musique.** Maintenant écoutez Georges Moustaki et sa fille Pia: http://www.youtube.com/watch?v=VQhlxSEtxE0&feature=related

À la découverte

Éric Vincent, chanteur français

Courtesy of Éric Vincent

Éric Vincent est un chanteur et un poète qui voyage dans le monde° entier. Chaque année° en automne, il visite les États-Unis pour chanter dans les universités américaines. Dans la chanson *Pour un brin d'herbe*, composée sur les paroles° de Jean-Paul Sèvres, Éric Vincent évoque les expériences qui lui donnent de la joie et les expériences qui le font souffrir°.

world
each year

lyrics

make him suffer

E **Pour un brin d'herbe** *(For a blade of grass).* Écoutez les paroles.

CD6-4

Pour un brin d'herbe, pour une goutte d'eau°   *drop of water*
Pour un rayon de soleil°, un oiseau°   *ray of sunshine / bird*
Pour une pierre° aux dessins mystérieux   *stone*
J'ai envie° de vivre°   *I want / to live*
J'ai envie de vivre très vieux

Pour un regard° de haine°, un coup de pied°   *look / hatred / kick*
L'amour° comme° une cabane effondrée°   *love / like / collapsed shack**
Pour la douleur° ou la mort° d'un enfant   *pain / death*
J'ai envie de mourir° souvent   *to die*

Pour un espoir° toujours renouvelé°   *hope / renewed*
Pour la joie d'un silence retrouvé°   *rediscovered*
Pour cet amour qui brille° dans tes yeux°   *shines / eyes*
J'ai envie de vivre
J'ai envie de vivre très vieux

* *Love had built a fragile refuge, but it was not strong enough to withstand life's storms.*

F **Compréhension.** Maintenant écoutez bien les phrases suivantes. Pour chaque *(each)* élément,
CD6-5 indiquez s'il donne envie de vivre ou envie de mourir.

1. a. envie de vivre   b. envie de mourir
2. a. envie de vivre   b. envie de mourir
3. a. envie de vivre   b. envie de mourir
4. a. envie de vivre   b. envie de mourir
5. a. envie de vivre   b. envie de mourir
6. a. envie de vivre   b. envie de mourir

G **La musique.** Maintenant écoutez Éric Vincent: http://www.eric-vincent.com/audio/herbe.mp3.

UNITÉ 5 Chez les Français

LEÇON 13 Une question de priorité

Le français écrit

1 **Pourquoi?** Read about the following people. Give an explanation for their activities by completing the sentences below with an expression using the appropriate present-tense form of **avoir.** [Section A, p. 190]

❋ J'achète un soda.
   J'*ai soif.* _____

1. Il est une heure et demie du matin et tu as envie d'aller au lit.

   Tu _____

2. Nous allons visiter Paris.

   Nous _____ d'argent.

3. Alain célèbre son anniversaire. Maintenant il peut (can) voter.

   Il _____

4. Céline regarde le thermomètre. Il fait 30° Celsius. Elle ouvre (opens) la fenêtre.

   Elle _____

5. Vous téléphonez pour commander une énorme pizza.

   Vous _____

6. Yasmina pense que New York est la capitale des États-Unis (USA).

   Elle _____

7. Il fait moins dix degrés (–10° Celsius). Je n'ai pas mon manteau. Je veux rentrer chez moi.

   J' _____

2 **Activités.** Complete the following descriptions with the appropriate present-tense forms of the verbs provided. Be logical. *[Section B, p. 192]*

> **choisir   finir   grossir   maigrir   réfléchir   réussir**

✷ Julie va au supermarché. Elle __*choisit*__ des oranges pour le pique-nique.

1. Antoine et Pierre vont dans un magasin de vidéos. Ils _____ un

   nouveau DVD pour l'anniversaire de leur soeur.

2. Quand est-ce que les employés _____ leur travail? À cinq heures?

3. Daniel et Janine, vous êtes de bons étudiants. Vous _____ toujours

   à vos examens.

4. Marc et Mélodie, vous faites des erreurs *(mistakes)* dans vos exercices. C'est parce que vous ne

   _____ pas.

5. M. Lebeau mange *(eats)* beaucoup et il ne fait jamais de sport. Voilà pourquoi il

   _____!

6. Moi, au contraire *(on the contrary)*, je nage, je joue au tennis, je fais du sport et je fais

   attention aux calories. Voilà pourquoi je _____.

3 **D'autres activités.** *(Other activities.)* Read about the following people. Then complete the sentences with the appropriate present-tense forms of the verbs provided. *[Section C, p. 194]*

> **attendre   entendre   perdre   render   répondre   vendre**

✷ Alain est au café. Il __*attend*__ ses amis.

1. Les touristes sont à l'aéroport. Ils _____ leur avion.

2. Aujourd'hui, nous ne jouons pas bien. Nous _____ tous *(all)* nos matchs!

3. Je suis dans un cybercafé. Je _____ à un email de mon cousin.

4. Ma tante a un magasin de vêtements. Elle _____ des jupes et des robes.

5. Répétez votre question à M. Thibaud. Il est vieux. Il n'_____ pas très bien.

6. Charlotte est à Québec. Elle _____ visite à ses cousins canadiens.

7. Les étudiants vont à la bibliothèque. C'est la fin du trimestre et ils

   _____ leurs livres.

4 **Des conseils.** *(Advice.)* Tell your roommate to do the following things. Complete the sentences with the **tu** form of the imperative. *[Section D, p. 196]*

✳ (aller)   *Va* _____ à la bibliothèque!

1. (étudier) _____ le vocabulaire!

2. (nettoyer) _____ l'appartement!

3. (finir) _____ tes devoirs avant *(before)* le week-end!

4. (faire) _____ des économies pour les vacances!

5. (répondre) _____ au message de ton cousin!

6. (être) _____ patient(e) avec moi!

7. (avoir) _____ le courage de tes opinions!

8. (choisir) _____ tes cours pour le semestre prochain *(next)*!

5 **Le club de théâtre.** You are coaching several French students for the school play. Tell them what to do and what not to do, using the affirmative or negative **vous** forms of the imperative of the verbs in parentheses. **Soyez logique!** *[Section D, p. 196]*

✳ (parler)   *Parlez* _____ distinctement!

✳ (être)   *Ne soyez pas* _____ timides!

1. (rester) _____ calmes!

2. (faire) _____ attention à votre prononciation!

3. (réfléchir) _____ à votre texte!

4. (répéter) _____ le dialogue!

5. (répondre) _____ à vos partenaires *(partners)*!

6. (perdre) _____ votre concentration!

7. (être) _____ nerveux!

8. (avoir) _____ peur!

6 **C'est évident!** *(It's obvious!)* Lisez la description des personnes suivantes. Ensuite, faites des phrases en utilisant les verbes entre parenthèses et l'expression négative (**ne... rien** ou **ne... personne**) qui convient. *[Section E, p. 198]*

✳ Maxime est très timide. (parler à)   *Il ne parle à personne.*

1. Ce week-end, nous avons besoin d'étudier. (inviter) _____

2. Tu fais des économies. (acheter) _____

3. Ces étudiants sont très égoïstes. (aider) _____

4. Anne n'a pas faim. (manger) _____

5. Vous dînez seul. (attendre) _____

6. Je n'ai pas de projets ce matin. (faire) _____

À votre tour

Le week-end. Imagine that you have invited two French exchange students to spend this weekend at your home. Suggest things to do using the **nous** form of the imperative in affirmative or negative sentences. You may want to use some of the verbs provided.

> aller   faire   visiter   jouer   acheter   rendre visite
> choisir   dîner   organiser   inviter   regarder   rentrer

✳ *Ne restons pas à la maison.*
Dînons au restaurant.
Choisissons un restaurant italien.

_____

_____

_____

_____

_____

Le français parlé

La langue française

A **Vocabulaire: Expressions avec *avoir*.** Écoutez et répétez les phrases avec **avoir.**

CD6-6

J'ai dix-neuf ans.
Tu as faim. Tu vas au restaurant.
J'ai soif. Je voudrais un Orangina.
Lucas a chaud! Il va à la plage.
J'ai froid. Où est mon pull?
Il est minuit. Claire a sommeil.
Avez-vous peur de l'examen?

Est-ce que le prof a raison?
Mes copains ont tort!
Mon copain a besoin d'argent.
Il a besoin de travailler.
Nous avons envie d'un steak.
Nous avons envie de manger.
As-tu l'intention de voyager cet été?

B **Situation: Quel âge ont-ils?** Look at the list of various people and their ages. As you hear each

CD6-7 cue, give the corresponding age in a full sentence, using the proper subject pronoun. Then listen to check your answer.

❖ moi: 18 ans   *Moi, j'ai dix-huit ans.*

1. moi: 21 ans   4. mon grand-père: 80 ans

2. toi: 16 ans   5. mon cousin: 30 ans

3. vous: 75 ans   6. nous: 25 ans

C **Situation: Logique.** Look at the illustrations and names. When you hear the number, comment

CD6-8 on the illustration, using an appropriate expression with **avoir.** Then listen to check your answer.

❖ Béatrice
Béatrice a faim.

1. Antoine

2. Marie

3. Robert

4. Christine
Credits: © Cengage Learning

5. Richard

D **Les verbes réguliers en -ir.** Écoutez et répétez.

CD6-9

je finis	Je finis l'examen.
tu finis	Tu finis la leçon.
elle finit	Elle finit le livre.
nous finissons	Nous finissons à midi.
vous finissez	Quand finissez-vous?
ils finissent	Ils finissent à une heure.

Écoutez et répétez.

finir	Le programme finit à deux heures.
choisir	Qu'est-ce que vous choisissez? une pizza ou une omelette?
réfléchir à	Nous réfléchissons à l'avenir.
réussir	Vas-tu réussir dans tes projets?
réussir à	Les bons étudiants réussissent toujours à leurs examens.
grossir	Je ne grossis pas parce que je ne mange pas beaucoup.
maigrir	Est-ce que vous maigrissez?

E **Situation: On réfléchit.** Listen to the problems that each person is thinking about. Confirm

CD6-10 this using the appropriate form of the verb **réfléchir.** Then listen to check your answer.

✱ Paul pense à la pollution de l'environnement.

Paul réfléchit à la pollution de l'environnement.

PROBLÈMES	
la pollution de l'environnement	la lutte contre le SIDA *(fight against AIDS)*
l'avenir *(future)*	le réchauffement climatique *(global warming)*
l'économie de la Chine	les problèmes de société

F **Les verbes réguliers en -re.** Écoutez et répétez.

CD6-11

je vends	Je vends ma télé.
tu vends	Qu'est-ce que tu vends?
il vend	Céline vend sa guitare.
nous vendons	Nous vendons nos livres.
vous vendez	Vous vendez votre moto?
ils vendent	Ils vendent leur maison.

Écoutez et répétez.

attendre	J'attends un ami.
entendre	Entendez-vous l'ambulance?
perdre	Pourquoi est-ce que tu perds patience?
perdre (son) temps	Je n'aime pas perdre mon temps.
rendre	Je rends les CD à Pierre.
rendre visite à	Nous rendons visite à nos cousins.
répondre (à)	Vous répondez à un email.
vendre	Pourquoi vends-tu ton ordinateur?

G **Compréhension: Les problèmes de l'existence.** Antoine is talking to you about his problems.
CD6-12 Indicate below whether you, too, have these problems.

	1	2	3	4	5	6	7	8
Oui, c'est un problème.								
Non, ce n'est pas un problème.								

H **Situation: S'il te plaît!** Imagine you are with your friend Nicolas. Ask him to do the following
CD6-13 things. Change each phrase you hear to an imperative. Then listen to check your answer.

✻ aller à l'université   *Va à l'université, s'il te plaît!*

Now tell Nicolas NOT to do the following things. Then listen to check your answer.

✻ acheter cette tablette   *N'achète pas cette tablette!*

Now imagine that you are going to spend the weekend with Nicolas. Suggest the following
activities, using the **nous** form of the imperative. Then listen to check your answer.

✻ aller à la plage   *Allons à la plage!*

I **Vocabulaire: Expressions impersonnelles.** Écoutez et répétez.
CD6-14

quelqu'un	— Tu attends quelqu'un?
ne... personne	— Non, je n'attends personne.
quelque chose	— Vous faites quelque chose ce soir?
ne... rien	— Non, nous ne faisons rien.

J **Conversation: Non!** Julie is asking you several questions. Answer in the negative. Use the
CD6-15 expressions **ne... personne** or **ne... rien**, as appropriate. Then listen to check your answer.

✻ Tu achètes quelque chose?   *Non, je n'achète rien.*

Dialogue

K **Que font-ils?** You will hear where certain people are. Then you will hear Jean-Claude ask you
CD6-16 a question about each person. Answer him according to the illustrations. Then listen to check
your answer.

❋ Janine est devant la poste.

JEAN-CLAUDE: Qu'est-ce qu'elle attend?

VOUS: ***Elle attend le bus.***

1.

2.

3.

4.

5.

Credits: © Cengage Learning

Phonétique

L **La lettre «s»**
CD6-17

• At the beginning of a word, the letter "s" is pronounced /s/.

Répétez: <u>s</u>oif   <u>s</u>ommeil   <u>s</u>ac   <u>s</u>eptembre   <u>S</u>téphane   <u>S</u>ylvie

• Between vowels, "s" is pronounced /z/.

Répétez: rai<u>s</u>on   be<u>s</u>oin   loi<u>s</u>irs   choi<u>s</u>ir   vi<u>s</u>ite   fu<u>s</u>ion

• Between vowels, "ss" is pronounced /s/.

Répétez: fini<u>ss</u>ez   maigri<u>ss</u>ons   intére<u>ss</u>ant   expre<u>ss</u>ion   pa<u>ss</u>ion

Contrastez: nous choi<u>s</u>i<u>ss</u>ons   Li<u>s</u>e réu<u>ss</u>it   I<u>s</u>abelle ne gro<u>ss</u>it pas

Dictée

M **Vincent**
CD6-18

Mon cousin Vincent _____.

Il _____ aller en France.

Il _____ argent.

Voilà pourquoi _____ sa voiture.

_____ acheter cette voiture?

_____ ma question!

LEÇON **14** Un mois à Paris

Le français écrit

1 | **Le week-end.** Describe what the following people did last weekend by completing the sentences below with the appropriate **passé composé** forms of the verbs suggested by the illustrations. Use the same verb in each of the two sentences. *[Section A, p. 202]*

1. Louis _____ à la bibliothèque.

   Tu _____ chez toi.

2. Yannick et Denis _____ avec leurs amis.

   Vous _____ dans un restaurant thaï.

3. Vous _____ à la piscine.

   J' _____ à la plage.

4. Nous _____ un match de football.

   Cécile _____ une comédie.

5. Mélanie et Marc _____ au tennis.

   On _____ au tennis avec nos amis.

2 **Oui ou non?** Describe what the following people did, using the first expression suggested. Then say whether or not they did the second thing. Use the **passé composé** in both sentences. *[Sections A, B, pp. 202, 205]*

✳ travailler / perdre son temps?   Denis *a travaillé. Il n'a pas perdu son temps.*

✳ envoyer des textos / perdre son temps?   *Claire a envoyé des textos. Elle a perdu son temps.*

1. visiter Madrid / rendre visite à vos copains espagnols?

   Vous _____

   _____

2. étudier / rendre visite à leur grand-mère?

   Élodie et Sarah_____

   _____

3. maigrir / grossir?

   Tu _____

   _____

4. voyager / attendre le train

   J' _____

   _____

5. manger trois énormes hamburgers / maigrir?

   Monsieur Legros _____

   _____

6. gagner le match / perdre?

   Nous _____

   _____

3 **En vacances.** You want to know whether the people in parentheses did certain things this summer. Ask the appropriate questions, using the **passé composé** with **est-ce que.** *[Section C, p. 206]*

✳ (tu) visiter Paris?   *Est-ce que tu as visité Paris?*

1. (tu) voyager en voiture

   _____

2. (vous) rendre visite à vos grands-parents?

   _____

3. (Mathilde) maigrir?

   _____

4. (ces étudiants) jouer au volley?

   _____

4 **Précisions.** *(Additional details.)* Read what the following people have done. Then request additional details by asking inverted questions in the **passé composé.** Use the interrogative expression in parentheses and the appropriate subject pronoun. *[Section C, p. 206]*

✻ Janine a acheté une robe. (dans quel magasin?)

Dans quel magasin a-t-elle acheté une robe?

1. Yasmina et Malik ont dîné au restaurant. (avec qui?)

    _____

2. Monique a téléphoné. (pourquoi?)

    _____

3. Philippe a vendu sa voiture. (à qui?)

    _____

4. Nicolas et Thomas ont nagé. (où?)

    _____

5. Fatima et Aïcha ont rendu les livres. (quand?)

    _____

5 **Le mois dernier.** Say whether or not you did the following things during the past month. Use the **passé composé.** *[Section D, p. 210]*

✻ faire un voyage?　　　　　*Oui, j'ai fait un voyage.*

　　　　　　　ou: *Non, je n'ai pas fait de voyage.*

1. avoir une aventure extraordinaire?

    _____

2. être invité(e) à un concert de rock?

    _____

3. être malade *(sick)*?

    _____

4. avoir un accident?

    _____

5. faire des économies?

    _____

6 **Zut alors!** *(Too bad!)* Several bad things happened yesterday. Explain what the following people did or did not do by putting the verbs in parentheses into the appropriate forms of the affirmative or negative **passé composé.** *[Sections B, D, pp. 205, 210]*

✳ (perdre) Pauline __*a perdu*__ son portable.

✳ (réussir) Tu __*n'as pas réussi*__ à ton examen.

1. (gagner) Nous _____ le match de baseball.

2. (être) Ces enfants _____ très gentils avec leurs camarades.

3. (faire) Marie _____ des erreurs dans sa dictée.

4. (répondre) Je _____ à l'invitation de Mme Pelard.

5. (avoir) M. Duval _____ un accident avec sa nouvelle voiture.

À votre tour

Your friend Stéphanie is asking you a few questions about past events and your recent activities. Answer both questions with at least two sentences each. (Do *not* use the verb **aller** in your answers.)

1. Est-ce que tu as voyagé l'été dernier? À qui as-tu rendu visite?

_____

_____

2. Est-ce que tu as travaillé pendant les vacances? Qu'est-ce que tu as fait?

_____

_____

3. As-tu invité des amis récemment *(recently)*? Qu'est-ce que vous avez fait?

_____

_____

4. Quand est-ce que tu as célébré ton anniversaire? Comment?

_____

_____

5. Quel temps a-t-il fait l'hiver dernier? Quel temps a-t-il fait l'été dernier? Quel temps a-t-il fait hier?

_____

_____

Le français parlé

La langue française

A **Le passé composé avec** *avoir.* Écoutez et répétez.
CD6-19

J'ai voyagé.	J'ai visité Paris.
Tu as voyagé.	Tu as visité Nice.
Elle a voyagé.	Il a visité Versailles.
Nous avons voyagé.	Nous avons visité l'Alsace.
Vous avez voyagé.	Vous avez visité la Provence.
Ils ont voyagé.	Elles ont visité la Bretagne.

Maintenant répétez les phrases suivantes.

Nous avons voyagé en France.

J'ai fini le livre sur Paris.

Ils ont vendu leur voiture.

B **Identification de formes.** You will hear a series of sentences. In some sentences, the action is
CD6-20 taking place in the present; in others, the action occurred in the past. Listen carefully to the
verb in each sentence. If the verb is in the present tense, mark **présent.** If the verb is in the
passé composé, mark **passé composé.**

1. présent   passé composé ✓   7. présent   passé composé ✓

2. présent ✓   passé composé   8. présent ✓   passé composé

3. présent   passé composé ✓   9. présent   passé composé ✓

4. présent ✓   passé composé   10. présent   passé composé ✓

5. présent   passé composé ✓   11. présent ✓   passé composé

6. présent ✓   passé composé   12. présent ✓   passé composé

C **Situation: L'été dernier.** You will hear a series of activities. Say that Caroline did each of these
CD6-21 things last summer. Then listen to check your answer.

✱ visiter Montréal   *L'été dernier, Caroline a visité Montréal.*

D **Narration: Hier aussi!** You will hear what certain people are doing today. Say that they also
CD6-22 did these things yesterday. Then listen to check your answer.

✿ Aujourd'hui Thomas joue au tennis.   *Hier aussi, il a joué au tennis.*

E **Narration: Bonnes résolutions.** This morning Éric is catching up on certain tasks. As you hear
CD6-23 each statement, say that he did not do these things last night. Then listen to check your answer.

✿ Ce matin, Éric va nettoyer sa chambre.

Hier soir, il n'a pas nettoyé sa chambre.

F **Conversation: Pourquoi?** Clément is telling you what his friends recently did. Ask him why
CD6-24 they did these things. Then listen to check your answer.

✿ Thomas a visité Montréal.

Vraiment? Pourquoi est-ce qu'il a visité Montréal?

G **Vocabulaire: Quand?** Écoutez et répétez.
CD6-25

un an	une année
un anniversaire	une date
un jour	une journée
un mois	une saison
un week-end	une semaine
un matin	
un après-midi	une nuit
un soir	une soirée

premier, première	Lundi est le premier jour de la semaine.
prochain(e)	Où vas-tu la semaine prochaine?
dernier, dernière	La semaine dernière, nous avons joué au tennis.

avant	Nettoie ta chambre avant le week-end.
après	Je vais étudier après le dîner.
pendant	J'ai travaillé pendant les vacances.
avoir lieu	La fête va avoir lieu samedi soir.

H **Conversation: Avant.** Amélie is asking about your future plans. Respond that you did those
CD6-26 things in the past. Where she uses an expression with **prochain,** you will reply using the
equivalent expression with **dernier.** Then listen to check your answer.

✿ Tu vas voyager l'été prochain?   *Non, j'ai voyagé l'été dernier.*

I **Narration: Lundi.** Listen to what Pierre is doing today. Say that his sisters did these things last
CD6-27 Monday. Use the **passé composé.** Then listen to check your answer.

❊ Pierre a fait les courses.   *Lundi, ses soeurs ont fait les courses.*

Dialogue

J **Le week-end dernier.** Céline is asking you about what you did last weekend. Answer her
CD6-28 questions in the negative, and then explain what you did, basing your answer on the
illustrations. Then listen to check your answer.

❊ CÉLINE: As-tu dîné chez des amis le week-end dernier?

     VOUS: *Non, je n'ai pas dîné chez des amis.*

         J'ai dîné au restaurant.

1.

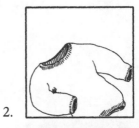

2.

3.

4.

5.

Credits: © Cengage Learning

Phonétique

K **La voyelle /y/.** The letter "u" is pronounced /y/. Round your lips as you say /i/. Practice: **dit - du.**
CD6-29 Répétez: vend<u>u</u>   rend<u>u</u>   répond<u>u</u>   perd<u>u</u>   <u>eu</u>   il y a <u>eu</u>

           L<u>u</u>cie a perd<u>u</u> le n<u>u</u>méro de J<u>u</u>lie.

Dictée

L Samedi dernier

Qu'est-ce que vous _____ samedi _____?

Moi, _____ Julien.

_____, nous _____ tennis.

_____, nous _____ dans un restaurant

italien. _____, nous _____ un copain.

Vraiment, nous _____ notre temps!

LEÇON **15** Souvenirs de vacances

1 **Activités.** Read about the following people and say what they do. Complete the sentences with the appropriate forms of the verbs given. *[Section A, p. 215]*

> dormir   partir   sentir   sortir

✻ Laure va au restaurant. Elle _**sort**_____ avec ses amies.

1. Nous allons à Nice demain matin. Nous _____ à huit heures.

2. Non merci, je n'ai pas besoin de somnifères *(sleeping pills)*. Je _____ très bien.

3. Il y a des roses dans le jardin. Est-ce que vous _____ leur parfum *(fragrance)*?

4. Sarah et Marie ne vont pas travailler ce soir. Elles _____ avec des étudiants anglais!

5. Je vais aller en vacances à Fort-de-France. Je _____ le 2 juillet.

6. Je n'ai pas étudié. Je _____ que je vais avoir une mauvaise note *(grade)*.

7. Mon petit frère a des cauchemars *(nightmares)*. Il _____ mal.

2 **Hier soir.** Read about the weekend activities of the following people and say whether or not they stayed home. Use the **passé composé** of the verb **rester** in affirmative or negative sentences. *[Section B, p. 217]*

✻ Claire a étudié.   *Elle est restée chez elle.*

1. J'ai passé le week-end à la mer. _____

2. Céline a fait un voyage. _____

3. Nous avons nettoyé notre appartement. _____

4. Denis et Mathieu sont sortis avec des copains. _____

5. Tu as rencontré des gens sympathiques. _____

6. Clément et Aurelle ont dîné au restaurant. _____

7. Mélanie et Christine ont fait le ménage. _____

8. Vous êtes partis à la campagne. _____

3 | **Questions et réponses.** Complete the sentences below with the appropriate **passé composé** form of one of the verbs given. **Soyez logique!** *[Section B, p. 217]*

arriver	descendre	entrer	monter	mourir
naître	partir	rester	sortir	tomber

✳ — Aïcha est algérienne?

— Oui, elle _**est née**_____ à Oran.

1. — Ali et Vincent sont français?

— Oui, ils _____ à Lyon.

2. — Ton grand-père est vivant *(alive)*?

— Non, il _____ d'un cancer l'année dernière.

3. — Claudine a habité en Italie?

— Oui, elle _____ trois ans à Rome.

4. — Ta soeur a eu un accident cet été?

— Oui, elle _____ de scooter.

5. — Tes cousins sont chez toi?

— Oui, ils _____ hier après-midi.

6. — Les touristes ont visité la Tour Eiffel?

— Oui, ils _____ au deuxième étage *(second landing)*.

7. — Audrey et Christine sont chez elles?

— Non, elles _____ avec des amis.

8. — Mme Forestier a quitté son bureau?

— Oui, elle _____ à cinq heures.

9. — Les touristes anglais sont encore *(still)* dans le train?

— Non, ils _____ du train à Lyon.

10. — Les cambrioleurs *(burglars)* sont passés par la porte?

— Non, ils _____ dans mon appartement par la fenêtre.

4 **En vacances.** Say how the following people spent their vacation by completing the sentences with the **passé composé** of the verbs in parentheses. Be careful with the use of **être** or **avoir**.

1. (aller)   Amandine _____ à Paris.

    (visiter)   Elle _____ le musée d'Orsay.

2. (faire)   Amadou _____ la connaissance d'une étudiante tunisienne.

    (sortir)   Il _____ avec elle.

3. (avoir)   Mes cousins _____ un accident de moto.

    (rester)   Ils _____ une semaine à l'hôpital.

4. (descendre)   Nous _____ sur la Côte d'Azur *(French Riviera)*.

    (voyager)   Nous _____ en train.

5. (quitter)   Tu _____ l'université.

    (partir)   Tu _____ pour l'Australie.

5 **Quand?** Say when you did the following things, using the **passé composé** and **il y a.** [Section C, p. 222]

✱ téléphoner à mon cousin?

    J'ai téléphoné à mon cousin il y a deux jours (il y a trois semaines...).

1. rendre visite à mes parents?

    _____

2. aller au cinéma?

    _____

3. envoyer un texto à ma copine?

    _____

4. consulter mon email?

    _____

5. nettoyer ma chambre?

    _____

6 **Dates de naissance.** *(Birth dates.)* Give the birth dates of the following people. [Section D, p. 223]

1. Je suis né(e) _____.

2. Mon père est né _____.

3. Ma mère est née _____.

4. Mon meilleur ami est né _____.

5. Ma meilleure amie est née _____.

7 **La belle vie.** *(The good life.)* Charlotte writes to Marc about her current stay in Nice. Marc, who spent some time there a year ago, replies that he did the same things. *[Section E, p. 224]*

Charlotte:	Marc:
✳ Je sors beaucoup.	*Moi aussi, je suis beaucoup sorti.*
1. J'étudie peu.	Moi aussi, _____
2. Je nage beaucoup.	Moi aussi, _____
3. Je vais souvent au cinéma.	Moi aussi, _____
4. Je reste rarement chez moi.	Moi aussi, _____
5. J'aime vraiment mon voyage.	Moi aussi, _____

À votre tour

Describe a recent trip (real or imagined) by answering the following questions.

1. Où es-tu allé(e)? Comment as-tu voyagé? Avec qui? _____

_____

_____

2. Quand es-tu arrivé(e) là-bas? Combien de temps es-tu resté(e)? Où est-ce que tu es resté(e)?

_____

_____

_____

3. Qui as-tu rencontré? À qui as-tu rendu visite? _____

_____

_____

4. Qu'est-ce que tu as fait pendant le voyage? _____

_____

_____

5. Quel cadeau *(gift)* est-ce que tu as acheté pour tes parents ou tes amis?

_____

_____

_____

6. Quand es-tu rentré(e) chez toi? _____

_____

_____

Le français parlé

La langue française

A **Vocabulaire: Les vacances et les sorties.** Écoutez et répétez.

CD7-2

Les vacances

En été, on peut rester à la maison.

On peut partir en vacances.

On peut passer les vacances à la mer,

ou à la montagne,

ou à la campagne.

Pendant les vacances, on peut aussi voyager à l'étranger.

On peut faire un voyage.

Quand on voyage, on peut visiter des endroits intéressants.

Les sorties

Le week-end, on peut sortir seul(e),

ou avec des copains.

Quand on sort, on peut retrouver des gens sympathiques.

On peut rencontrer des gens sympathiques.

On peut faire la connaissance de gens sympathiques.

B **Narration: Les vacances.** You will hear what certain people are doing. From these descriptions
CD7-3 state whether or not they are on vacation. Use the appropriate form of the expression **être en
vacances,** *to be on vacation,* in affirmative or negative sentences. Then listen to check your
answer.

✱ Jacqueline fait du ski.   *Elle est en vacances.*

C **Les verbes *sortir, partir* et *dormir*.** Écoutez et répétez.

CD7-4

Je sors avec Marc.	Nous sortons ce soir.
Tu sors maintenant.	Vous sortez demain?
Il sort avec Anne.	Ils sortent souvent.
Je pars à Paris.	Nous partons à une heure.
Tu pars en vacances?	Vous partez en voiture.
On part en voyage.	Elles partent à six heures.
Je dors peu.	Nous dormons mal.
Tu dors trop.	Vous dormez bien.
Elle dort en classe.	Ils dorment.

D **Le passé composé avec *être*.** Écoutez et répétez le passé composé du verbe **aller.**

CD7-5

je suis allé(e)	nous sommes allé(e)s
tu es allé(e)	vous êtes allé(e)(s)
il est allé	ils sont allés
elle est allée	elles sont allées
on est allé	

E **Voyage en France.** You will hear which cities certain students visited last year. From this information say whether or not they went to France. Use the **passé composé** of the expression **aller en France** (*to go to France*) in affirmative or negative sentences. Then listen to check your answer.

CD7-6

✱ Philippe a visité Québec.   *Il n'est pas allé en France.*

F **Quelques verbes conjugués avec *être*.** Écoutez et répétez.

CD7-7

aller	Nous sommes allés en France.
arriver	Élise est arrivée à Tours le 8 juin.
partir	Pierre est parti d'Annecy le 5 septembre.
entrer	Je suis entré dans l'appartement.
sortir	Pauline est sortie avec un copain.
monter	Vous êtes montés à la Tour Eiffel?
	Nous sommes montés dans le bus.
descendre	Ils sont descendus à la station Opéra.
	Mon père est descendu à cet hôtel.
tomber	Je suis tombé de vélo.
passer	Nous sommes passés par Tours.
rester	Ils ne sont pas restés à Marseille.
rentrer	Nicolas est rentré chez lui.
retourner	Nous sommes retournés à Québec.

G **Identification de formes.** You will hear a series of sentences. Some of the sentences refer to a trip that is currently taking place; others refer to a trip that took place in the past. Listen carefully to the verb and mark whether it is in the present tense, **présent,** or in the **passé composé.**

CD7-8

1.	présent	passé composé	6.	présent	passé composé
2.	présent	passé composé	7.	présent	passé composé
3.	présent	passé composé	8.	présent	passé composé
4.	présent	passé composé	9.	présent	passé composé
5.	présent	passé composé	10.	présent	passé composé

H **Narration: Mata Hari.** Imagine you are a detective reporting by radio on the movements of
CD7-9 Mata Hari Junior. You will be told what she is doing. Report on her movements using the **passé
composé.** Then listen to check your answer.

✳ Mata Hari arrive à l'aéroport d'Orly.   *Elle est arrivée à l'aéroport d'Orly.*

I **Narration: Il y a combien de temps?** Now you will hear how long various people have been
CD7-10 living in certain places. Use this information to say when they arrived there. Use the **passé
composé** of the verb **arriver** and the construction **il y a** plus elapsed time. Then listen to check
your answer.

✳ Ali habite à Paris depuis trois mois.   *Il est arrivé à Paris il y a trois mois.*

J **Compréhension: Dates historiques.** You will hear about certain historical events. Although
CD7-11 you may not understand every word, you should be able to understand the dates of these
events. Write out these dates.

✳ Les Parisiens ont pris la Bastille le 14 juillet 1789.   *le 14 juillet 1789*

1. _____

2. _____

3. _____

4. _____

5. _____

6. _____

7. _____

8. _____

K **Conversation: Hier aussi.** Amadou is telling you what people are doing today. Say that they
CD7-12 did the same things yesterday. Use the **passé composé** and be sure to put the adverb in the
proper position. Then listen to check your answer.

✳ Pierre dort bien.   *Hier aussi, il a bien dormi.*

Dialogue

L **Voyage en France.** Pierre is asking you about a trip you took in France. Answer him according
CD7-13 to the illustrations. Then listen to check your answer.

❋ PIERRE: Quand es-tu arrivé(e) en France?

VOUS: *Je suis arrivé(e) en France le 2 juillet.*

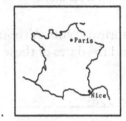   

1. 2. 3. 4.

5. 6. 7.

Credits: © Cengage Learning

Phonétique

M **La consonne /r/.** The French letter "r" never represents the sound of the English "r."
CD7-14

In French, the consonant /r/ is a soft sound pronounced at the back of the throat.

To practice the French /r/, say "ah" and then clear your throat: a-ra a-ra.

Répétez: pars   sors   dors   pour   jour   mer   faire   heure
          Raphaël   restez   rencontrez   retournez
          sortir   partir   dormir   retrouver   personne
          J'arrive à Paris mercredi soir.

Dictée

N **Au Canada**
CD7-15

_____, Nicolas _____ Canada avec sa cousine

Julie. Ils _____ de Paris _____.

Ils _____ Québec où ils _____ deux semaines.

Là-bas, Nicolas _____ une étudiante canadienne avec qui il

_____.

VIE PRATIQUE 5: LES SORTIES

🔊 Écouter et parler

A **Destinations.** Écoutez bien chaque phrase. Puis indiquez si la destination est logique ou pas.

CD7-16

1. logique   pas logique   4. logique   pas logique
2. logique   pas logique   5. logique   pas logique
3. logique   pas logique   6. logique   pas logique

B **Allons au cinéma.** Posez la question et écoutez la confirmation. Puis écoutez et complétez la

CD7-17 réponse.

1. Demandez à votre ami: *What movie are we going to see?*

   Réponse: _____

2. Demandez: *Where is the movie playing?*

   Réponse: _____

3. Demandez: *What time is the first showing?*

   Réponse: _____

4. Demandez: *What time is the second showing?*

   Réponse: _____

5. Demandez: *How much do the tickets cost?*

   Réponse: _____

C **Quel genre de film?** Identifiez le genre des films suivants. Écoutez la description et écrivez la

CD7-18 lettre de la description devant le titre du film qui correspond.

1. _____ *Ratatouille*   5. _____ *La Planète des singes* (apes): *les origines*
2. _____ *Sherlock Holmes*   6. _____ *Le Silence des agneaux* (lambs)
3. _____ *Le Discours d'un roi* (king) 7. _____ *Black Swan*
4. _____ *Chicago*   8. _____ *Inside Job*

D **Parlons d'un film.** Posez la question et écoutez la confirmation. Puis écoutez et complétez la

CD7-19 réponse.

1. Demandez à votre amie: *What movie did you see?*

   Réponse: _____

2. Demandez: *What kind of movie is it?*

   Réponse: _____

3. Demandez: *Who is the main actor?*

   Réponse: _____

4. Demandez: *How did you find the special effects?*

   Réponse: _____

5. Demandez: *What is your general opinion of the movie?*

   Réponse: _____

Lire et écrire

E **La publicité.** Le cinéma UGC Danton dans le Quartier latin annonce le film suivant.

1. *Le Grand Meaulnes* est adapté d'un roman *(novel)*. Qui est l'auteur de ce roman?

   _____

   _____

2. Dans le film, qui joue le rôle d'Augustin Meaulnes?

   _____

   _____

3. Qui joue le rôle de son ami François Seurel?

   _____

   _____

4. Qui est le réalisateur du film?

   _____

   _____

5. Quelle est la durée *(length)* du film?

   _____

à l'affiche

Le Grand Meaulnes

© Etienne George

L'histoire : Monsieur et Madame Seurel, les directeurs d'une école en Sologne, accueillent Augustin Meaulnes dans leur établissement. Rapidement surnommé "le Grand Meaulnes", il va se lier d'amitié avec leur fils, François.

Réalisation : Jean-Daniel Verhaeghe

Scénario : Jean Cosmos et Jean-Daniel Verhaeghe, d'après le roman d'Henri Alain-Fournier

Interprètes : Nicolas Duvauchelle (Meaulnes), Jean-Baptiste Maunier (François), Clémence Poésy (Yvonne de Galais), Philippe Torreton (M. Seurel), Jean-Pierre Marielle (M. de Galais), Malik Zidi (Franz), Emilie Dequenne (Valentine)

Distribution : TFM Distribution

Site : www.legrandmeaulnes-lefilm.com

Durée : 1h40

Date de sortie : 04/10/2006

FRANCIS BARBIER/UGC. Photo12.com-Collection Cinema (c) Etienne George

F **Le billet.** Voici un billet pour *Le Grand Meaulnes*. Pour la première séance, il y a un prix réduit *(reduced)*.

1. Pour quel jour est le billet (jour/mois/année)?

   _____

2. À quelle heure est la séance?

   _____

3. Combien coûte le billet?

   _____

```
SALLE 2
      UGC DANTON
07.10.2006 11H20
Tarif        Eur 5.50


GRAND MEAULNES   VF
07 10 11:02:43 434864  2
```

© Rebecca Valette

IMAGES DU MONDE FRANCOPHONE 5:
LES RÉGIONS FRANÇAISES

A **Un peu d'histoire.** [Écoutez!] Lisez «Un peu d'histoire» (p. 230). Puis écoutez les phrases

CD7-20 suivantes et indiquez si elles sont vraies ou fausses.

1. vrai   faux   3. vrai   faux   5. vrai   faux   7. vrai   faux

2. vrai   faux   4. vrai   faux   6. vrai   faux   8. vrai   faux

B **La Normandie.** Lisez la description de la Normandie (p. 231) et complétez les phrases suivantes.

1. La Normandie est située (a) sur l'Atlantique, (b) dans les Alpes.

2. Au 9ᵉ siècle, la Normandie a été occupée par (a) les Romains, (b) les Vikings.

3. Au 11ᵉ siècle, Guillaume le Conquérant a conquis (a) l'Angleterre, (b) la Normandie.

4. Samuel de Champlain, le fondateur de Québec, est parti (a) de Bayeux, (b) de Honfleur.

5. Au 18ᵉ siècle, beaucoup de Normands ont émigré (a) au Mexique, (b) au Canada.

6. Le 6 juin 1944, les troupes américaines ont débarqué (a) sur les plages de Normandie, (b) près du Mont-Saint-Michel.

7. La tapisserie de Bayeux raconte (a) la conquête de l'Angleterre en 1066, (b) le débarquement de juin 1944.

8. La ville de Deauville est (a) une station balnéaire très populaire, (b) la capitale de la Normandie.

C **Trois provinces.** Lisez les pages 232–233 dans votre livre. Pour chaque phrase, indiquez de quelle province il est question.

© Cengage Learning

A. La Provence   B. La Touraine   C. L'Alsace

A   B   C   1. Au 16ᵉ siècle, les rois de France ont choisi cette province comme lieu de résidence.

A   B   C   2. Une spécialité de cette province est la choucroute garnie.

A   B   C   3. Sa capitale, Strasbourg, est le siège du Parlement européen.

A   B   C   4. Dans cette province se trouve le centre scientifique de Sophia Antipolis.

A   B   C   5. Les gens de cette province apprécient la bouillabaisse.

A   B   C   6. Le Clos-Lucé, demeure de Léonard de Vinci, se trouve dans cette province.

A   B   C   7. Les rillettes sont une spécialité de cette province.

A   B   C   8. Dans son histoire, cette province a été tour à tour allemande et française.

A   B   C   9. Les touristes viennent dans cette province pour visiter ses châteaux.

A   B   C   10. C'était la province la plus riche de l'empire romain.

D **Quelques fromages français.** [Écoutez!]

CD7-21 Regardez cette carte de France. Puis écoutez les déscriptions et identifiez chaque fromage.

1. _____   A. Saint-Maure
2. _____   B. Reblochon
3. _____   C. Roquefort
4. _____   D. Camembert
5. _____   E. Brie
6. _____   F. Comté
7. _____   G. Munster
8. _____   H. Pont-L'Évêque

NORMANDIE
Camembert
Pont-l'Évêque
ILE DE FRANCE
Brie
ALSACE
Munster
JURA
Comté
TOURAINE
Saint-Maure
SAVOIE
Reblochon
Roquefort
LANGUEDOC

© Cengage Learning

E **Comment lire une étiquette.** Lisez l'étiquette et répondez aux questions.

1. Quelle est l'origine géographique de ce vin?

_____

2. Qui est le producteur?

_____

3. Quel est le millésime?

_____

2010
CHAMPALOU
VOUVRAY
APPELLATION VOUVRAY CONTRÔLÉE
PRODUCE OF FRANCE
MIS EN BOUTEILLE À LA PROPRIÉTÉ
E.A.R.L. CHAMPALOU 7, rue du Grand Orneau, 37210 VOUVRAY - FRANCE

Catherine et Didier Champalou.
CHAMPALOU VOUVRAY.

F **Après la lecture.** Quels sont les trois faits les plus importants que vous avez appris sur les régions françaises (pp. 230–235)?

1. _____

_____

_____

2. _____

_____

_____

3. _____

_____

_____

UNITÉ 6 Bon appétit!

LEÇON 16 Un grand gourmand

Le français écrit

1 **Depuis combien de temps?** Say for how long the following people have been doing certain things. In parentheses you will note the time at which the activities began and the time at which the statement is being made. Calculate the elapsed time, as in the model. *[Section A, p. 240]*

✴ Sophie / attendre Mathieu / minutes (10h00 → 10h25)
 Sophie attend Mathieu depuis 25 minutes.

1. tu / téléphoner / minutes (8h00 → 8h45)

   _____

2. vous / étudier à la bibliothèque / heures (5h00 → 8h00)

   _____

3. je / avoir la grippe *(flu)* / jours (lundi → vendredi)

   _____

4. nous / jouer au tennis / mois (septembre → janvier)

   _____

5. M. Rimbaud / habiter à Nancy / ans (1980 → *[aujourd'hui]*)

   _____

2 **Depuis quand?** Say since when you have been doing the following things. Use the present tense and **depuis**. *[Section A, p. 240]*

❋ étudier le français *J'étudie le français depuis septembre (janvier...).*

1. jouer au tennis (au basket, au volley,...)

_____

2. aller à cette université

_____

3. habiter dans cette ville

_____

4. faire mes devoirs

_____

3 **Activités.** Complete the following sentences with the appropriate forms of the verbs in the box. Note that in items 1 to 5 the verbs are in the present tense, and in items 6 to 8 the verbs are in the **passé composé. Soyez logique!** *[Section B, p. 242]*

| venir   devenir   revenir |

Présent

1. J'ai des billets *(tickets)* pour le concert de Youssou N'Dour. Est-ce que vous

   _____ avec nous?

2. Quand est-ce que tu vas à Versailles? Et quand est-ce que tu _____?

3. Nous étudions à l'Alliance française. Vraiment, nous _____ très compétents en français.

4. Patrick et Denis sont sortis hier soir. Ils _____ au cinéma avec nous.

5. Albert n'aime pas attendre. Il _____ très impatient quand ses amis ne sont pas à l'heure *(on time)*.

Passé composé

6. Ma cousine a gagné le gros lot *(grand prize)* à la loterie. Elle _____ millionnaire!

7. Antoine est allé en Égypte cet été. Il _____ avec des cadeaux pour sa famille.

8. Christine et Laura ont étudié l'espagnol à l'université. Après l'université, elles

   _____ professeurs d'espagnol.

Nom ______________________ Date ______________

4 **D'où viennent-ils?** The following people are coming back from certain places. Express this by using the appropriate forms of the present tense of **revenir.** Then say what they have just done, using the construction **venir de** + infinitive. Use your imagination, but be logical! *[Section C, p. 244]*

✻ Robert *revient* de la plage. ***Il vient de nager.***

ou: ***Il vient de faire une promenade.***

ou: ***Il vient de jouer au frisbee.***

1. Anne et Sophie ______________ du café.

   ____

2. Tu ______________ d'un magasin de vêtements.

   ____

3. Les étudiants ______________ de la bibliothèque.

   ____

4. Nous ______________ de la discothèque.

   ____

5 **Un peu de géographie?** Locate the following twelve countries by continent. Do not forget the definite articles. *[Section D, p. 245; Vocabulaire, p. 246]*

Allemagne	**Égypte**	**Canada**	**Chine**	**Vietnam**	**États-Unis**
France	**Japon**	**Hollande**	**Maroc**	**Sénégal**	**Brésil**

1. *La Chine,* ______________ sont des pays d'Asie.
2. ______________ sont des pays d'Amérique.
3. ______________ sont des pays d'Afrique.
4. ______________ sont des pays d'Europe.

6 **Quel pays?** Answer the following questions in the affirmative, replacing the name of the city with the name of the country or state in which it is located. Be sure to use the appropriate prepositions. *[Section E, p. 248]*

❋ Jacques revient de Tokyo, n'est-ce pas?

Oui, il *revient du Japon.*

1. Claudine passe l'été à Casablanca, n'est-ce pas?

   Oui, elle _____

2. Tu rentres de Dakar, n'est-ce pas?

   Oui, je _____

3. Joséphine étudie à Genève, n'est-ce pas?

   Oui, elle _____

4. Ces touristes reviennent de Montréal, n'est-ce pas?

   Oui, ils _____

5. Vous arrivez de Madrid, n'est-ce pas?

   Oui, nous _____

À votre tour

Michèle, a French friend, has spent her summer on a trip around the world. Ask her eight questions about her trip, focusing especially on the countries she visited. You may want to use some of the verbs in the box. Put your questions in the **passé composé.**

> aller   partir   rester   arriver   quitter   visiter
> voyager   acheter   faire   rencontrer   trouver

❋ *As-tu visité le Japon?*

❋ *Comment as-tu voyagé en Chine?*

_____

_____

_____

_____

_____

Le français parlé

La langue française

A **Conversation: Depuis quand?** Monsieur Leclerc is asking you how long you have been doing
CD7-22 certain things. Answer him using the expressions given. Then listen to check your answer.

❋ deux ans

M. Leclerc: Depuis combien de temps étudiez-vous le français?

Vous: *J'étudie le français depuis deux ans.*

1. deux heures et quart
2. quinze minutes
3. trois jours
4. 2011
5. huit heures

B **Le verbe *venir*.** Écoutez et répétez.
CD7-23

venir	Quand vont-ils venir?
je viens	Je viens de France.
tu viens	Tu viens avec nous?
il vient	Mon copain vient chez moi pour dîner.
nous venons	Nous venons de chez un ami.
vous venez	Vous venez à midi, n'est-ce pas?
elles viennent	Mes cousins viennent au café avec nous.
je suis venu	Elles sont venues avec leurs amis.

C **Identification de formes.** You will hear various speakers talking about either something that
CD7-24 happened recently or something that will happen in the future. Listen carefully to the verb
constructions. If you hear a form of **venir de** followed by an infinitive, mark **passé.** If you hear
a form of the verb **aller** followed by an infinitive, mark **futur.**

1. passé   futur   6. passé   futur

2. passé   futur   7. passé   futur

3. passé   futur   8. passé   futur

4. passé   futur   9. passé   futur

5. passé   futur   10. passé   futur

D **Narration: Ils viennent de...** Nicolas is asking you questions about what people have done. Say
CD7-25 that each person just did what he asks you about. Then listen to check your answer.

❋ Thomas a téléphoné à Amélie? *Oui, il vient de téléphoner à Amélie.*

E **Vocabulaire: Pays et nationalités.** Écoutez et répétez.
CD7-26

l'Europe	européen	européenne
l'Allemagne	allemand	allemande
l'Angleterre	anglais	anglaise
la Belgique	belge	belge
la France	français	française
la Hollande	hollandais	hollandaise
l'Irlande	irlandais	irlandaise
l'Italie	italien	italienne
le Portugal	portugais	portugaise
la Russie	russe	russe
la Suisse	suisse	suisse
l'Amérique	américain	américaine
le Canada	canadien	canadienne
les États-Unis	américain	américaine
le Mexique	mexicain	mexicaine
Cuba	cubain	cubaine
l'Asie	asiatique	asiatique
la Chine	chinois	chinoise
la Corée	coréen	coréenne
le Japon	japonais	japonaise
l'Inde	indien	indienne
le Vietnam	vietnamien	vietnamienne
l'Afrique	africain	africaine
le Maroc	marocain	marocaine
l'Égypte	égyptien	égyptienne
le Sénégal	sénégalais	sénégalaise
l'Australie	australien	australienne
le Moyen-Orient		
Israël	israélien	israélienne
le Liban	libanais	libanaise
la Palestine	palestinien	palestinienne

F **Narration: Nationalités.** You will be told the nationalities of different people. Say that each
CD7-27 person lives in his or her country of origin. Then listen to check your answer.

   ✳ Clément est français.   **_Il habite en France._**

G **Narration: Origines.** You will again hear the nationalities of different people. Say that each
CD7-28 person comes from his or her country of origin. Then listen to check your answer.

   ✳ Philippe est français.   **_Il vient de France._**

Dialogue

H **Quel pays?** Pierre is asking you various questions. Answer him using the names of the
CD7-29 countries illustrated in the maps. Be sure to use the appropriate preposition and/or article.
Then listen to check your answer.

   ✳ PIERRE: Où est-ce que tes grands-parents habitent?
        VOUS: **_Ils habitent au Japon._**

   ✳ PIERRE: Quel pays vas-tu visiter?
        VOUS: **_Je vais visiter le Mexique._**

1.

2.

3.

4.

5.

6.

Credits: © Cengage Learning

Phonétique

CD7-30

I   La lettre «h». In French, unlike English, the letter "h" is always silent.

- *le «h muet»:* Most words that begin with "h" are treated as if they began with a vowel sound. Before a "mute h," elision and liaison are required.

Répétez: l'homme   un_homme   des_hommes   l'histoire   j'habite
            En_hiver, nous_habitons à l'hôtel.

- *le «h aspiré»:* Some words that begin with "h" are treated as if they began with a consonant sound. Before an "aspirate h" there is never elision or liaison.

Répétez: la Hollande   les_Hollandais   un_héros   le hockey   le huit
            Les_Hollandais jouent au hockey le huit octobre.

Dictée

CD7-31

J   Visite à Genève.

Je _____ téléphoner à Catherine.

Elle _____ passer une semaine à Québec.

Maintenant, _____ Montréal.

Elle _____ depuis _____.

Elle _____ États-Unis _____.

LEÇON **17** Petit déjeuner du matin

1 **Au restaurant.** For each set of options, indicate which of the two possibilities you prefer. Use **je prends** (*I will have*) plus the appropriate definite article. *[Vocabulaire, p. 252]*

❋ saucisson ou melon?   *Je prends le saucisson.*

1. soupe ou salade de tomates?

_____

2. pâté ou thon?

_____

3. poulet ou pâtes?

_____

4. salade ou fromage?

_____

5. glace ou gâteau?

_____

6. vin ou eau minérale?

_____

7. thé ou café?

_____

2 **Au régime.** *(On a diet.)* The following people are on a special diet that excludes milk products. However, they can eat anything that does not contain milk. Say whether or not they will select the following items. *[Section A, p. 254; Section D, p. 259]*

✱ Anne et Denise ___*ne mangent pas de fromage*___

1. Vous _____

2. Tu _____

3. Jacques _____

4. Je _____

5. Nous _____

6. Mme Delorme _____

3 **À la fête.** Complete the following conversation, overheard at a party, with the appropriate forms of the present tense of the verb **boire.** [Section B, p. 256]

— _____-vous de la bière?

— Non, merci, je ne _____ pas de bière.

— Et vos amis?

— Annie _____ du café et Thérèse et François _____ de la limonade.

— Nous, nous _____ du vin.

4 **Qu'est-ce qu'ils font?** Read about the following people and say what each one does. Complete the sentences using the appropriate form of the present tense of **faire** and one of the expressions given. [Section C, p. 258]

> la photo   le français   le camping   le théâtre
> l'espagnol   la gymnastique   les maths

❈ Vous voulez maigrir.   Vous *faites de la gymnastique.* _____

1. Anne et Amélie ont l'intention d'être ingénieurs. Elles _____

2. Nous aimons beaucoup la nature. Pendant les vacances, nous _____

3. Martin a un nouvel appareil photo. Il _____

4. Les étudiants vont à l'Alliance française. Ils _____

5. Ma cousine va passer un an au Mexique. C'est pourquoi elle _____

6. Je voudrais être acteur. À l'université, je _____

5 **Chez le médecin.** M. Legros, a 60-year-old businessman, is quite overweight. He asks his doctor whether he can do the following things. Write out the doctor's answers, using the affirmative or negative imperative. Use the **vous** form to address the patient. [Section D, p. 259]

❈ faire du sport?   *Oui, faites du sport.*

❈ boire de la bière?   *Non, ne buvez pas de bière!*

1. faire du ski? _____

2. boire du vin? _____

3. boire de l'eau minérale? _____

4. manger du yaourt? _____

5. manger de la glace? _____

6. manger des pâtes? _____

À votre tour

Your friend Christine wants to get to know you better. She is asking you about your eating preferences and extracurricular activities. Note that some questions are in the present tense and others are in the **passé composé.**

1. Est-ce qu'il y a des choses que tu ne manges pas? Si oui, quoi?

   _____

   _____

2. En général, qu'est-ce que tu manges au petit déjeuner *(breakfast)*? Qu'est-ce que tu bois?

   _____

   _____

3. En général, qu'est-ce que tu bois quand tu es à la cafétéria de ton université? Et quand tu vas à une fête?

   _____

   _____

4. Comment est-ce que tu restes en forme *(shape)*? Est-ce que tu fais du jogging? du sport? Où et quand?

   _____

   _____

5. Est-ce que tu as déjà fait du camping? Où, quand et avec qui?

   _____

   _____

6. Est-ce que tu fais du théâtre maintenant? Est-ce que tu as déjà fait du théâtre? Si oui, quels rôles est-ce que tu as joués?

   _____

   _____

Le français parlé

La langue française

A **Vocabulaire: Les plats.** Écoutez et répétez.

CD8-2

Quel est ton plat préféré?
    C'est le poulet rôti.

LE MATIN
        le pain
        les céréales   la confiture
        un oeuf   les oeufs sur le plat

À MIDI ET LE SOIR
        l'entrée   le jambon   le pâté   le saucisson   le melon
        la soupe   la salade de tomates
        la viande
        le poulet   le porc   le rosbif   le boeuf   le veau
        le poisson   le thon   le saumon
        la sole
        les autres plats
        les pâtes   les frites   la salade
        le riz   le fromage   le yaourt
        le dessert   le gâteau
        la tarte   la glace
        les ingrédients   le beurre   le sel   le poivre
        la moutarde   la crème   la mayonnaise   la margarine
        le sucre   le ketchup

B **Narration: À la cafétéria.** You will hear what foods certain people like. Say that they will get
CD8-3 these foods as they go through the cafeteria line. Use the verb **choisir** and the appropriate
article. Then listen to check your answer.

✳ François aime la salade.   *Il va choisir de la salade.*

C **Situation: Au régime.** Philippe is on a special diet and does not eat any meat products. You will
CD8-4 hear the names of various foods. Say whether or not Philippe is buying these foods. Then listen
to check your answer.

✳ le rosbif?   *Il n'achète pas de rosbif.*

D **Le verbe *boire*.** Le verbe **boire** est irrégulier. Écoutez et répétez.

CD8-5

boire	Qu'est-ce que tu vas boire?
je bois	Moi, je bois du jus d'orange.
tu bois	Tu bois de la limonade?
il boit	Éric boit toujours de l'eau minérale.
nous buvons	Nous ne buvons pas de vin.
vous buvez	Buvez-vous du thé?
ils boivent	Mes parents boivent du champagne.
j'ai bu	Mes amis ont bu du café ce matin.

E **Vocabulaire: Boissons.** Écoutez et répétez.

CD8-6

le café
le thé
le thé glacé
le lait
le jus d'orange
le jus de raisin
le jus de tomate
le cidre
le vin
une boisson
l'eau
l'eau minérale
la limonade
la bière

F **Situation: Que boivent-ils?** François and Caroline avoid caffeine and alcohol. Indicate whether
CD8-7 or not they drink the following beverages. Then listen to check your answer.

❋ la limonade?   ***Oui, ils boivent de la limonade.***

G **Conversation: Vos activités.** Vincent is asking you about whether you like certain school and
CD8-8 leisure activities. Answer in the affirmative, saying you engage in these activities. Then listen to
check your answer.

❋ Tu aimes la poterie?   ***Oui, je fais de la poterie.***

Now say that you do not engage in the activities he mentions.

❋ Tu aimes le jogging?   ***Non, je ne fais pas de jogging.***

Dialogue

H **Nourriture et boissons.** Mathilde is going to ask you several questions. Answer her according
CD8-9 to the illustrations. Be sure to use the appropriate partitive articles. Then listen to check your
answer.

❋ MATHILDE: Qu'est-ce que tu bois?

    VOUS: *Je bois de la bière.*

 1.

 2.

 3.

 4.

 5.

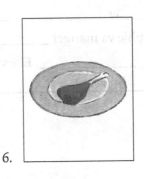 6.

 7.

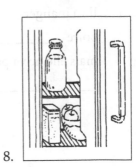 8.

 9.

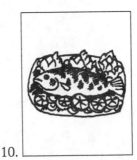 10.

Credits: © Cengage Learning

Phonétique

I **Les consonnes /ʒ/ et /g/**

- *la consonne* /ʒ/: The consonant /ʒ/ is similar to the "soft g" in *mirage*. Do not pronounce a /d/ before the /ʒ/. Note the spellings in French:

the letter **j**	je jambon jus Japon Jean
the letter **g** before **e, i, y**	âge fromage manger intelligent Gigi gymnastique
the letters **ge** before **a, o, u**	nageons mangeons voyageons

- *la consonne* /g/: The consonant /g/ is similar to the "hard g" of *game*, but is more tense. Note the spellings in French:

the letter **g** before **a, o, u**	gare gâteau magasin gauche Margot Auguste
the letter **g** before **l, r**	glace anglais grand gris maigrir
the letters **gu** before **e, i, y**	langue vague guitare guide Guy

Dictée

J **Au restaurant.**

Mathieu et Sophie _____. Mathieu _____.

Il va manger _____ et _____. Il va

boire _____. Sophie va manger _____,

mais elle ne va pas manger _____. Elle va manger

_____ et boire _____.

LEÇON **18**   L'anniversaire de Charlotte

1   **Activités.** Explain what the following people do or did by filling in the blanks with the appropriate forms of the verbs given. *[Section A, p. 266]*

> apprendre   comprendre   prendre

Présent

1. À l'université, Thomas _____ le chinois.

    Ses amis _____ l'italien.

2. Est-ce que tu _____ pourquoi Mathieu est fâché *(angry)*?

    Moi, je ne _____ pas!

3. Comment allez-vous à Madrid? Est-ce que vous _____ l'avion?

    Nous, nous _____ le train.

Passé composé

4. Charles est allé à Berne et il _____ l'allemand.

    Moi, je suis allé(e) à Genève et j' _____ le français.

5. Est-ce que vous _____ quand le prof a parlé du partitif?

    Nous, nous _____!

6. Est-ce que tu _____ des photos pendant les dernières vacances?

    Moi, j' _____ beaucoup de photos.

2 Les vêtements. Say what the following people wear in the indicated situations. Use the verb **mettre** and the appropriate items of clothing. (Review clothing in **Leçon 11.**) *[Section A, p. 266]*

Présent

1. Mes amis vont à une fête d'anniversaire. Ils

   _____

2. Quand il pleut, nous

   _____

3. Quand il fait froid, je

   _____

4. Tu vas à la plage. Tu

   _____

Passé composé

5. Julien a joué au tennis. Il

   _____

6. Vous avez fait du ski. Vous

   _____

3 Préférences personnelles. Say whether or not you like the following dishes or drinks. Then say whether you often have them. Use the suggested verbs. *[Section B, p. 268]*

✳ bière (boire) ***J'aime la bière. Je bois souvent de la bière.***

  ou: ***Je n'aime pas la bière. Je ne bois pas (souvent) de bière.***

1. riz (manger) _____

2. lait (boire) _____

3. vin (acheter) _____

4. pain (manger) _____

5. glace (prendre) _____

6. eau minérale (commander) _____

4 **Au restaurant français.** The following remarks were heard in a French restaurant. Complete them with the appropriate definite, indefinite, or partitive articles. *[Section B, p. 268]*

1. Est-ce que vous prenez _____ vin ou _____ bière avec votre repas?

2. J'aime beaucoup _____ poisson. Je vais commander _____ sole!

3. Aimez-vous _____ roquefort *(m.)*? C'est _____ excellent fromage français.

4. S'il vous plaît, est-ce que vous pouvez *(can)* passer _____ moutarde et

   _____ sel?

5. Est-ce qu'il y a _____ mayonnaise dans _____ salade?

6. Regarde _____ gâteau sur la table! C'est _____ tarte au chocolat.

7. Comme dessert, je vais prendre _____ pomme et Caroline va prendre

   _____ poire.

8. _____ café est servi. Allez-vous prendre _____ sucre?

5 **À l'université.** Answer the following questions affirmatively or negatively, using **beaucoup** or **beaucoup de**, as appropriate. *[Section C, p. 272]*

❋ Vous étudiez? *Oui, j'étudie beaucoup.*

ou: *Non, je n'étudie pas beaucoup.*

❋ Vous faites du sport? *Oui, je fais beaucoup de sport.*

ou: *Non, je ne fais pas beaucoup de sport.*

1. Vous travaillez?

   _____

2. Vous avez des examens?

   _____

3. Il y a des étudiants français à votre université?

   _____

4. Vous envoyez des emails?

   _____

5. Les étudiants organisent des fêtes?

   _____

6. Vous voyagez?

   _____

6 **À la cafétéria.** Say what each person is selecting. Use the appropriate form of **prendre** and a logical food item. *[Section A, p. 260; Vocabulaire, p. 274]*

✳ Mathieu / morceau   *Mathieu prend un morceau de pain.*

1. Élodie / verre _____

2. nous / tranche _____

3. vous / tasse _____

4. tu / part _____

5. Benjamin et Philippe / bouteille _____

À votre tour

Your friend Alexandre wants to know more about your eating habits. Answer his questions.

1. Est-ce que tu aimes le café noir? Sinon, qu'est-ce que tu mets dans ton café?

   _____

   _____

2. Est-ce que tu manges des toasts au petit déjeuner? Qu'est-ce que tu mets dessus *(on them)*?

   _____

   _____

3. À quelle heure est-ce que tu prends tes différents repas?

   _____

   _____

4. Quel est ton repas favori? Pourquoi?

   _____

   _____

5. Est-ce que tu aimes la cuisine de la cafétéria de ton université? Pourquoi ou pourquoi pas?

   _____

   _____

6. Est-ce que tu es au régime? Quel est ton régime?

   _____

   _____

Le français parlé

La langue française

A **Vocabulaire: Les repas et la nourriture.** Écoutez et répétez.

CD8-12

À quelle heure est le dîner?

À quelle heure est le déjeuner?

À quelle heure est le petit déjeuner?

À quelle heure est le repas?

Nous allons dîner.

Nous allons déjeuner.

Nous allons prendre le petit déjeuner.

Nous allons prendre le repas.

Est-ce que vous aimez la cuisine chinoise?

la nourriture exotique?

Est-ce que vous aimez faire la cuisine?

faire les courses?   faire un régime?

Quel plat est-ce que vous allez commander?

Quel plat est-ce que vous allez préparer?

Quel plat est-ce que vous allez servir?

B **Questions personnelles.** You will hear some questions about your meals and your eating
CD8-13 habits. Answer these questions by indicating the appropriate response, **oui** or **non.**

1. oui   non

2. oui   non

3. oui   non

4. oui   non

5. oui   non

6. oui   non

C Les verbes *prendre* et *mettre*. D'abord, répétez les formes du verbe **prendre**.

CD8-14 je prends

tu prends

il prend

nous prenons

vous prenez

ils prennent

j'ai pris

Maintenant répétez les formes du verbe **mettre**.

je mets

tu mets

elle met

nous mettons

vous mettez

elles mettent

j'ai mis

Maintenant répétez les phrases suivantes.

Cécile prend des photos.

Je ne prends pas mon appareil photo.

Les touristes prennent le bus.

Est-ce que tu prends du fromage?

Vous reprenez de la soupe?

Pauline a appris l'italien.

Nous apprenons à jouer au golf.

Je ne comprends pas ta question.

Le service est compris.

Je mets du sucre dans mon café.

Stéphane a mis un pull.

Est-ce que tu peux mettre la télé?

Le prof met des bonnes notes.

Qui a mis la table?

Remets le lait au réfrigérateur.

Je promets d'être à l'heure.

Léa permet à Zoé de prendre son vélo.

Les chiens ne sont pas permis ici.

D **Conversation: Préférences.** Léa is asking you if you like certain foods. For each one, say that
CD8-15 you eat or drink the item in question. Then listen to check your answer.

✳ LÉA: Aimes-tu le caviar?

VOUS: ***Oui, je mange du caviar.***

E **Vocabulaire: Expressions de quantité avec *de*.** Écoutez et répétez.
CD8-16 Avez-vous assez d'argent?

Philippe n'a pas beaucoup de courage.

Charlotte a beaucoup de copains.

J'ai trop de travail.

Nous avons trop d'examens.

Tu as peu de patience.

Vous avez peu de livres intéressants.

Donne-moi un peu de fromage.

Combien d'argent as-tu?

Combien de CD est-ce que tu as?

F **Conversation: D'autres quantités.** Marc is asking you some questions. Answer in the
CD8-17 affirmative or the negative, using the expression of quantity indicated. Then listen to check
your answer.

✳ non, pas beaucoup

Est-ce que Paul a de l'argent? ***Non, il n'a pas beaucoup d'argent.***

1. oui, beaucoup
2. non, pas assez
3. oui, trop
4. non, pas beaucoup
5. oui, beaucoup

G **Vocabulaire: Certaines quantités de boissons et de nourriture.** Écoutez et répétez.
CD8-18 S'il te plaît, donne-moi un verre de jus d'orange.

S'il te plaît, donne-moi une tasse de café.

S'il te plaît, donne-moi une bouteille d'eau.

Est-ce que je peux avoir un morceau de fromage?

Est-ce que je peux avoir une part de pizza?

Est-ce que je peux avoir une tranche de jambon?

Dialogue

H **Nourriture et boissons.** Nathalie is going to ask you several questions. Answer her according
CD8-19 to the illustrations. Be sure to use the appropriate partitive articles. Then listen to check your
answer.

❋ NATHALIE: Qu'est-ce que tu bois?

VOUS: *Je bois du vin.*

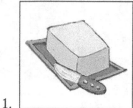 1.

 2.

 3.

 4.

 5.

 6.

 7.

 8.

© Cengage Learning

Phonétique

I **La semi-voyelle /j/.** The semi-vowel /j/ is similar to the initial sound of *yes*, but is more tense.
CD8-20

• /j/ + *voyelle:* Be sure to pronounce the /j/ and the following vowel as ONE syllable.
  Répétez: b<u>ien</u>   comb<u>ien</u>   janv<u>ier</u>   h<u>ier</u>   dern<u>ière</u>   v<u>io</u>let   v<u>ia</u>nde   V<u>ie</u>tnam

• *voyelle* + /j/: Be sure to pronounce the /j/ very distinctly.
  Répétez: trav<u>aille</u>   f<u>ille</u>   fam<u>ille</u>   faut<u>euil</u>   bout<u>eille</u>   somm<u>eil</u>   appar<u>eil</u>
  m<u>eil</u>leur   m<u>aillo</u>t   trav<u>aillo</u>ns   br<u>illa</u>nt

Dictée

J **Au restaurant.**
CD8-21

Nous _____ dans ce restaurant. _____

et _____ sont toujours _____.

François va commander _____ avec _____.

Moi, je vais prendre _____ parce que je suis _____.

VIE PRATIQUE 6: LES COURSES

🔊 Écouter et parler

A **Fruits ou légumes?** Écoutez bien chaque phrase. Puis indiquez si les gens achètent des fruits ou
CD8-22 des légumes.

1. fruits   légumes   3. fruits   légumes   5. fruits   légumes
2. fruits   légumes   4. fruits   légumes   6. fruits   légumes

B **Au marché.** Vous êtes au marché. Parlez au marchand et écoutez la confirmation. Puis
CD8-23 répondez à ses questions. À la fin, écrivez le prix de vos achats.

1. Greet the merchant, Monsieur Dupont.
2. Say you would like a kilo of potatoes.
3. Ask him to give you a pound of cherries.
4. Say you would also like a dozen eggs.
5. Say that is all and ask how much everything comes to.

   Prix: _____

C **Au supermarché: quel rayon?** Écoutez chaque question et indiquez à quel rayon ces articles se
CD8-24 trouvent:

a. au rayon d'alimentation   c. au rayon des produits ménagers

b. au rayon des produits d'hygiène

1. a b c   4. a b c   7. a b c
2. a b c   5. a b c   8. a b c
3. a b c   6. a b c   9. a b c

D **Après les courses.** Marie-Claire a fait les courses. Demandez si elle a acheté les choses suivantes
CD8-25 et écoutez la confirmation. Puis écoutez sa réponse et écrivez la quantité correspondante.

1. Ask Marie-Claire if she bought tuna.

   Quantité: _____

2. Ask Marie-Claire if she bought jam.

   Quantité: _____

3. Ask Marie-Claire if she bought cereal.

   Quantité: _____

4. Ask Marie-Claire if she bought shampoo.

   Quantité: _____

5. Ask Marie-Claire if she bought paper towels.

   Quantité: _____

6. Ask Marie-Claire if she bought toothpaste.

   Quantité: _____

Lire et écrire

E **Publicité.** Regardez la publicité faite par Monoprix. Puis faites correspondre *(match)* les éléments ci-dessous.

1. un sachet   a.   vinaigrette

2. un bocal   b.   déodorant

3. un flacon   c.   mouchoirs en papier

4. un stick   d.   rasoirs

5. un pot   e.   cornichons *(pickles)*

6. un étui   f.   moutarde

F **Les achats.** Regardez le ticket de caisse *(cash register receipt)*. Combien ont coûté les achats suivants (en euros)?

1. une boîte de thon   _____

2. une boîte de sardines   _____

3. une bouteille de vin St. Nicolas de Bourgogne   _____

4. un pain spécial   _____

5. une pomme   _____

6. une boîte de six oeufs   _____

7. un paquet de beurre (125 g.)   _____

Quels produits sont moins chers aux États-Unis?

_____

Quels produits sont plus chers aux États-Unis?

_____

```
monop'bonjour
N°Azur 0 810 08 4000
monoprix.fr

**** MONOPRIX ST GERMAIN DES PRES ****
****VOUS  SOUHAITE LA BIENVENUE ****

                                    EUR
    160G THON ENT.HUIL             1,91
    160G THON ENT.HUIL             1,91
    160G THON ENT.HUIL             1,91
    FIL.SARDINE CIT.MP             1,15
    ST NICOLAS BOURG04             5,35
    Pains spéciaux bap             1,80
    FRUITS                         0,53
    6 OEUFS LOUE L.R.              2,36
    BEURRE AOC CHARENT             0,85
                             ------------
EUR*                 TOT          17,77
```

MONOPRIX

IMAGES DU MONDE FRANCOPHONE 6:
L'AFRIQUE FRANCOPHONE

A **L'Afrique francophone.** Regardez la carte de l'Afrique à la page 281 et indiquez si les pays suivants sont francophones ou pas.

1. Égypte   francophone   pas francophone
2. Sénégal   francophone   pas francophone
3. Kenya   francophone   pas francophone
4. Mali   francophone   pas francophone
5. Côte d'Ivoire   francophone   pas francophone
6. Rwanda   francophone   pas francophone
7. Angola   francophone   pas francophone
8. Congo   francophone   pas francophone

B **Un peu d'histoire.** Lisez «Un peu d'histoire» (p. 281). Puis mettez les phrases suivantes dans l'ordre chronologique.

1. _____ 8e–16e siècle   A. Les colonies françaises et belges gagnent leur indépendance.

2. _____ 14e–19e siècle   B. Royaumes au Bénin et au Congo.

3. _____ 1480   C. Exploration des côtes africaines par des navigateurs européens.

4. _____ 1510   D. Empires successifs du Ghana, du Mali et du Songhaï.

5. _____ 1659   E. La France colonise l'Afrique occidentale et équatoriale.

6. _____ 1884   F. Premières déportations d'esclaves vers l'Amérique.

7. _____ 1945   G. Fondation de Saint-Louis au Sénégal par les Français.

8. _____ 1960–1962   H. Les mouvements indépendantistes commencent.

C **Les griots.** Lisez le texte sur les griots (p. 282). Puis écoutez les phrases suivantes et indiquez si
CD8-26 elles sont vraies ou fausses.

1. vrai   faux   5. vrai   faux
2. vrai   faux   6. vrai   faux
3. vrai   faux   7. vrai   faux
4. vrai   faux   8. vrai   faux

D | **La musique africaine.** Écoutez les descriptions de musique africaine. Puis identifiez le style de
CD8-26 chacun des chanteurs.

1. _____ mbalax: Sénégal

2. _____ soukous: Congo

3. _____ afro-zouk: Côte d'Ivoire

4. _____ makossa: Cameroun

5. _____ wassoulou: Mali

A. Papa Wemba

B. Youssou N'Dour

C. Monique Séka

D. Oumou Sangaré

E. Manu Dibango

E | **Ousmane Sembène.** Lisez l'article sur Ousmane Sembène (p. 285). Puis complétez sa
biographie.

1. Ousmane Sembène est né en 1923 (a) au Sénégal, (b) à Madagascar.

2. En 1944, il participe à la Libération (a) de la France, (b) de l'Italie.

3. Après la guerre, il travaille à Marseille (a) comme plombier, (b) comme docker.

4. Il apprend à lire et écrire (a) par lui-même, (b) au lycée.

5. Son premier roman, *Le Docker noir,* est publié (a) en 1956, (b) en 1968.

6. Il étudie la technique du cinéma (a) à Hollywood, (b) à Moscou.

7. C'est le premier cinéaste à utiliser des acteurs africains dans des films (a) à thèmes africains,
(b) à thèmes historiques.

8. Son premier grand film s'appelle (a) *La Noire de...,* (b) *Modaade.*

9. En 1968, il décide de filmer (a) en langue baoulé, (b) en langue wolof.

10. Cinéaste engagé, il se bat (a) pour une société plus juste et plus humaine, (b) pour le
néocolonialisme.

F | **Après la lecture.** Quels sont les trois faits les plus importants que vous avez appris sur
l'Afrique francophone, sa musique et son cinéma?

1. _____

_____

_____

2. _____

_____

_____

3. _____

_____

_____

Interlude littéraire Numéro 3

Jacques Prévert, poète et scénariste français

A **Faisons connaissance.** Allez à la page 286 et lisez la biographie de Jacques Prévert.

Puis indiquez si les observations sont vraies ou fausses.

vrai   faux   1. Jacques Prévert est un poète.

vrai   faux   2. Ses poèmes sont pleins d'humour.

vrai   faux   3. *Les feuilles mortes* est devenue une chanson populaire.

vrai   faux   4. Sa carrière a commencé avec le théâtre.

B *Déjeuner du matin.* Écoutez la lecture du poème.

CD8-28

Déjeuner du matin	
Il a mis le café	
Dans la tasse	
Il a mis le lait	
Dans la tasse de café	
Il a mis le sucre	
Dans le café au lait	
Avec la petite cuiller°	*spoon*
Il a tourné°	*stirred*
Il a bu le café au lait	
Et il a reposé° la tasse	*put back*
Sans me parler°	*without talking to me*
Il a allumé°	*lit*
Une cigarette	
Il a fait des ronds°	*circles*
Avec la fumée°	*smoke*
Il a mis les cendres°	*ashes*
Dans le cendrier°	*ashtray*
Sans me parler	
Sans me regarder	
Il s'est levé°	*got up*
Il a mis	
Son chapeau sur sa tête°	*head*
Il a mis	
Son manteau de pluie	
Parce qu'il pleuvait°	*was raining*
Et il est parti	
Sous la pluie	
Sans une parole°	*word*
Sans me regarder	
Et moi j'ai pris	
Ma tête dans ma main°	*hand*
Et j'ai pleuré°.	*cried*

© *Paroles*, 1945

Compréhension. Écoutez et indiquez si les phrases correspondent au poème.

CD8-29

1. oui   non
2. oui   non
3. oui   non
4. oui   non

5. oui   non
6. oui   non
7. oui   non
8. oui   non

À la découverte

Antoine de Saint-Exupéry et *Le Petit Prince*

Antoine de Saint-Exupéry (1900–1944) est un aviateur et un écrivain français. Il a écrit *Le Petit Prince* à New York en 1943. Ce livre plein d'amour *(full of love)* et d'humanité a eu beaucoup de succès en France et aux États-Unis.

D **Le Petit Prince et le Renard** *(The Little Prince and the Fox)*.

CD8-30

Sur sa planète, le Petit Prince a la rose qu'il aime. Mais quand il arrive sur la terre°, il trouve un jardin plein° de roses. Triste, il se dit°: «Je me croyais° riche d'une fleur unique, et je ne possède° qu'une rose ordinaire.» Plus loin le Petit Prince rencontre un renard et apprend à l'apprivoiser°. Avant de dire° au revoir, le renard dit au Petit Prince d'aller revoir les roses.

Antoine de Saint-Exupéry *Le Petit Prince* © Éditions Gallimard

Écoutez le texte.

— Vous n'êtes pas du tout semblables° à ma rose, vous n'êtes rien encore°, leur dit le Petit Prince. Personne ne vous a apprivoisées et vous n'avez apprivoisé personne. ...

— Vous êtes belles, mais vous êtes vides°, leur dit-il encore. On ne peut pas mourir pour vous. Bien sûr, ma rose à moi, un passant° ordinaire croirait° qu'elle vous ressemble. Mais à elle seule° elle est plus importante que vous toutes°, puisque° c'est elle que j'ai arrosée°... Puisque c'est elle que j'ai écouté se plaindre°, ou se vanter°, ou même quelquefois° se taire°. Puisque c'est ma rose.

Et il revint° vers° le renard:

— Adieu, dit-il...

— Adieu, dit le renard. Voici mon secret. Il est très simple: on ne voit bien qu'°avec le coeur°. L'essentiel est invisible pour les yeux°.

— L'essentiel est invisible pour les yeux, répéta le petit prince, afin de se souvenir°.

— C'est le temps que tu as perdu pour ta rose qui fait ta rose si importante.

— C'est le temps que j'ai perdu pour ma rose... fit le petit prince, afin de se souvenir.

— Les hommes ont oublié cette vérité°, dit le renard. Mais tu ne dois pas l'oublier. Tu deviens responsable pour toujours° de ce que° tu as apprivoisé. Tu es responsable de ta rose...

— Je suis responsable de ma rose... répéta le petit prince, afin de se souvenir.

***

terre *earth* **plein** *full* **se dit** *says to himself* **croyais** *thought* **ne possède que** *only possess* **apprivoiser** *to tame* **Avant de dire** *Before saying* **semblables** *similar, alike* **encore** *yet* **vides** *empty* **un passant** *passer-by* **croirait** *would believe* **à elle seule** *she alone* **toutes** *all* **puisque** *since* **arrosée** *watered* **se plaindre** *complain* **se vanter** *boast* **quelquefois** *sometimes* **se taire** *not talk* **revint** *returned* **vers** *toward* **ne voit bien que** *only sees clearly* **coeur** *heart* **yeux** *eyes* **afin de se souvenir** *in order to remember* **vérité** *truth* **pour toujours** *forever* **ce que** *what*

Source: Antoine de Saint-Exupéry, **Le Petit Prince**, *Educational Edition*, pp. 64,66. Art: p. 58. ©1970 Houghton Mifflin Co., ©1943 by Harcourt, Brace & World.

E **Compréhension.** Maintenant écoutez bien et indiquez si la phrase correspond au texte.

CD8-31

1. oui   non
2. oui   non
3. oui   non
4. oui   non
5. oui   non

F **Et vous?**

What would the Little Prince have thought of the couple in *Déjeuner du matin*?

_____

_____

_____

Révision 2: Leçons 10–18

By completing this series of short tests, you will be able to check your progress in French. Correct your work using the Answer Key at the back of the *Student Activities Manual*. If you make any mistakes on these tests, you may want to review the lesson sections indicated in brackets.

Structures

Test 1. Les adjectifs possessifs.

Complete the following sentences with the possessive adjectives that correspond to the subject of each sentence. *[10-A]*

  ✳ Nous allons rendre visite à ___*notre*___ tante Caroline.

  1. Quand as-tu acheté _____ scooter?

  2. Je ne trouve pas _____ cravate.

  3. Est-ce que tu vas mettre _____ chaussures noires?

  4. Ces étudiants n'écoutent pas _____ professeur.

  5. Quand est-ce que vous allez vendre _____ voiture?

  6. François et Thomas vont en vacances avec _____ parents.

  7. Danielle va téléphoner à _____ amie Catherine.

  8. Nous invitons _____ amis au restaurant.

  9. Est-ce que vous êtes toujours d'accord avec _____ copains?

10. Gérard écoute les messages sur _____ smartphone.

Test 2. Les articles et les prépositions avec les pays.

Complete the following sentences with the appropriate articles or prepositions. *[16-D, E]*

1. Quel pays préfères-tu? _____ France, _____ Espagne ou

    _____ Portugal?

2. Julien ne travaille pas _____ États-Unis. Il travaille _____ Canada.

3. Mon père revient _____ Japon le 8 octobre. En novembre, il va aller

    _____ Mexique et _____ Argentine.

Test 3. L'article partitif: formes et emplois.

Complete the following sentences with the nouns in parentheses. Be sure to use the correct forms of the definite or partitive articles, as appropriate. *[17-A; 18-B]*

✳ (le poisson, la sole) J'aime beaucoup *le poisson* . Je mange souvent
    de la sole .

1. (le pain, la confiture) Où est _____? Où est

    _____?

2. (l'eau minérale, le jus d'orange) J'ai acheté _____ parce que je

    n'aime pas _____.

3. (les pâtes, la salade) Si tu veux maigrir, ne mange pas _____!

    Mange _____!

4. (le sucre, la crème) Est-ce que tu prends _____ et

    _____ dans ton café?

5. (le vin, la bière) Marc achète _____ parce qu'il n'aime pas

    _____.

6. (l'ambition, le courage) Jacques a _____, mais il n'a pas

    _____.

7. (le lait, la limonade) Dans le réfrigérateur, il y a _____ et

    _____.

8. (le champagne, le vin) Ne bois pas _____!

    _____ n'est pas bon pour toi!

Test 4. Autres structures.

Decide which of the four suggested options <u>correctly</u> completes the sentence.

❋ _____ travaillent en France.

    a. Je   b. Tu   (c.) Ils   d. Vous

1. Regarde cette voiture bleue. Elle est _____ ma cousine Jeannette.

    a. à   b. de   c. avec   d. *(no word needed)*

2. Christophe n'est pas là. Il _____ partir.

    a. est   b. va   c. vient   d. vient de

3. François a un _____ appareil photo numérique.

    a. nouveau   b. vieux   c. bel   d. japonaise

4. Nous habitons dans cette maison _____ 2003.

    a. depuis   b. pour   c. pendant   d. il y a

5. Nous sommes allés au Portugal _____ deux ans.

    a. depuis   b. pour   c. avant   d. il y a

6. Marc n'étudie pas l'italien. Il _____ de l'espagnol.

    a. apprend   b. fait   c. étudie   d. a une classe

7. C'est le blouson _____ Vincent, n'est-ce pas?

    a. a   b. de   c. son   d. leur

8. Est-ce que tu vas acheter _____ veste-ci?

    a. la   b. une   c. sa   d. cette

9. Guillaume a une _____ copine.

    a. vieil   b. nouvelle   c. nouveau   d. nouvel

Verbes

Test 5. Le présent des verbes comme *payer, acheter* et *préférer;* le présent des verbes réguliers en *-ir* et *-re*.

Read the following sentences carefully. Then fill in the blanks with the appropriate present-tense forms of the verbs in the box. Be logical. *[11-A, D; 13-B, C]*

acheter	amener	attendre	célébrer	envoyer	finir
posséder		répondre	réussir	vendre	

1. Les vacances commencent en juin et _____ en septembre.

2. Hélène est au café. Elle _____ son copain Yvon.

3. Je travaille dans une boutique. Je _____ des chaussures.

4. Julien est à la poste. Il _____ une lettre à sa cousine.

5. Ma tante est très riche. Elle _____ un yacht.

6. Nous _____ à nos examens parce que nous étudions beaucoup.

7. Où va le taxi? Il _____ les touristes à la Tour Eiffel.

8. Tu es dans un magasin de vêtements. Tu _____ des chemises.

9. Pourquoi est-ce que vous ne _____ pas à ma question?

10. Charlotte _____ son anniversaire le 21 janvier.

Test 6. Le présent des verbes irréguliers.

Read the following sentences carefully. Then fill in the blanks with the appropriate present-tense forms of the verbs in the box. Be logical. *[15-A; 16-B; 17-B, C; 18-A]*

> | apprendre | boire | comprendre | faire | mettre |
> | partir | revenir | sortir | venir |

1. Qu'est-ce que vous _____ le week-end prochain? Nous, nous allons à la campagne.

2. Je _____ un pull parce que j'ai froid.

3. Qu'est-ce que vous _____ Du thé ou de la bière?

4. Mes amis ne _____ pas ta question. Répète, s'il te plaît!

5. Michel et Claudine sont en vacances au Sénégal. Ils _____ chez eux le 12 mai.

6. Tu _____ à la fête que *(that)* j'organise pour mon anniversaire, n'est-ce pas?

7. Chloé et Stéphanie étudient à l'Institut des langues. Elles _____ l'italien.

8. À quelle heure _____ le train pour Bordeaux?

9. Ce soir, je ne reste pas chez moi. Je _____ avec mes copains.

Test 7. Le passé composé avec *avoir*: verbes réguliers.

Complete the following sentences with the appropriate **passé composé** forms of the verbs in parentheses. (Note that these verbs are in the affirmative in the odd-numbered items, and in the negative in the even-numbered items.) *[14-A, B]*

1. (jouer) Oui, mes cousins _____ au tennis avec moi.

2. (parler) Non, je _____ à Xavier.

3. (téléphoner) Oui, Jacques _____ à Isabelle.

4. (visiter) Non, nous _____ Québec.

5. (acheter) Vous _____ une Renault, n'est-ce pas?

6. (perdre) Non, je _____ mon temps ce matin.

7. (rendre) Bien sûr, nous _____ visite à nos amis hier.

8. (finir) Non, les étudiants _____ l'examen.

9. (maigrir) Oui, tu _____ un peu!

10. (vendre) Non, Philippe _____ sa mini-chaîne.

Test 8. Les participes passés irréguliers.

Complete the following sentences with the appropriate **passé composé** forms of the verbs in parentheses. Note that these verbs have irregular past participles. *[14-D; 15-A; 17-B, D; 18-A]*

1. (mettre) Jean-François _____ un CD de rap.

2. (être) Paul _____ au cinéma avec des copains.

3. (avoir) François _____ un accident de ski.

4. (faire) Antoine _____ une promenade en auto.

5. (prendre) Charles _____ des photos de Jeanne.

6. (boire) Alexis _____ du champagne pour son anniversaire.

7. (apprendre) Alice _____ quelque chose d'intéressant.

8. (dormir) Béatrice _____ dix heures.

9. (servir) Olivier _____ du café à ses amis.

Test 9. Les constructions négatives.

Answer the following questions in the negative. *[13-E; 14-B]*

1. Tu as entendu quelqu'un? _____

2. Éric est déjà parti? _____

3. Tu as fait quelque chose ce week-end? _____

4. Quelqu'un a téléphoné? _____

5. Quelque chose est arrivé? _____

6. Tu habites encore à Paris? _____

Test 10. *Être* ou *avoir?*

Complete the following sentences with the appropriate **passé composé** forms of the verbs in parentheses. Use **avoir** or **être,** as appropriate. *[15-B; 16-A]*

1. (étudier, devenir) Alice et Anne _____ l'espagnol.

   Elles _____ professeurs.

2. (sortir, aller) Pierre et Jacques _____ avec des copains.

   Ils _____ au café.

3. (visiter, aller) Valérie _____ Québec.

   Après, elle _____ à Montréal.

4. (inviter, venir) J' _____ Jacques.

   Il _____ chez moi après le dîner.

5. (voyager, arriver) Simon et toi, vous _____ en train.

   Vous _____ jeudi soir.

Test 11. Verbes et expressions verbales.

Complete the following sentences with the French equivalent of the English expression in italics. Be sure to use the appropriate construction.

1. Catherine *goes out* with her friends.   Catherine _____ avec ses amis.

2. Danièle *is waiting for* the bus.   Danièle _____ le bus.

3. Alain *is cleaning* his room.   Alain _____ sa chambre.

4. Jacques *is getting fat*.   Jacques _____.

5. Philippe *is doing* the dishes.   Philippe _____ la vaisselle.

6. Jacques *is going shopping*.   Jacques _____.

7. Philippe *is cooking* this morning.   Philippe _____ ce matin.

8. Albert *meets* his friends in a café.   Albert _____ ses amis dans un café.

9. Sylvie *is visiting* a friend.   Sylvie _____ une amie.

10. Paul *is setting* the table.   Paul _____ la table.

11. Claudine *orders* ice cream.   Claudine _____ de la glace.

12. The waiter *brings* the menu.   Le serveur _____ le menu.

13. Virginie *is having lunch* with Paul.   Virginie _____ avec Paul.

14. Mme Dulac *is renting* a car.   Mme Dulac _____ une voiture.

15. Colette *is wearing* a new dress.   Colette _____ une nouvelle robe.

16. Cécile *forgets* the date of the exam.   Cécile _____ la date de l'examen.

17. Brigitte *looks for* her tablet.   Brigitte _____ sa tablette.

18. Jean-François *finds* his cellphone.   Jean-François _____ son portable.

Vocabulaire

Test 12. Qu'est-ce que c'est?

Identify the following objects by writing the appropriate noun and the corresponding indefinite article: **un, une,** or **des.**

1. _____

2. _____

3. _____

4. _____

5. _____

6. _____

7. _____

8. _____

9. _____

10. _____

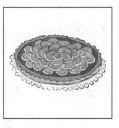

11. _____

12. _____

Credits: © Cengage Learning

Test 13. Logique!

Among the four options, select the one that completes the sentence logically.

1. Roland prépare le repas dans _____.

   a. la cuisine   b. le salon   c. le garage   d. la chambre

2. Est-ce que tu vas mettre _____ sur ton pain?

   a. une boisson   b. des frites   c. du riz   d. de la confiture

3. Quelle entrée vas-tu prendre? Vas-tu prendre _____?

   a. du cidre   b. des pâtes   c. du saucisson   d. de la tarte

4. J'adore nager. C'est pourquoi je passe souvent les vacances _____.

   a. à la mer   b. à la montagne   c. avec mes valises   d. en voyage

5. As-tu fait _____ de Pierre? C'est mon cousin.

   a. attention   b. le ménage   c. les valises   d. la connaissance

6. Prends ton imperméable! Il va _____.

   a. pleuvoir   b. grossir   c. tomber   d. faire beau

7. À quelle heure prenez-vous _____?

   a. la salle à manger   b. le petit déjeuner   c. la salle de séjour   d. de saucisson

8. L'année _____, nous sommes allés au Japon.

   a. dernière   b. prochaine   c. première   d. future

9. Dans le salon, il y a des _____ modernes.

   a. boissons   b. meubles   c. lits   d. déjeuners

10. Clémentine est végétarienne. Elle ne mange pas de _____.

    a. pain   b. poulet   c. gâteau   d. riz

11. Sortez _____ cette porte.

    a. entre   b. dans   c. pour   d. par

12. En général, il fait _____ en Floride.

    a. faim   b. sommeil   c. chaud   d. froid

UNITÉ 7 À l'université

LEÇON 19 Une condition essentielle

| Le français écrit |

1 **Oui ou non?** Read about the following people and say what they do or do not do. Fill in the blanks with the appropriate affirmative or negative forms of **suivre**. Use the present tense in items 1 to 6 and the **passé composé** in items 7 and 8. *[Section A, p. 295]*

Présent

1. Tu veux être avocat. Tu _____ des cours de droit.

2. Nous étudions le français. Nous _____ le cours d'italien.

3. Camille est très élégante. Elle _____ la mode *(fashion)*.

4. Pierre et Vincent sont des enfants modèles. Ils _____ les
   mauvais exemples.

5. Je déteste les sports. Je _____ rarement les matchs de
   football à la télé.

6. Vous maigrissez. Vous _____ un régime, n'est-ce pas?

Passé composé

7. Vous n'avez pas compris. Vous _____ l'explication du professeur.

8. Ces filles sont interprètes. Elles _____ des cours de russe et
   d'allemand.

2 **Désirs et possibilités.** Say what the following people *want* to do by completing the first sentence in each pair with the appropriate form of the present tense of **vouloir.** Then say whether or not they *can* do other things by completing the second sentence with the appropriate affirmative or negative form of the present tense of **pouvoir.** Be logical! *[Section B, p. 296]*

✳ Vous ___*voulez*___ obtenir votre diplôme, n'est-ce pas?

Alors, vous ___*ne pouvez pas*___ rater tous vos examens.

1. Nous _____ voyager en France.

   Nous _____ prendre le train ou louer une voiture.

2. Ces touristes _____ aller à Versailles?

   Très bien! Ils _____ prendre le bus ou le train.

3. Stéphane _____ gagner de l'argent cet été.

   Il _____ partir en vacances avec ses copains.

4. Tu _____ apprendre le français.

   Tu _____ suivre les cours de l'Alliance française.

5. Vous _____ aller dans ce restaurant végétarien?

   D'accord, mais vous _____ commander de poulet.

6. Je _____ finir mes devoirs.

   Je _____ aller au café avec vous.

3 **Pour réussir à l'examen.** The following students want to do well on the final exam. Say what they should do and what they should not do. Complete the sentences with the appropriate affirmative or negative forms of the present tense of the verb **devoir.** *[Section C, p. 298]*

✳ Ces étudiants ___*doivent*___ faire des progrès.

1. On _____ venir aux cours.

2. Vous _____ arriver à l'heure *(on time)* pour l'examen.

3. Tu _____ apprendre tes leçons.

4. Je _____ dormir en classe.

5. Nous _____ faire nos devoirs.

6. Vous _____ être absents.

4 **Non!** Read what the following people are doing. Tell them *not* to do these things, using the expression **il ne faut pas.** *[Section D, p. 300]*

❋ Alain perd son temps. ___*Il ne faut pas perdre son temps.*___

1. Vous avez peur. _____

2. Tu es impatient. _____

3. Sarah rate son examen. _____

4. Jacques et Paul grossissent. _____

5. Je travaille trop lentement. _____

6. Janine écoute les mauvais étudiants. _____

5 **Qu'est-ce qu'il faut faire?** Say what one should or should not do to achieve the following objectives. Use the constructions **il faut** and **il ne faut pas** plus an expression of your choice. *[Section D, p. 292]*

❋ Pour maigrir, *il ne faut pas manger trop. Il faut faire du sport.*

1. Pour faire des progrès en français,

   _____

2. Pour être populaire,

   _____

3. Pour avoir une profession intéressante,

   _____

4. Pour être utile dans la société d'aujourd'hui,

   _____

6 **Une classe de français très difficile.** Complete the following description of a French class with an appropriate indefinite expression from the box. *[Vocabulaire, p. 302]*

un autre   chaque   de nombreux   plusieurs   tous les   toutes les   tout le monde

❋ Nous avons classe ___*tous les*_____ jours à dix heures.

1. Dans la classe, il n'y a pas d'exception: _____ doit parler français.

2. _____ étudiant doit apporter son cahier.

3. Le professeur est très exigeant *(demanding)*. Il donne _____ devoirs!

4. Nous allons avoir un examen lundi et _____ examen vendredi prochain.

5. Nous devons écrire *(write)* _____ compositions par semaine.

6. Heureusement *(Fortunately)*, _____ classes ne sont pas comme ça *(like that)*.

À votre tour

Your friend Christine asks you about university life and your future plans. Answer her.

1. Combien de cours est-ce que tu suis? Est-ce que ces cours sont difficiles?

_____

_____

2. Combien d'heures de préparation est-ce que tu dois faire pour chaque cours de français?

_____

_____

3. Qu'est-ce que tu dois faire ce soir avant et après le dîner?

_____

_____

4. Qu'est-ce que tu dois faire ce week-end?

_____

_____

5. Qu'est-ce que tu dois faire pour être reçu(e) à tes examens?

_____

_____

6. Qu'est-ce que tu peux faire avec ton diplôme?

_____

_____

7. Qu'est-ce que tu veux faire après l'université?

_____

_____

🔊 | **Le français parlé**

La langue française

A Vocabulaire: À l'université. Écoutez et répétez.

CD9-2

Quand on est à l'université, il faut...

    suivre des cours.

    prendre des notes.

    faire des devoirs.

    faire des préparations.

    préparer un diplôme.

    passer des examens.

Le cours va commencer à deux heures.

Le cours va finir à trois heures quinze.

Ce cours est...

    facile.

    difficile.

    utile.

    inutile.

    passionnant.

    barbant.

Je veux réussir à l'examen.   Je ne veux pas rater l'examen.

Je veux être reçu(e) à l'examen.

Je veux obtenir une bonne note.   Je ne veux pas obtenir une mauvaise note.

Je veux obtenir mon diplôme.   Je veux faire des progrès.

B Compréhension orale. You will hear six general statements. Listen carefully to each statement

CD9-3 and decide whether it is logical or not. If the statement is logical, mark **logique.** If it's not logical, mark **illogique.**

1. logique   illogique   4. logique   illogique

2. logique   illogique   5. logique   illogique

3. logique   illogique   6. logique   illogique

C Vocabulaire: Expressions utiles. Écoutez et répétez.

CD9-4

vite	Je fais vite mes préparations.
lentement	Le professeur parle lentement.
ensemble	Mon copain et moi, nous étudions ensemble.
seul	Vanessa préfère travailler seule.
	Mon seul devoir pour demain, c'est le français.
seulement	Aujourd'hui, j'ai seulement deux cours.
rarement	J'étudie rarement le samedi.
pour	Nous étudions pour réussir à l'examen.

D **Le verbe *suivre*.** Écoutez et répétez.

CD9-5

Je vais suivre tes conseils.　　　　　　Nous suivons un régime.
Je suis un cours d'anglais.　　　　　　Vous suivez la politique.
Tu suis un cours de maths.　　　　　　Ils suivent les instructions du prof.
Elle suit un cours de chimie.　　　　　J'ai suivi un cours à l'Alliance française.

E **Les verbes *vouloir* et *pouvoir*.** Écoutez et répétez.

CD9-6

Voici d'abord le verbe **vouloir**.

Je veux un livre.　　　　　　　　　　Vous voulez aller en ville.
Tu veux aller en France.　　　　　　　Elles veulent parler français.
Il veut gagner de l'argent.　　　　　　J'ai voulu voyager.
Nous voulons voyager.

Maintenant répétez les formes du verbe **pouvoir**.

Je peux prendre ce livre?　　　　　　Vous pouvez prendre le bus.
Tu peux visiter Paris?　　　　　　　　Ils peuvent parler avec Zoé.
Elle peut travailler cet été.　　　　　J'ai pu visiter la Suisse.
Nous pouvons aller en Chine.

F **Narration: Mais non!** Nothing is going right today. You will hear what certain people want to
CD9-7 do. Say that they cannot do these things. Then listen to check your answer.

✳ Charlotte veut aller au cinéma.　　***Mais non, elle ne peut pas aller au cinéma!***

G **Narration: Ce soir.** You will hear what certain students are doing tonight. From this informa-
CD9-8 tion, decide whether or not they want to go out. Use the appropriate form of **vouloir sortir** in
affirmative or negative sentences. Then listen to check your answer.

✳ Thérèse regarde la télé.　　***Elle ne veut pas sortir.***

H **Le verbe *devoir*.** Écoutez et répétez.

CD9-9

Je dois étudier.　　　　　　　　　　　Vous devez acheter ce livre.
Tu dois préparer tes examens.　　　　　Ils doivent prendre de l'argent.
Elle doit passer un examen demain.　　J'ai dû téléphoner à mon père.
Nous devons rentrer chez nous.

I **Narration: Obligations.** You will hear what certain people are doing. Say that they have to do
CD9-10 these things. Use the appropriate form of **devoir** and the infinitive of the verb you hear. Then
listen to check your answer.

✳ Mon cousin travaille.　　***Il doit travailler.***

J Situation: **Jean-Michel.** You will hear what Jean-Michel did. Say that he wanted to, was able to, or had to do these things. Use the **passé composé** of the verb suggested. Then listen to check your answer.

CD9-11

✷ devoir

Jean-Michel est parti. *Il a dû partir.*

✷ vouloir

Jean-Michel a voyagé. *Il a voulu voyager.*

1. vouloir
2. pouvoir
3. devoir
4. pouvoir

K Narration: **Il faut.** You will hear someone making certain suggestions to a friend. Make a general suggestion on the same theme, using the expression **il faut.** Then listen to check your answer.

CD9-12

✷ Parle fort! *Il faut parler fort!*

Now, use **il faut** in negative sentences. Then listen to check your answer.

✷ Ne sors pas ce soir! *Il ne faut pas sortir ce soir!*

L Vocabulaire: **Expressions indéfinies de quantité.** Écoutez et répétez.

CD9-13

L'autre jour, je suis allée au parc.

Les autres étudiants ne sont pas venus.

J'ai un autre cours ce matin.

As-tu d'autres cours aujourd'hui?

J'ai besoin d'un certain livre.

Certains problèmes n'ont pas de solution.

Chaque jour est différent.

J'ai plusieurs examens cette semaine.

Marc a quelques magazines français chez lui.

J'ai de nombreux amis à l'université.

Est-ce que tu comprends tout?

Est-ce que toute la classe comprend la leçon?

Tous les enfants aiment jouer.

Nous allons au cinéma toutes les semaines.

Est-ce que tout le monde a compris?

Dialogue

M **Activités.** Émilie is asking you about various activities. Answer her according to the
CD9-14 illustrations. Then listen to check your answer.

❋ ÉMILIE: Qu'est-ce que tu veux faire ce soir?

VOUS: *Je veux regarder la télé.*

1.

2.

3.

4.

5.

6.

© Cengage Learning

Phonétique

N **Les semi-voyelles /w/ et /ɥ/.** When the vowel sounds /u/ and /y/ are followed by another
CD9-15 vowel in the same syllable, they are pronounced rapidly as semi-vowels.

/w/ Begin with the /u/ of **vous** and pronounce it quickly with the next vowel.

- The letters "oi" are pronounced /**wa**/.

  Répétez: m<u>oi</u>   t<u>oi</u>   v<u>oir</u>   je v<u>ois</u>   dev<u>oir</u>   tu d<u>ois</u>   p<u>oi</u>vre   p<u>oi</u>sson

- The letters "oin" are pronounced /**wɛ̃**/.

  Répétez: m<u>oin</u>s   l<u>oin</u>   bes<u>oin</u>   C<u>oin</u>treau

- The letters "oui" are pronounced /**wi**/.

  Répétez: <u>oui</u>   L<u>oui</u>se   L<u>oui</u>s   L<u>oui</u>siane

/ɥ/ Begin with the /y/ of **tu** and pronounce it quickly with the next vowel, keeping your lips
rounded.

- The letters "ui" are pronounced / ɥi/.

  Répétez: l<u>ui</u>   je s<u>ui</u>s   tu s<u>ui</u>s   n<u>ui</u>t   min<u>ui</u>t   s<u>ui</u>sse   c<u>ui</u>sine

Dictée

O **Ce soir.**

CD9-16 Ce soir, mes amis _____ au cinéma. Je _____ avec eux,

mais je _____. Demain, j'ai _____. Je _____

chez moi. À mon université, _____ si on ne veut pas _____.

LEÇON **20** Des notes importantes

Le français écrit

1 **Étudiants de français.** Say that the following French majors are familiar with French literature. Complete the sentences with the appropriate forms of **connaître**. *[Section A, p. 307]*

1. Sophie et Charlotte _____ les essais de Montaigne.

2. Je _____ les chansons d'Édith Piaf.

3. Guillaume _____ les romans de Stendhal.

4. Vous _____ les comédies de Molière.

5. Tu _____ les contes *(short stories)* de Maupassant.

6. Nous _____ la poésie de Baudelaire.

2 **L'intrus.** *(The intruder.)* In each sentence the underlined direct-object pronoun may refer to three of the four items, **a, b, c,** and **d.** The one to which it *does NOT refer* is the *intruder*. Mark it! *[Section B, p. 308]*

✱ Oui, je <u>la</u> connais bien.

    a. Julie   b. cette université   c. ta cousine   (d.) Pierre

1. Je <u>le</u> reconnais sur cette photo.

    a. Philippe   b. ton cousin   c. Mme Dumont   d. le frère de Julie

2. Non, nous ne <u>les</u> connaissons pas.

    a. tes copains   b. cet étudiant   c. vos frères   d. Paul et Guillaume

3. Quand est-ce que vous <u>le</u> visitez?

    a. le musée   b. ma région   c. ce village   d. le musée du Louvre

4. Quand est-ce que tu <u>les</u> fais?

    a. tes devoirs   b. les courses   c. la vaisselle   d. les valises

5. Nous <u>la</u> louons.

    a. votre maison   b. cet appartement   c. la voiture de Sylvie   d. la chambre de Thomas

3 **Questions personnelles.** Answer the following questions in complete sentences. Use a direct-object pronoun in your answer. Your replies may be affirmative or negative. *[Section B, p. 308]*

1. Connaissez-vous les parents de votre meilleur(e) ami(e)? _____

2. Est-ce que vos parents connaissent vos copains? _____

3. Connaissez-vous le (la) président(e) de votre université? _____

4. Nettoyez-vous souvent votre chambre? _____

5. Chez vous, aidez-vous vos parents? _____

6. Achetez-vous le journal chaque jour? _____

7. Regardez-vous souvent la télé? _____

8. À la télé, regardez-vous les programmes de sport? _____

9. Étudiez-vous la chimie? _____

4 **Oui ou non?** Read how certain people feel or act toward others. On the basis of this information, make affirmative or negative sentences. Use direct-object pronouns. *[Section B, p. 308]*

✱ Marc aime Caroline. (trouver intéressante)
   Il la trouve intéressante.

1. Vincent déteste Luc. (trouver sympathique)

   _____

2. Nous invitons souvent nos voisins. (connaître bien)

   _____

3. Je n'ai pas de sympathie pour les gens snobs. (comprendre)

   _____

4. Les étudiants admirent le professeur. (écouter)

   _____

5. Daniel pense souvent à Céline. (oublier)

   _____

6. François est égoïste avec ses amis. (aider)

   _____

5 **Les spectacles.** Say what the following people are seeing today or saw yesterday. Complete the sentences with the appropriate forms of **voir** in the present tense (items 1 to 6) and the **passé composé** (items 7 and 8). *[Section C, p. 313]*

Présent

1. Je _____ un western.

2. Julie et Pierre _____ une comédie.

3. Mon oncle _____ une exposition *(exhibit)*.

4. Vous _____ un film de science-fiction.

5. Tu _____ un documentaire.

6. Nous _____ un film américain.

Passé composé

7. Hier, Charlotte _____ un très bon film.

8. Hier, nous _____ un film italien.

6 **Ce soir.** Do you intend to do the following things tonight? Answer in the affirmative or the negative. Use object pronouns. *[Section D, p. 314]*

❋ Allez-vous aider votre mère? *Oui, je vais l'aider. (Non, je ne vais pas l'aider.)*

1. Voulez-vous écouter vos CD? _____

2. Allez-vous inviter votre meilleure amie? _____

3. Allez-vous acheter le journal? _____

4. Devez-vous faire vos devoirs? _____

5. Devez-vous nettoyer votre chambre? _____

6. Allez-vous regarder la télévision? _____

7 **Le cancre.** *(The poor student.)* Last night Bernard did everything except study. Indicate this as you answer the following questions in the affirmative or in the negative in the **passé composé**. [Section E, p. 315]

✱ Bernard a invité sa copine?   *Oui, il l'a invitée.*

1. Bernard a préparé ses cours? _____

2. Il a appris sa leçon d'anglais? _____

3. Il a fini ses devoirs? _____

4. Il a regardé son nouveau DVD? _____

5. Il a mis la télé? _____

6. Il a étudié la grammaire? _____

À votre tour

Jean-Paul wants to know more about your relationships with different people. Answer his questions.

1. Qui est ton (ta) camarade de chambre? Est-ce que tu l'aides avec ses devoirs? Quelles choses est-ce que tu fais pour lui (elle)?

   _____

   _____

   _____

2. À l'université, qui est ton (ta) meilleur(e) ami(e)? Depuis combien de temps est-ce que tu le (la) connais? Où et quand est-ce que tu l'as rencontré(e)?

   _____

   _____

   _____

3. Où habitent tes cousins? Est-ce que tu les vois souvent? Quand est-ce que tu les as vus pour la dernière fois *(time)*? Quand est-ce que tu vas les voir?

   _____

   _____

   _____

Le français parlé

La langue française

 Vocabulaire: Les études supérieures. Écoutez et répétez.

CD9-17

Je vais à l'université de Montpellier.
Je vais à la faculté de droit.
Je vais à l'école de commerce.

Les études littéraires, artistiques, scientifiques
les lettres
     la littérature, la philosophie, l'histoire, les langues
les beaux-arts
     la peinture, la sculpture, l'architecture
les sciences humaines et sociales
     l'anthropologie, la psychologie
     les sciences politiques, les sciences économiques
les sciences
     la chimie, la biologie, la physique, les mathématiques

Les études professionnelles
     les études d'ingénieur, l'électronique, l'informatique
les études commerciales
     la gestion, la comptabilité, le marketing, la publicité, l'administration des affaires
la médecine, la pharmacie
le droit

Il fait des études de droit.
Le professeur Mayet fait des recherches sur le cancer.
Faites comme moi! Étudiez le français!
Pierre n'est pas venu. Nous sommes partis sans lui.
Marc travaille toujours, même le week-end.
Je vais voyager cet été, même si je n'ai pas beaucoup d'argent.

B **Compréhension orale.** You will hear pairs of sentences. Listen to each pair carefully. If the
CD9-18 second sentence is a logical continuation of the first sentence, mark **logique.** If it is not logical,
mark **illogique.**

1. logique   illogique   5. logique   illogique

2. logique   illogique   6. logique   illogique

3. logique   illogique   7. logique   illogique

4. logique   illogique   8. logique   illogique

C **Le verbe *connaître*.** Écoutez et répétez.
CD9-19

Je dois connaître ta tante.

Je connais Mélanie.

Tu connais Antoine.

On connaît le professeur.

Nous connaissons nos voisins.

Vous connaissez un restaurant chinois.

Elles connaissent bien Paris.

J'ai connu tes cousins en France.

D **Identification de formes.** You will hear Charlotte commenting about several people. Is she
CD9-20 talking about her boyfriend, her sister, or her cousins? Listen carefully to the object pronoun
in each sentence. If it is **le,** she is talking about her boyfriend **Stéphane.** If the object pronoun
is **la,** she is referring to her sister **Annie.** If the pronoun is **les,** she is talking about her cousins
Julien et Pierre. Choose which person she is talking about.

1. Stéphane   Annie   Julien et Pierre   5. Stéphane   Annie   Julien et Pierre

2. Stéphane   Annie   Julien et Pierre   6. Stéphane   Annie   Julien et Pierre

3. Stéphane   Annie   Julien et Pierre   7. Stéphane   Annie   Julien et Pierre

4. Stéphane   Annie   Julien et Pierre   8. Stéphane   Annie   Julien et Pierre

E **Situation: Moi aussi.** Mélanie is talking about things she does. Say that you do the same
CD9-21 things, using direct-object pronouns in your statements. Then listen to check your answer.

❋ MÉLANIE: Je comprends mes parents.

   VOUS: *Moi aussi, je les comprends.*

F **Conversation: Les garçons, non. Les filles, oui.** You have been invited to a party, and
CD9-22 Jean-Michel is asking whether you know certain people. Answer that you know all the girls,
but not the boys. Then listen to check your answer.

❋ JEAN-MICHEL: Tu connais Paul?

   VOUS: *Non, je ne le connais pas.*

G **Le verbe *voir*.** Écoutez et répétez.

CD9-23

Je vais voir un film.

Je vois mes amis ce week-end.

Tu vois souvent tes grands-parents?

Elle voit souvent ses copains.

Nous voyons un film ce soir.

Vous voyez bien sans lunettes?

Ils voient leurs copains ce soir.

Quel film est-ce que tu as vu?

H **Conversation: Oui, bien sûr!** Imagine you are in a good mood. Answer *yes* to Nathalie's ques-
CD9-24 tions. Use the appropriate direct-object pronouns. Then listen to check your answer.

✳ NATHALIE: Vas-tu faire le ménage?

VOUS: *Oui, bien sûr, je vais le faire!*

I **Conversation: Oui et non.** Antoine is asking you a series of questions in the **passé composé**.
CD9-25 Answer him using direct-object pronouns. Answer the first group of questions in the affirmative. Then listen to check your answer.

✳ ANTOINE: Tu as invité Pierre?

VOUS: *Oui, je l'ai invité.*

Now answer his next set of questions in the negative. Then listen to check your answer.

✳ ANTOINE: Tu as invité Marie?

VOUS: *Non, je ne l'ai pas invitée.*

Dialogue

J **Où et quand?** Céline will ask you a series of questions about when and where things happened
CD9-26 in the past. Answer her using the suggestions given. Then listen to check your answer.

✳ en Suisse

MÉLANIE: Où as-tu appris le français?

VOUS: *Je l'ai appris en Suisse.*

1. il y a deux ans
2. au café
3. lundi
4. pendant les vacances

5. à la Fnac
6. à huit heures
7. pour demain soir
8. au marché

Phonétique

K **La consonne /l/.** In French, the consonant /l/ is always pronounced with the tongue touching
CD9-27 the upper front teeth. In English, the tongue is often farther back in the mouth.

Contrastez: il *eel*   l'eau *low*
Répétez:

le   la   les   livre   lecteur   là-bas   lunettes

allez   voulez   vélo   salade   poulet   blanc   plat

il   ville   mille   facile   sole   nouvelle   quelle   je m'appelle

Dictée

L **Élodie et Vincent.**

CD9-28

_____ Élodie? Moi, _____ bien. Je

_____ l'année dernière à Paris. Je vais _____

à la fête. Elle _____ avec son cousin Vincent. Je

_____, mais ses amis _____ très

sympathique. Il _____ à l'Université de Grenoble.

LEÇON **21** Problèmes, problèmes

Le français écrit

1 **À la bibliothèque.** The following students are at the library. Those on the left write while those on the right read. Express this by completing the sentences below with the appropriate forms of the verbs **écrire** and **lire** in the present tense (items 1 to 4) and the **passé composé** (item 5). *[Section A, p. 320]*

écrire	**lire**
✱ Pierre _**écrit**_____ à sa copine.	Élodie _**lit**_____ le journal.
1. J' _____ une lettre.	Ces étudiants _____ un roman.
2. Nous _____ dans nos cahiers.	Je _____ un email.
3. À qui _____ -vous?	Qu'est-ce que nous _____ ?
4. Mes amis _____ à leurs copains.	Ces filles _____ *L'Express*.
5. Hier, tu _____ à ton grand-père.	Hier, vous _____ *Le Figaro*.

2 **Des excuses.** Nobody wants to study today. Give each person's excuse. Use the construction **dire que,** as in the model. *[Section A, p. 320]*

✱ Mathieu / devoir aider ses parents

   Mathieu dit qu'il doit aider ses parents.

1. tu / avoir la grippe *(flu)*

_____

2. nous / avoir une entrevue professionnelle

_____

3. vous / devoir aller chez le dentiste

_____

4. Mélanie / être fatiguée

_____

5. je / être malade *(sick)*

_____

6. mes amis / aller chez le médecin

_____

3 **Rapports personnels.** Say whether or not you do certain things for the people below. Use the expressions in parentheses and the appropriate indirect-object pronouns. Your sentences may be affirmative or negative. *[Section B, p. 322]*

✱ votre meilleur ami (téléphoner)   ***Oui, je lui téléphone.***

   ou: ***Non, je ne lui téléphone pas.***

1. votre meilleure amie (raconter tout)

   _____

2. votre professeur (demander des conseils)

   _____

3. vos copains (envoyer des textos)

   _____

4. votre camarade de chambre (parler de vos problèmes)

   _____

5. vos parents (dire toujours la vérité)

   _____

4 **Bons et mauvais rapports.** Describe the relationships between the following people. Complete the sentences below with the appropriate direct-object (**le, la, l', les**) or indirect-object (**lui, leur**) pronouns. *[Section B, p. 322]*

✱ Voici Aurélie. Pierre __*la*__ connaît bien. Il __*lui*__ téléphone souvent.

1. Voici mes amis. Je _____ aime bien, mais je ne _____ comprends pas

   toujours.

2. Voici Pauline. Clément _____ écrit souvent. Il _____ envoie des poèmes.

3. Voici Vincent. Pierre _____ rend visite. Il _____ rend ses CD.

4. Voici Aline et Monique. Nous allons _____ écrire un email. Nous allons

   _____ demander si elles veulent aller au restaurant ce week-end.

5. Voici Youcef et Ali. Je _____ téléphone parce que je veux _____ dire

   quelque chose.

6. Voici Antoine. Je _____ déteste. Je ne _____ parle jamais.

5 **Merci!** Read what the following people need or want to do. Say what their friends are doing for them. Use the verb in parentheses and the appropriate object pronoun. Use the present tense in sentences 1 to 4 and the **passé composé** in sentences 5 to 8. [Section C, p. 326]

❋ J'ai soif. Jacqueline _**m'invite**_____ au café. (inviter)

❋ Nous avons parlé à Céline. Elle _**nous a dit**_____ la vérité. (dire)

Présent

1. Nous avons besoin d'argent. Nos amis _____ 50 euros. (prêter)

2. Tu es seul ce week-end. Nous _____. (rendre visite)

3. Je ne connais pas cette ville. Mes amis _____ la ville. (montrer)

4. Vous ne comprenez pas la question. Le professeur _____. (aider)

Passé composé

5. J'ai célébré mon anniversaire. Mes parents _____ au restaurant. (inviter)

6. Tu as organisé une surprise-partie. Je _____ mes CD. (prêter)

7. Nous avons écrit à Émilie. Elle _____ (répondre)

8. Céline a un nouveau PC. Je _____ un email hier. (envoyer)

6 **Au bureau de tourisme.** You are in charge of a tourist office in France. Your assistant asks you if he should do certain things. Answer him in the affirmative or in the negative using the appropriate object pronouns. [Section D, p. 328]

Votre assistant	**Vous**
❋ J'aide cette étudiante?	Oui, *aidez-la!*
❋ Je prête ce guide?	Non, *ne le prêtez pas!*
1. Je téléphone à M. Leblanc?	Non, _____
2. Je parle à cette personne?	Non, _____
3. Je réponds à ces personnes?	Oui, _____
4. J'envoie cet email?	Non, _____
5. J'écris à ce client japonais?	Oui, _____
6. J'aide ce touriste?	Oui, _____

7 **Mais oui.** Answer the following questions affirmatively, replacing the underlined words with the appropriate object pronouns. *[Section E, p. 330]*

❋ Est-ce que le professeur explique <u>la grammaire</u> <u>aux élèves</u>?

Oui, il la leur explique.

1. Est-ce que tes parents <u>t</u>'envoient <u>tes DVD</u>?

   _____

2. Est-ce que Marc prête <u>ses CD</u> <u>à son camarade de chambre</u>?

   _____

3. Est-ce que Yasmina donne <u>son numéro de téléphone</u> <u>à Fatima</u>?

   _____

4. Est-ce que vous <u>me</u> montrez <u>vos photos</u>?

   _____

5. Est-ce que Charlotte <u>nous</u> vend <u>son scooter</u>?

   _____

À votre tour

Isabelle wants to know more about your relationships with other people. Answer all her questions.

1. Quand est l'anniversaire de ton (ta) meilleur(e) ami(e)? Qu'est-ce que tu vas lui donner? Qu'est-ce que tu lui as donné l'année dernière? Qu'est-ce qu'il (elle) t'a donné pour ton anniversaire?

   _____

   _____

   _____

2. En général, est-ce que tu prêtes tes affaires *(things)* à tes copains? Qu'est-ce que tu leur prêtes et qu'est-ce que tu ne leur prêtes pas? Et eux, qu'est-ce qu'ils te prêtent?

   _____

   _____

   _____

3. Quand tu voyages, est-ce que tu écris à tes parents? Qu'est-ce que tu leur envoies? Est-ce que tu leur achètes des cadeaux? Qu'est-ce que tu leur as acheté récemment *(recently)*?

   _____

   _____

   _____

Le français parlé

La langue française

A Les verbes *dire, lire* et *écrire*. Écoutez et répétez.

CD10-2

dire	lire	écrire
Je dis que j'ai raison.	Je lis un magazine.	J'écris une lettre.
Tu dis une chose stupide.	Tu lis une annonce.	Tu écris à un ami.
On dit que c'est vrai.	Il lit un article.	Elle écrit à une amie.
Nous disons la vérité.	Nous lisons un livre.	Nous écrivons un poème.
Vous dites que c'est facile.	Vous lisez le journal.	Vous écrivez un roman.
Ils disent que j'ai tort.	Ils lisent une lettre.	Elles écrivent à un ami.
J'ai dit la vérité.	J'ai lu ce journal.	J'ai écrit à ma tante.

B Vocabulaire: On lit, on écrit, on dit. Écoutez et répétez.

CD10-3

On lit...

le courrier	une annonce
un journal	une bande dessinée
les journaux	une histoire
un magazine	une nouvelle
un message	les nouvelles
un roman	une revue
un roman policier	

On écrit...

un blog	une carte
un email, un mail	une carte postale
un journal	une lettre
un poème	
un texto, un SMS	

On dit...

un mensonge	la vérité
un mot	une phrase

C Situation: Ils étudient trop! The following students think that they are studying too much.

CD10-4 Express their opinions by completing the sentences with the appropriate form of **étudier trop**. Then listen to check your answer.

✱ Nous pensons   *Nous pensons que nous étudions trop.*

D **Les pronoms _lui_ et _leur_.** Pierre is asking questions. Mélanie answers him, using the indirect-
CD10-5 object pronouns **lui** and **leur**. Listen to the questions and answers and repeat only the answers.

E **Identification de formes.** You will hear Charlotte speaking. Can you tell whether she is
CD10-6 referring to her sister Monique or to her cousins Marc and Éric? Listen carefully to the
pronouns. If you hear **lui,** the speaker is talking about one person. Mark **Monique.** If you
hear **leur,** she is talking about more than one person. Choose **Marc et Éric.**

1. Monique   Marc et Éric   5. Monique   Marc et Éric

2. Monique   Marc et Éric   6. Monique   Marc et Éric

3. Monique   Marc et Éric   7. Monique   Marc et Éric

4. Monique   Marc et Éric   8. Monique   Marc et Éric

F **Vocabulaire: Quelques verbes utilisés avec un complément d'objet indirect.** Écoutez et
CD10-7 répétez.

parler à quelqu'un

    Qui a parlé à Julien?

    As-tu posé la question au prof?

    Hier, j'ai rendu visite à Marc.

    Réponds à Charlotte.

    Téléphonez à vos amis.

demander quelque chose à quelqu'un

    Demande des conseils à ton père.

    As-tu dit la vérité à ton copain?

    Je donne une revue à Pauline.

    J'ai écrit une lettre à Cécile.

    As-tu envoyé un email à Éric?

    J'ai montré mes photos à Michel.

    Je prête mon cahier à Sophie.

    Je dois rendre ce CD à Aurélie.

G **Conversation: Hier.** Amélie will ask you if you did certain things yesterday. First answer her
CD10-8 questions in the affirmative, using indirect-object pronouns. Then listen to check your answer.

✱ Avez-vous rendu votre devoir au prof?   _**Oui, je lui ai rendu mon devoir.**_

Now answer in the negative. Then listen to check your answer.

✱ Avez-vous rendu visite à vos copains?   _**Non, je ne leur ai pas rendu visite.**_

H **Jouons un rôle: Mais oui!** Yasmina is asking Ali various things. Ali says *yes* to everything. Play
CD10-9 the role of Ali as in the model. Then listen to check your answer.

✳ YASMINA: Tu me téléphones?

    ALI: *Mais oui, je te téléphone.*

Now Yasmina is asking Ali questions about herself and her sister Fatima.

✳ YASMINA: Tu nous donnes cinq euros?

    ALI: *Mais oui, je vous donne cinq euros.*

I **Situation: Un ami français.** Ask a French friend to do the following things for you. Then listen
CD10-10 to check your answer.

✳ téléphoner ce soir   *Téléphone-moi ce soir!*

J **L'ordre des pronoms.** Écoutez et répétez seulement la deuxième phrase.
CD10-11

Je prête mon vélo à Alice.   Je le lui prête.

Tu envoies cette carte à tes cousins.   Tu la leur envoies.

Nous montrons nos photos à Éric.   Nous les lui montrons.

Vous me donnez le journal.   Vous me le donnez.

Cécile te donne son adresse.   Elle te la donne.

Paul nous vend sa chaîne-stéréo.   Il nous la vend.

Sylvie vous prête ses DVD.   Elle vous les prête.

Donne-moi ton adresse.   Donne-la-moi.

Montrez-nous vos photos.   Montrez-les-nous.

K **La photo.** Élodie is asking to whom Anne is giving her photograph. Answer her according to
CD10-12 the suggestions given. Then listen to check your answer.

✳ oui

Est-ce qu'Anne donne sa photo à son ami Paul?   *Oui, elle la lui donne.*

1. oui   2. oui   3. non   4. non

L **Situation: S'il te plaît!** You will hear François asking certain things of his friends. Rephrase his
CD10-13 requests using two object pronouns. Then listen to check your answer.

✳ Prête-moi ta guitare!   *Prête-la-moi, s'il te plaît.*

Dialogue

M **Qu'est-ce que tu fais?** Thomas is asking you several questions. Answer him according to the
CD10-14 illustrations. Then listen to check your answer.

✱ THOMAS: Qu'est-ce que tu écris à tes grands-parents?

VOUS: *Je leur écris une carte postale.*

1.

2.

3.

4.

5.

6.

© Cengage Learning

Phonétique

N **Les voyelles /ø/ et /œ/.** The French vowels /ø/ and /œ/ have no counterpart in English. In
CD10-15 written French, they are represented with the letters "eu" or "oeu."

• The vowel /ø/ occurs at the end of a word or before the sound /z/. Pronounce it by rounding
your lips tensely as you say /e/.
Répétez: d<u>eu</u>x   j<u>eu</u>   je v<u>eu</u>x   je p<u>eu</u>x   il pl<u>eu</u>t   séri<u>eu</u>x   séri<u>eu</u>se

• The vowel /œ/ occurs in the middle of a word or before a consonant sound.
Répétez: l<u>eu</u>r   b<u>eu</u>rre   meill<u>eu</u>r   h<u>eu</u>re   j<u>eu</u>di   bonh<u>eu</u>r   <u>Eu</u>rope
<u>oeu</u>f   b<u>oeu</u>f   s<u>oeu</u>r   hors-d'<u>oeu</u>vre

Dictée

O **J'ai besoin de mon livre.**
CD10-16

_____ Mélanie, n'est-ce pas? Elle _____

de toi quand je _____ visite hier. Je _____

un livre, et maintenant _____ ce livre. Je veux

_____. _____ son numéro de téléphone,

s'il te plaît!

VIE PRATIQUE 7: LA TECHNOLOGIE

🔊 Écouter et parler

A **Mon ordinateur.** Écoutez bien. Jean-Marc vous parle de son ordinateur. Pour chaque phrase, CD10-17 écrivez la lettre qui correspond.

1. _____

2. _____

3. _____

4. _____

5. _____

6. _____

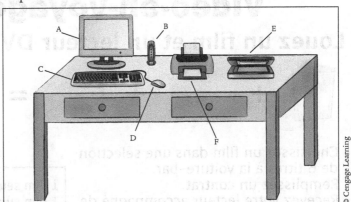

© Cengage Learning

B **De quoi ont-il besoin?** Écoutez les projets des personnes suivantes. Puis dites de quel CD10-18 équipement électronique ils ont besoin. Puis écoutez la confirmation.

1. Michel: Say he needs a cell phone.
2. Vanessa: Say she needs a DVD player.
3. Pierre: Say he needs a digital camera.
4. Yasmina: Say she needs a camcorder.
5. Amadou: Say he needs an MP3 player.
6. Christine: Say she needs an ebook reader.

C **Quand on est connecté...** Écoutez les activités suivantes. Puis indiquez s'il faut être connecté CD10-19 ou pas.

A. Il faut être connecté à l'Internet.
B. On n'a pas besoin d'être connecté à l'Internet.

1. A   B   4. A   B   7. A   B

2. A   B   5. A   B   8. A   B

3. A   B   6. A   B   9. A   B

D **Internet.** Comment est-ce que les gens utilisent leur ordinateur? Répondez aux questions. Puis CD10-20 écoutez la confirmation.

1. Say that Philippe does research.
2. Say that Charlotte pays her bills online.
3. Say that Béatrice loves to chat with her friends.
4. Say that Martin sends photos to his family.
5. Say that Vanessa likes to download songs.
6. Say that Pascal keeps up with the sports news.

Lire et écrire

E **Vidéo-en-voyage.** Imaginez que vous êtes en France et que vous prenez le train de Paris à Cannes. Le voyage est long et vous avez envie de voir un film. Regardez la publicité et répondez aux questions suivantes.

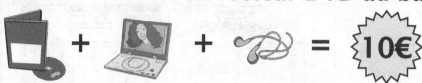

Vidéo-en-voyage
Louez un film et un lecteur DVD au bar

= 10€

- Choisissez un film dans une sélection de 6 titres à la voiture–bar.
- Remplissez un contrat.
- Recevez votre lecteur accompagné de sa batterie et de son casque.
- Payez par carte bancaire uniquement.

1 film seul:	5 €
1 film supplémentaire:	5 €
1 casque supplémentaire:	3 €

Visionnez votre film en toute tranquillité.

En louant un second casque, vous partagez ce moment à deux.

Retournez l'ensemble du matériel à la voiture–bar avant votre arrivée.

1. Dans quelle voiture du train pouvez-vous louer un DVD?

_____

2. Qu'est-ce que vous recevez pour dix euros?

_____

3. Combien coûte un casque *[headset]* supplémentaire?

_____

4. Parmi *(Among)* combien de titres [films] différents pouvez-vous choisir?

_____

5. Si vous voulez voir deux films pendant le voyage, combien coûte un film supplémentaire?

_____

6. Si vous avez votre lecteur DVD personnel, vous pouvez louer seulement le film. Combien coûte un film seul?

_____

IMAGES DU MONDE FRANCOPHONE 7:
LE QUÉBEC

A **L'identité québécoise.** Lisez le texte (p. 336). Puis complétez les phrases suivantes.

1. Le Québec a la plus grande population francophone du monde après (a) la Belgique, (b) la France.
2. La majorité des Québécois francophones sont les descendants des colons français établis en «Nouvelle-France» (a) aux dix-septième et dix-huitième siècles, (b) au vingtième siècle.
3. En 1763, ces colons français deviennent sujets (a) britanniques, (b) espagnols.
4. Les «Canadiens français» maintiennent leur identité en préservant leur culture et surtout (a) leur musique, (b) leur langue.
5. En 1950, les Canadiens français sont 4 millions et représentent (a) 90%, (b) 75%, de la population de la Province de Québec.
6. Une transformation radicale de cette situation commence avec la «Révolution tranquille» (a) des années 1960, (b) des années 1990.
7. Les francophones prennent le pouvoir politique avec le slogan (a) «Soyons maîtres de chez nous», (b) «Je me souviens».
8. Une nouvelle identité collective s'affirme par (a) la «francisation», (b) la nationalisation.
9. Sur la question des relations avec le reste du Canada, l'opinion québécoise est (a) unanime, (b) divisée.
10. La solution de la «souveraineté» du Québec est rejetée dans deux référendums; (a) la question reste ouverte, (b) la question est fermée.

B **Un peu d'histoire.** Lisez «Un peu d'histoire» (p. 337). Puis indiquez à quelle période les événements suivants ont eu lieu.

      A. La période amérindienne
      B. La période française (1534–1763)
      C. La période anglaise (1763–1960)
      D. La période québécoise (1960–)

1. _____ La Guerre franco-anglaise avec la victoire des Anglais et de leurs alliés Iroquois.
2. _____ La fondation de l'université Laval à Québec.
3. _____ Samuel Champlain fonde Québec.
4. _____ Le français devient la langue officielle du Québec.
5. _____ Les marins vikings explorent les côtes canadiennes.
6. _____ Le Canada devient une colonie anglaise: Traité de Paris.
7. _____ Jacques Cartier «découvre» le fleuve Saint-Laurent et le site de Montréal.
8. _____ Les Québécois votent «non» aux référendums sur la souveraineté du Québec.
9. _____ Le nord-est du Canada est habité par des tribus Inuits, Algonquins et Iroquois.
10. _____ Jolliet, Marquette et Duluth explorent les Grands Lacs.

C **La Saint-Jean.** [Écoutez!] Lisez le texte sur la Saint-Jean (p. 338). Puis écoutez la description et indiquez si les phrases sont vraies ou fausses.

CD10-21

1. vrai faux   3. vrai faux   5. vrai faux   7. vrai faux

2. vrai faux   4. vrai faux   6. vrai faux   8. vrai faux

D **Le français québécois.** Lisez l'article sur le français québécois (p. 340). Puis complétez les phrases suivantes avec les dates qui manquent.

1. Vers _____, les habitants de la Nouvelle-France parlaient un excellent français qui était maintenu par les *Filles du Roy*.

2. Après _____, les Québécois ont perdu contact avec la France et la langue a évolué de façon indépendante.

3. Dans les années _____, l'usage du français a symbolisé l'émergence de la nouvelle identité québécoise.

4. En _____, le français a été reconnu comme la seule langue officielle du Québec.

5. En _____, la Loi 101 a établi la «Charte de la langue française».

E **Quelques voix québécoises.** [Écoutez!] Écoutez les descriptions de trois chanteurs québécois (p. 341). Puis identifiez chaque chanteur en écrivant la lettre correspondante.

CD10-22

1. _____

2. _____

3. _____

A. © Canadian Press   B. © AP/Wide World Photos   C. © Canadian Press

F **Après la lecture.** Quels sont les trois faits les plus importants que vous avez appris sur le Québec?

1. _____

_____

_____

2. _____

_____

_____

3. _____

_____

_____

UNITÉ 8 Hier et aujourd'hui

LEÇON 22 La vie urbaine

Le français écrit

1 **La bonne vie.** *(The good life.)* Informez-vous sur les personnes suivantes et dites comment elles vivent. Utilisez l'expression **vivre bien** dans des phrases affirmatives ou négatives au présent (phrases 1 à 4) et au passé composé (phrases 5 et 6). *[Section A, p. 348]*

Présent

1. Mme Richard est millionnaire. Elle _____

2. Nous habitons dans une chambre d'étudiant minuscule. Nous _____

3. Tu manges trop et tu ne fais pas d'exercice. Tu _____

4. J'ai un très bon salaire. Je _____

Passé composé

5. Mes grands-parents ont gagné un million à la loterie. Ils _____

6. M. Bénier a trop travaillé et il n'a pas gagné d'argent. Il _____

2 **Leurs talents.** Lisez la description des personnes suivantes. Ensuite décrivez leurs talents ou leur manque *(lack)* de talent. Pour cela, utilisez la construction **savoir** + infinitif dans des phrases affirmatives ou négatives. Soyez logique! *[Section B, p. 349]*

✱ Tu nages très mal.   ***Tu ne sais pas nager.***

1. Mes amis jouent du saxophone. _____

2. Nous parlons français. _____

3. Je ne joue pas au bridge. _____

4. David chante mal. _____

5. Julie danse bien. _____

6. Vous faites bien la cuisine. _____

3 Dans notre quartier. Complétez les phrases suivantes avec la forme appropriée de **connaître** ou de **savoir** au présent. *[Section C, p. 350]*

1. Vous _____ où est le cinéma, mais est-ce que vous _____

   à quelle heure est le film?

2. Je _____ mes voisins, mais je ne _____ pas leurs parents.

3. Nous _____ M. Monnier, mais nous ne _____

   pas où il travaille.

4. Est-ce que tu _____ ce restaurant? Est-ce que tu _____

   si la cuisine est bonne?

5. Mes amis _____ Céline, mais ils ne _____ pas l'immeuble

   où elle habite.

4 Opinions personnelles. Donnez votre opinion sur les personnes et les choses suivantes selon le modèle. *[Section D, p. 352]*

✳ Québec / une ville / être très moderne
   Québec est une ville qui (n')est (pas) très moderne.

1. Boston et San Francisco / des villes / être très agréables

   _____

2. les Américains / des gens / être idéalistes

   _____

3. le président / un homme / avoir beaucoup d'idées

   _____

4. les Humvee / des voitures / consommer *(to consume)* beaucoup d'essence *(gas)*

   _____

5 Oui ou non? Répondez affirmativement ou négativement aux questions suivantes. Vous pouvez utiliser un adverbe dans vos réponses. *[Section E, p. 354]*

✳ Vous aimez Chicago?   *Oui,* c'est une ville *que j'aime beaucoup.*

   ou: *Non,* c'est une ville *que je n'aime pas beaucoup.*

1. Vous connaissez Montréal?   _____, c'est une ville _____

2. Vous admirez le président?   _____, c'est un homme _____

3. Vous respectez les écologistes?   _____, ce sont des personnes _____

4. Vous lisez *Time* magazine?   _____, c'est un magazine _____

6 **Qui ou que?** Complétez les phrases avec le pronom relatif approprié. [*Section F, p. 355*]

✻ Voici un livre...

 qui est extraordinaire.

 que j'aime beaucoup.

1. Où est le magazine...

 _____ j'ai acheté?

 _____ tu as lu?

 _____ parle des élections?

 _____ montre des photos extraordinaires?

 _____ vous avez trouvé sur la table?

2. Invitez-vous les gens...

 _____ sont amusants?

 _____ vont à l'université avec vous?

 _____ vous trouvez sympathiques?

 _____ vous invitent?

 _____ vous n'aimez pas?

3. Qui est le garçon...

 _____ a téléphoné?

 _____ tu attends?

 _____ t'a prêté sa voiture?

 _____ passe dans la rue?

 _____ tu invites chez toi?

4. Voilà des CD...

 _____ viennent de France.

 _____ j'écoute souvent.

 _____ mes parents ont achetés.

 _____ coûtent sept euros.

 _____ sont extraordinaires.

7 **À Paris.** Les personnes suivantes sont à Paris. Dites ce qu'elles font en complétant les phrases avec **qui** ou **que (qu')**. [*Section F, p. 355*]

1. Mlle Simonin habite dans un appartement _____ a une belle vue *(view)* sur la Tour

 Eiffel. Mes cousins habitent dans un studio _____ ils louent pour 1 000 euros par mois.

2. Nous travaillons dans un quartier _____ est très commerçant *(commercial)*. M. Moreau

 travaille dans une usine _____ est située dans la banlieue.

3. Ces étudiants vont à un cours _____ ils suivent depuis septembre. Je suis le cours d'un

 professeur _____ je trouve très intéressant.

4. Nous déjeunons dans un restaurant _____ sert des spécialités vietnamiennes. Les

 touristes dînent dans un restaurant _____ le Guide Michelin recommande.

À votre tour

Élisabeth, une amie française, demande votre opinion sur certains sujets. Répondez-lui en utilisant, si possible, des phrases avec **qui** et **que.**

❋ Est-ce que tu connais San Francisco? Que penses-tu de cette ville?

Je ne connais pas San Francisco.

C'est une ville que je n'ai jamais visitée, mais que j'aimerais beaucoup visiter.

C'est une ville qui a beaucoup de charme.

1. Est-ce que tu connais Miami? Que penses-tu de cette ville?

   _____

   _____

   _____

2. Est-ce que tu lis le magazine *People*? Que penses-tu de ce magazine?

   _____

   _____

   _____

3. Est-ce que tu aimes les films de Martin Scorsese? Que penses-tu de ses films?

   _____

   _____

   _____

4. Est-ce que tu écoutes souvent Céline Dion? Que penses-tu de cette chanteuse?

   _____

   _____

   _____

Le français parlé

La langue française

A **Vocabulaire: La vie urbaine.** Écoutez et répétez.

CD10-23 Où habitez-vous?

> J'habite à Montpellier.
>
> J'habite dans une petite ville.
>
> J'habite dans une grande ville.
>
> J'habite à la campagne.
>
> J'habite dans un village.
>
> Ma ville a 100 000 habitants.

Dans quelle partie de la ville habitez-vous?

> J'habite en ville.
>
> J'habite au centre-ville.
>
> J'habite dans la banlieue.
>
> J'habite dans un lotissement.
>
> J'habite dans un quartier.

Dans quel genre de résidence?

> J'habite dans un appartement.
>
> J'habite dans un immeuble.
>
> J'habite dans une maison individuelle.
>
> J'habite dans une tour.

Mon quartier est...

agréable	neuf	bruyant
animé	moderne	sale
calme	ordinaire	ancien
propre	triste	

La vie urbaine a des avantages:

> l'animation
>
> la vie culturelle
>
> la diversité de la population
>
> la possibilité d'emploi

La vie urbaine a aussi des problèmes:

> le bruit
>
> la circulation
>
> la pollution
>
> la criminalité

B   **Vocabulaire: Expressions utiles.**   Écoutez et répétez.

CD10-24   Êtes-vous pour ou contre la vie urbaine?

J'aime la ville. Toi, au contraire, tu préfères la campagne.

Ma ville a au moins cent mille habitants.

Dans quel genre de quartier habitez-vous?

Quelle sorte de résidence préfères-tu?

Comment gagnez-vous votre vie?

C   **Le verbe *vivre*.**   Écoutez et répétez.

CD10-25   J'aime vivre à la campagne.

Je vis en ville.

Tu vis au centre-ville.

On vit dans la banlieue.

Nous vivons bien.

Vous vivez mal.

Elles vivent confortablement.

J'ai vécu trois ans en France.

D   **Le verbe *savoir*.**   Écoutez et répétez.

CD10-26   Je dois savoir la réponse.

Je sais parler français.

Tu sais faire du ski.

On sait jouer au tennis.

Nous savons où tu habites.

Vous savez qui va venir ce soir?

Elles savent la date de l'examen.

J'ai su la réponse à cette question.

E   **Situation: Le savoir.**   You will hear what various people do. Say they know how to do these

CD10-27   things. To do this, use the appropriate form of **savoir** plus the infinitive. Then listen to check your answer.

✳ Amélie joue au tennis.   *Elle sait jouer au tennis.*

F   **Situation: Bien sûr!**   You will hear certain names and certain facts. Say that you know the cor-

CD10-28   responding people, places, or facts, using **je connais** or **je sais,** as appropriate. Then listen to check your answer.

✳ Chicago   *Bien sûr! Je connais Chicago.*

G **Situation: C'est vrai!** You will hear a series of statements. Agree with them according to the
CD10-29 model. Then listen to check your answer.

❋ Nice est une ville très agréable.   *C'est vrai! C'est une ville qui est très agréable.*

H **Conversation: Oui, c'est ça!** Amélie will ask you a series of questions. Answer her in the affir-
CD10-30 mative according to the model. Then listen to check your answer.

❋ Tu achètes cette veste?   *Oui, c'est la veste que j'achète.*

I **Situation: Comment s'appelle-t-elle?** Julien wants to know the names of various girls he
CD10-31 notices. Formulate his questions using **qui** or **que** as appropriate. Then listen to check your
answer.

❋ Une fille passe dans la rue.   *Comment s'appelle la fille qui passe dans la rue?*

❋ Thomas connaît une fille.   *Comment s'appelle la fille que Thomas connaît?*

Dialogue

J **Où habites-tu?** Clément va vous poser des questions sur l'endroit où vous habitez. Répondez-
CD10-32 lui. Puis indiquez vos réponses. Il n'y a pas de confirmation parce que les réponses vont varier.

1. dans une ville   à la campagne

2. dans le centre   dans la banlieue

3. dans un immeuble   dans une maison individuelle

4. oui   non

5. oui   non

6. oui   non

7. _____ habitants

Phonétique

K **Les lettres «an» et «am».** It is important to distinguish between the nasal and non-nasal pro-
CD10-33 nunciations of "an" and "am."

- The letters "an" + *consonant* represent the nasal vowel /ã/; the "n" is not pronounced.
  Répétez: <u>an</u>cien b<u>an</u>lieue habit<u>an</u>t av<u>an</u>tage j<u>an</u>vier vi<u>an</u>de dem<u>an</u>der

- The letters "am" + *consonant* represent the nasal vowel /ã/; the "m" is not pronounced.
  Répétez: c<u>am</u>pagne ch<u>am</u>pagne j<u>am</u>bon p<u>am</u>plemousse l<u>am</u>pe

- The letters "an(n)" + *vowel* are pronounced /an/.
  Répétez: <u>an</u>imation <u>an</u>imé <u>an</u>née <u>an</u>nonce <u>an</u>niversaire <u>An</u>nette

- The letters "am(m)" + *vowel* are pronounced /am/.
  Répétez: <u>am</u>i <u>am</u>usant <u>am</u>éricain c<u>am</u>arade vietn<u>am</u>ien dyn<u>am</u>ique fl<u>amm</u>e

Dictée

L Ma voisine.

CD10-34 J'habite _____ qui n'est pas _____

mais _____ je trouve _____.

Je connais _____. J'ai _____ est très

sympathique et _____ souvent chez moi. C'est une étudiante

_____ a passé _____ dans une université

américaine.

LEÇON **23** Le premier rendez-vous

Le français écrit

1 **Samedi dernier.** Pour Aurélie et Sophie, samedi dernier était une journée mouvementée. Complétez la description en mettant les verbes au passé composé. *[Section A, p. 361]*

  ✹ (être)   Samedi dernier, Aurélie et Sophie __***ont été***_____ en ville.

  1. (faire)   D'abord, elles _____ les courses.

  2. (aller)   Puis, elles _____ au cinéma.

  3. (voir)   Elles _____ un film mexicain.

  4. (entrer)   Après, elles _____ dans un café.

  5. (entendre)   Soudain, elles _____ un grand bruit.

  6. (rentrer)   Un camion _____ dans une voiture.

  7. (monter)   La voiture _____ sur le trottoir *(sidewalk)*.

  8. (renverser *[knock down]*)   La voiture _____ Sophie.

  9. (ne pas avoir)   Heureusement Sophie _____ mal.

  10. (avoir)   Mais elle _____ très peur. Aurélie aussi!

2 **Les jobs.** Quand ils étaient à l'université, certains étudiants avaient un job et travaillaient. D'autres ne travaillaient pas. Expliquez cela. *[Section B, p. 362]*

  ✹ Frédéric (non)   *Il n'avait pas de job. Il ne travaillait pas.*

  ✹ Hélène (oui)   *Elle avait un job. Elle travaillait dans une boutique.*

  1. Gérard et Louis (oui) _____ dans un garage.

  2. Dominique (oui) _____ dans un cinéma.

  3. Je (non) _____

  4. Vous (non) _____

  5. Nous (oui) _____ dans un café.

  6. Tu (non) _____

3 Hier à midi. Dites où les personnes suivantes étaient hier à midi. Pour cela, mettez l'imparfait du verbe **être** dans le premier espace. Dites aussi ce que faisaient ces personnes. Pour cela, mettez l'imparfait du verbe entre parenthèses dans le second espace. *[Section B, p. 362; Section C, p. 365]*

✱ Anne et Paul _**étaient**_ au centre commercial. Ils _**achetaient**_ des CD. (acheter)

1. Mme Duroc _____ dans un bistrot. Elle _____ son déjeuner. (finir)

2. J' _____ au café. J' _____ un ami. (attendre)

3. Monique _____ dans un magasin. Elle _____ une veste. (choisir)

4. Mes cousins _____ chez moi. Ils me _____ visite. (rendre)

5. Nous _____ au restaurant. Nous _____ une pizza. (manger)

6. Tu _____ à la poste. Tu _____ une lettre. (envoyer)

4 En 1900. Voici certaines caractéristiques de la période actuelle. Dites si, oui ou non, ces caractéristiques existaient en 1900. Utilisez l'imparfait. *[Section D, p. 366]*

Maintenant	**En 1900**
✱ Les gens regardent la télévision.	*Les gens ne regardaient pas la télévision.*
1. La pollution est un problème sérieux.	_____
2. Les femmes peuvent voter.	_____
3. Les appartements ont l'air conditionné.	_____
4. Les gens ne travaillent pas le samedi.	_____
5. On voyage en avion.	_____
6. Les gens ont des portables.	_____
7. On va au cinéma.	_____

5 **Une fois n'est pas coutume.** *(Once does not make a habit.)* Dites ce que faisaient habituellement les personnes suivantes pendant les vacances et ce qu'elles ont fait un jour particulier. Utilisez les verbes entre parenthèses. *[Section D, p. 366]*

✱ (dormir) Généralement, je **_dormais_** _____ jusqu'à *(until)* huit heures.

Une fois, **_j'ai dormi_** _____ jusqu'à midi.

1. (aller) Le samedi, tu _____ au cinéma.

   Un samedi, _____ dans un club de jazz.

2. (dîner) D'habitude, Céline _____ chez elle.

   Un soir, _____ au restaurant.

3. (faire) Le week-end, nous _____ du camping.

   Un week-end, _____ un voyage en Italie.

4. (sortir) En général, Jacqueline _____ avec Pierre.

   Une ou deux fois, _____ avec Vincent.

5. (retrouver) Habituellement, vous _____ vos amis à la plage.

   Plusieurs fois, _____ vos amis au café.

6 **À Paris.** Des amis parlent de leur séjour à Paris. Complétez les phrases suivantes avec le passé composé ou l'imparfait des verbes entre parenthèses. *[Section D, p. 366]*

1. (suivre) Tous les matins, nous _____ des cours à l'Alliance française.

2. (prendre) D'habitude, je _____ mon petit déjeuner chez moi.

3. (déjeuner) Généralement, je _____ dans un petit café au Quartier latin.

4. (rencontrer) Un jour, Pierre _____ un ami d'université dans la rue.

5. (dîner) Pour son anniversaire, Robert _____ au «Petit Keller».

6. (aller) Le samedi soir, vous _____ au cinéma.

7. (faire) Un samedi après-midi, Élisabeth _____ une promenade à

   Versailles.

8. (communiquer) Chaque soir, je _____ avec ma famille par email.

7 Activités. Dites ce que font les personnes suivantes en complétant les phrases avec le présent d'un des verbes suggérés. *[Section E, p. 370]*

> conduire   construire   détruire   produire   traduire

1. Cécile et Nina sont interprètes aux Nations Unies. Elles _____ le discours *(speech)* du délégué argentin.

2. Mon oncle est vigneron *(wine grower)*. Il _____ un excellent vin.

3. Vous êtes millionnaire. Vous _____ une Rolls-Royce.

4. Tu as décidé d'habiter en France. Tu _____ une maison en Provence.

5. Je nettoie mon bureau. Je _____ toutes les vieilles lettres.

À votre tour

Alain vous pose des questions sur votre vie lorsque *(when)* vous étiez à l'école secondaire. Répondez-lui.

1. Où habitais-tu?

   _____

2. À quelle école allais-tu? Qu'est-ce que tu étudiais?

   _____

3. Regardais-tu souvent la télé? Quel était ton programme favori?

   _____

4. Quels magazines lisais-tu? _____

   _____

5. Qui était ton (ta) meilleur(e) ami(e)? Qu'est-ce que vous faisiez ensemble?

   _____

6. Sortais-tu le week-end? Où allais-tu avec tes copains? Qu'est-ce que vous faisiez?

   _____

   _____

7. Qu'est-ce que tu faisais pendant les vacances? _____

   _____

Le français parlé

La langue française

A **Vocabulaire: La séquence des événements.** Écoutez et répétez.

CD10-35

d'abord	D'abord, nous avons fait les courses.
puis	Puis, nous sommes allés au cinéma.
ensuite	Ensuite, nous sommes allés au café.
enfin	Enfin, nous sommes rentrés chez nous.
finalement	Finalement, je suis allé au lit et j'ai dormi.
	Hier, je suis allé en ville avec des copains.
soudain	Soudain, nous avons entendu un grand bruit.
tout à coup	Tout à coup, nous avons vu l'accident.
immédiatement	Nous avons immédiatement téléphoné à la police.
tout de suite	Une ambulance est arrivée tout de suite.

B **L'imparfait: formation.** Écoutez et répétez.

CD10-36 D'abord, répétez les formes de l'imparfait du verbe **parler.**

je parlais	nous parlions
tu parlais	vous parliez
il parlait	ils parlaient

Maintenant répétez les formes de l'imparfait du verbe **finir.**

je finissais	nous finissions
tu finissais	vous finissiez
il finissait	ils finissaient

Puis répétez les formes de l'imparfait du verbe **vendre.**

je vendais	nous vendions
tu vendais	vous vendiez
il vendait	ils vendaient

Finalement, répétez les formes de l'imparfait du verbe **faire.**

je faisais	nous faisions
tu faisais	vous faisiez
il faisait	ils faisaient

C **L'imparfait: le verbe *être*.** Écoutez et répétez les formes de l'imparfait du verbe **être.**

CD10-37

j'étais	nous étions
tu étais	vous étiez
il était	ils étaient

D **Narration: Avant!** You will hear what certain people are doing now. Say what they were
CD10-38 doing before. Use the imperfect tense and the expressions suggested. Then listen to check your
answer.

❋ une copine

Aurélie parle avec ses parents.　　　　*Avant, elle parlait avec une copine.*

1. en train
2. des cassettes
3. du vin
4. à mes cousines

5. étudiant
6. leurs devoirs
7. avec un groupe d'amis
8. des fax

E **Identification de formes.** You will hear a series of sentences. The action in each sentence takes
CD10-39 place in the past. Was the event isolated and specific, or did it take place on a regular basis?
Listen carefully to the tense of the verb. If the verb is in the **passé composé,** the action was
specific: mark **événement spécifique.** If the verb is in the imperfect, the event occurred on a
regular basis: mark **événement habituel.**

1. événement spécifique　　　　événement habituel
2. événement spécifique　　　　événement habituel
3. événement spécifique　　　　événement habituel
4. événement spécifique　　　　événement habituel
5. événement spécifique　　　　événement habituel
6. événement spécifique　　　　événement habituel
7. événement spécifique　　　　événement habituel
8. événement spécifique　　　　événement habituel

F **Jouons un rôle: Questions.** Clément pose quelques questions à Mathieu. Jouez le rôle de Ma-
CD10-40 thieu en utilisant les informations données. Écoutez pour vérifier la réponse.

❋ sortir avec des copains

　CLÉMENT:　　Qu'est-ce que tu as fait samedi dernier?

　MATHIEU:　　*Je suis sorti avec des copains.*

❋ sortir avec mes parents

　CLÉMENT:　　Et quand tu étais petit, qu'est-ce que tu faisais le samedi soir?

　MATHIEU:　　*Je sortais avec mes parents.*

1. en Espagne
2. en Alsace
3. *King Kong*
4. les films de science-fiction

5. au café
6. au parc
7. lire un roman
8. des bandes dessinées

G **Le verbe _conduire_.** Écoutez et répétez.

CD10-41

Pierre ne veut pas conduire.
Je conduis une Renault.
Tu conduis une Ferrari.
On conduit une Citroën.

Nous conduisons bien.
Vous conduisez mal.
Elles conduisent vite.
J'ai conduit la voiture de mon oncle.

Qui a construit la Tour Eiffel?
Un cyclone a détruit cette maison.
On produit beaucoup de vin en France.
J'ai traduit un article en français.

Dialogue

H **Pendant les vacances.** Yasmina va vous poser des questions sur ce que vous faisiez pendant les
CD10-42 vacances. Répondez-lui en utilisant les informations données. Écoutez pour vérifier la réponse.

	MATIN	APRÈS-MIDI	SOIR
lundi	_travailler au supermarché_		_suivre un cours de judo_
mardi			_sortir avec mes copains_
mercredi		_jouer au basket_	
jeudi		_déjeuner au restaurant_	
vendredi			_aller dans un club_
samedi		_aller à la piscine_	
dimanche	_dormir_	_regarder la télé_	

Phonétique

I **Les lettres «ai».** At the end of a word, the letters "ai" represent the sound /e/. When followed
CD10-43 by a silent consonant, they are also usually pronounced /e/.

> Répétez: j'ai   je fais   je sais   je connais   lait   français   anglais   jamais
> j'étais   tu allais   il vendait   elle parlait   ils vivaient   elles savaient

- In the last syllable of a word when followed by a pronounced consonant, the letters "ai" are
  usually pronounced /ɛ/.

  > Répétez: j'aime   faire   anglaise   semaine   anniversaire   ordinaire

- At the end of a word, or when followed by a consonant, the letters "ain" and "aim" represent
  the nasal vowel /ɛ̃/.

  > Répétez: pain   demain   bain   soudain   Alain   faim   saint   maintenant

- When the letters "ai" are not in the last syllable of a word, they are usually pronounced /ɛ/.

  > Répétez: nous aimons   vaisselle   connaissance   maison

Dictée

J **Le fils des voisins.**
CD10-44 Quand _____ douze ans, _____ dans un petit village.

Je _____ avec Nicolas, le fils des voisins.

C'était _____.

Nous _____ à la plage et _____ des promenades à vélo.

LEÇON **24** Un cambriolage

Le français écrit

1 **La soucoupe volante.** *(The flying saucer.)* Imaginez qu'une soucoupe volante a atterri *(landed)* hier dans votre quartier. Dites ce que chacun faisait au moment de l'atterrissage *(landing)*. Utilisez l'imparfait. *[Section A, p. 376]*

✻ (dîner) Mes amis **dînaient.**

1. (étudier) Yasmina _____

2. (dormir) Nous _____

3. (lire le journal) Vous _____

4. (jouer aux cartes) Tu _____

5. (faire une promenade) Vincent _____

6. (finir une lettre) Je _____

7. (rendre visite à un ami) Nous _____

8. (faire la vaisselle) Sophie _____

9. (attendre votre frère) Vous _____

2 **Le premier jour à l'université.** Décrivez votre premier jour à l'université. Pour cela, répondez aux questions suivantes. *[Section A, p. 376]*

1. Quel jour était-ce? _____

2. Quel temps faisait-il? _____

3. Quel âge aviez-vous? _____

4. Est-ce que vos parents étaient avec vous? _____

5. Est-ce que vous étiez un peu nerveux (nerveuse)? _____

6. Qui avez-vous rencontré? _____

7. À qui est-ce que vous avez parlé? _____

8. Qu'est-ce que vous avez fait l'après-midi? _____

9. Qu'est-ce que vous avez fait le soir? _____

3 **Un événement.** Complétez les phrases suivantes avec l'imparfait ou le passé composé des verbes entre parenthèses. *[Section A, p. 376]*

1. C'_____ (être) le week-end dernier, vers deux heures de l'après-midi.

2. Il _____ (faire) beau.

3. Je n'_____ (avoir) rien à faire.

4. Je (J') _____ (sortir) de chez moi.

5. Je (J') _____ (faire) une promenade sur les Champs-Élysées.

6. Comme je (j') _____ (passer) près de l'Arc de Triomphe,

   je (j') _____ (remarquer) des gens qui

   _____ (regarder) en l'air.

7. Je (J') _____ (voir) un jeune homme

   qui _____ (faire) l'escalade *(scaling)* de l'Arc de Triomphe.

8. Il _____ (porter) un grand drapeau *(flag)* blanc.

9. La police _____ (arriver) et elle _____

   (arrêter) le jeune homme.

10. Un journaliste _____ (demander) au jeune homme

    ce qu'il *(what he)* _____ (faire).

11. Le jeune homme _____ (répondre) qu'il

    _____ (vouloir) protester contre le développement des armes

    nucléaires.

4 **Pourquoi?** Expliquez pourquoi les personnes suivantes ont fait certaines choses. Utilisez l'imparfait et le passé composé selon le modèle. *[Section B, p. 380]*

✳ Nicolas / aller au restaurant / avoir faim

   Nicolas est allé au restaurant parce qu'il avait faim.

1. ma soeur / vendre sa voiture / avoir besoin d'argent

   _____

2. vous / mettre un manteau / avoir froid

   _____

3. Mélanie / rester chez elle / être malade

   _____

4. tu / prendre de l'aspirine / avoir une migraine terrible

   _____

5 **C'est arrivé hier.** Complétez les phrases suivantes avec l'imparfait ou le passé composé des verbes entre parenthèses. *[Section B, p. 380]*

✱ Cet automobiliste **_allait_**_____ (aller) à 150 kilomètres à l'heure quand la police l'**_a arrêté_**_____ (arrêter).

1. Renée _____ (étudier) pendant deux heures et ensuite,

   elle _____ (sortir) avec une copine.

2. Nous _____ (voir) des étudiants qui _____

   (aller) à une manifestation *(demonstration)*.

3. Mon copain Pierre _____ (passer) chez moi pendant que

   je _____ (faire) les courses.

4. Personne n'a entendu le téléphone; mon frère _____ (travailler)

   dans le jardin et moi, je _____ (dormir).

5. Ton oncle _____ (téléphoner) pendant que

   tu _____ (déjeuner) au restaurant.

6. Pendant qu'ils _____ (être) au restaurant,

   un cambrioleur _____ (entrer) chez les Mercier.

6 **Et avant?** Lisez ce que les personnes suivantes ont fait. Dites ce qu'elles avaient fait avant. Utilisez le plus-que-parfait du verbe en italique. *[Section C, p. 382]*

✱ Ce matin, tu *as rencontré* Claudine.

   Hier, tu **_avais rencontré_**_____ sa cousine.

1. Cet après-midi, nous *avons visité* le musée d'Orsay.

   Hier, nous _____ le Centre Pompidou.

2. Cette année, les étudiants *ont suivi* un cours d'histoire.

   L'année d'avant, ils _____ un cours de philosophie.

3. Dimanche, Sophie *est sortie* avec son copain.

   Samedi, elle _____ avec sa camarade de chambre.

4. En 2008, nous *sommes allés* au Mexique.

   En 2007, nous _____ au Chili.

À votre tour

Hier vous avez été témoin d'un cambriolage. La police vous pose des questions.

1. Quelle heure était-il?

_____

2. Quel temps faisait-il?

_____

3. Comment est-ce que le cambrioleur est sorti de la maison? Par la porte ou par la fenêtre?

_____

4. Quels vêtements portait-il?

_____

5. À qui a-t-il passé le sac (bag)?

_____

6. Pouvez-vous décrire cette personne?

_____

7. Comment les cambrioleurs sont-ils partis?

_____

8. Avez-vous remarqué d'autres choses?

_____

🔊 Le français parlé

La langue française

A Vocabulaire: Comment décrire un événement. Écoutez et répétez.

CD11-2

Qu'est-ce qui est arrivé?

J'ai remarqué quelque chose d'étrange.

J'ai observé quelque chose d'étrange.

Qu'est-ce qui a eu lieu?

J'ai assisté à un cambriolage.

Qu'est-ce qui s'est passé?

J'ai été témoin d'un accident.

J'ai été victime d'un vol.

Ah bon? Quand?

C'est arrivé pendant le week-end.

Ça a eu lieu pendant que je conduisais.

Où étais-tu?

J'étais dehors.

J'étais à l'intérieur.

Qu'est-ce que tu faisais?

J'attendais un copain.

Qu'est-ce que tu as fait?

J'ai téléphoné à la police.

B Identification de formes. You will hear Amélie talking about an accident she witnessed. Can
CD11-3 you tell which sentences describe the circumstances of the accident, and which sentences report
the principal events? Listen carefully to the tense of the verb. If the verb is in the imperfect, a
circumstance is being described: mark **circonstance**. If the verb is in the **passé composé,**
a specific event is being reported: mark **événement spécifique.**

1. circonstance	événement spécifique	8. circonstance	événement spécifique
2. circonstance	événement spécifique	9. circonstance	événement spécifique
3. circonstance	événement spécifique	10. circonstance	événement spécifique
4. circonstance	événement spécifique	11. circonstance	événement spécifique
5. circonstance	événement spécifique	12. circonstance	événement spécifique
6. circonstance	événement spécifique	13. circonstance	événement spécifique
7. circonstance	événement spécifique	14. circonstance	événement spécifique

C **Jouons un rôle: Au commissariat de police.** Mathieu witnessed a burglary last night.
CD11-4 Now he is answering the questions of the police inspector. Play the role of Mathieu, using the suggested responses. Then listen to check your answer.

✳ dans la rue Carnot

L'INSPECTEUR: Où étiez-vous hier soir à huit heures?

MATHIEU: *J'étais dans la rue Carnot.*

1. une promenade
2. mauvais
3. un homme assez grand
4. la Banque Nationale

5. un costume beige
6. un grand sac
7. appeler un taxi
8. bleu

D **Narration: Hier.** You will hear what certain predictable people do at certain hours.
CD11-5 Say that these people were doing the same thing at the same hour yesterday. Then listen to check your answer.

✳ Sophie part au travail à sept heures.   *Hier, à sept heures, elle partait au travail.*

E **Narration: La résidence.** You will hear what various people are doing. Say that they were doing
CD11-6 these things yesterday when Clément returned to the dorm. Then listen to check your answer.

✳ Je fais mes devoirs.   *Je faisais mes devoirs quand Clément est rentré.*

F **Narration: Pourquoi pas?** You will hear what certain people are doing. Say that they did not
CD11-7 go out this morning because of these activities. Use the negative **passé composé** of **sortir** and the imperfect of the verb you will hear. Then listen to check your answer.

✳ Émilie attend un ami.   *Émilie n'est pas sortie parce qu'elle attendait un ami.*

G **Le plus-que-parfait: formation.** Écoutez et répétez.
CD11-8
Répétez les formes du plus-que-parfait du verbe **étudier**.

j'avais étudié	nous avions étudié
tu avais étudié	vous aviez étudié
il avait étudié	ils avaient étudié

Maintenant, répétez les formes du plus-que-parfait du verbe **sortir**.

j'étais sorti(e)	nous étions sorti(e)s
tu étais sorti(e)	vous étiez sorti(e)(s)
il était sorti	ils étaient sortis

Dialogue

H **Alibis.** Un inspecteur de police vérifie l'alibi de certaines personnes. Répondez à ses questions.
CD11-9 Pour cela, dites où étaient les personnes et ce qu'elles faisaient en utilisant les informations
données. Ensuite, écoutez pour vérifier la réponse.

chez lui

❋ —Où était M. Arnaud à dix heures?

—*Il était chez lui. Il regardait la télé.*

1. au bureau

2. dans sa chambre

3. au restaurant

4. à la bibliothèque

5. dans la rue

Credits: © Cengage Learning

Phonétique

I **Les préfixes «de-», «dé-», «re-» et «ré-».** Be sure to distinguish between the vowels /ə/ and /e/
CD11-10 in the following prefixes and the first syllables of a word.

Répétez:

de-	/də/	<u>de</u>mander	<u>de</u>vant	<u>de</u>main	<u>de</u>voir	<u>de</u>mi	<u>de</u>venir	<u>de</u>puis
dé-	/de/	<u>dé</u>cembre	<u>dé</u>jeuner	<u>dé</u>pense	<u>dé</u>tester	<u>dé</u>crire	<u>dé</u>jà
re-	/rə/	<u>re</u>pas	<u>re</u>tour	<u>re</u>marquer	<u>re</u>garder	<u>re</u>venir	<u>re</u>connaître
ré-	/re/	<u>ré</u>cent	<u>ré</u>pondre	<u>ré</u>server	<u>ré</u>péter	<u>ré</u>sidence	<u>ré</u>fléchir	<u>ré</u>gime

Dictée

J | **Hier soir.**

CD11-11

Hier soir, je _____ avant le dîner.

Il _____ un temps épouvantable.

Il _____ et la visibilité _____ très mauvaise.

Quand je _____, j'_____ quelqu'un qui

_____ un taxi, mais il _____ de taxi.

J'_____ mon ami Jean-Claude.

Je _____ chez moi et _____ ensemble.

VIE PRATIQUE 8: À L'HÔTEL

🔊 Écouter et parler

A **Où vont-ils loger?** Écoutez bien chaque description. Puis indiquez où chaque personne va CD11-12 loger. Soyez logique.

1. _____   A. dans un hôtel de luxe

2. _____   B. dans un petit hôtel bon marché mais confortable

3. _____   C. dans une auberge à la campagne

4. _____   D. dans une auberge de jeunesse

5. _____   E. dans un gîte avec chambre d'hôtes

B **À la réception (première partie).** Vous êtes à l'hôtel de Saint-Germain et vous voulez réserver CD11-13 une chambre. Répondez aux questions de la réceptionniste. Puis écoutez la confirmation.

1. Say you would like a room.

2. Say you would like a room with two beds.

3. Say you are going to stay until next Tuesday.

4. Say you will pay in cash.

C **Le confort.** Écoutez la description de l'auberge «Au Vieux Moulin». Pour chaque phrase écrivez CD11-14 la lettre du symbole qui correspond au service mentionné.

Au Vieux Moulin

Services

1. _____   5. _____

2. _____   6. _____

3. _____   7. _____

4. _____   8. _____

© Cengage Learning

D **À la réception (seconde partie).** Vous avez encore quelques questions pour la réceptionniste de CD11-15 l'hôtel de Saint-Germain. Posez les questions et écoutez la confirmation. Puis notez les réponses.

1. Ask if there is air conditioning.   oui   non

2. Ask if there is Internet access.   oui   non

3. Ask if the hotel has room service.   oui   non

4. Ask if there is a hot tub.   oui   non

5. Ask if there is parking.   oui   non

6. Ask if breakfast is included in the price. oui   non

Lire et écrire

E | **Hôtel de Saint-Germain.** Regardez la publicité de l'hôtel de Saint-Germain à Paris et répondez aux questions suivantes.

Hôtel de Saint-Germain

"a home away from home®"

50, rue du Four - 75006 Paris

*L*es trente chambres de cet hôtel de charme vous offrent un confort fait d'élégante simplicité et de calme. Toutes possèdent salle de bain avec sèche-cheveux, et porte-serviettes chauffant. Téléphone direct et prise modem, télévision par satellite, minibar et coffre-fort individuel. Accès Internet gratuit (haut débit) à la réception. Possibilité de chambres familiales.

CHAMBRE « SINGLE »	95 - 105 - 120 €
1 lit (90X190)	suivant saison*
CHAMBRE DOUBLE	105 - 120 - 130 €
1 lit (140X190) ou 2 lits (80X190)	suivant saison*
CHAMBRE FAMILIALE	2 - 240 €
2 chambres communicantes avec 1 grand lit et 2 lits séparés	suivant saison*
Petit déjeuner	10€
1/2 tarif pour les enfants de moins de 12 ans	

Taxes de séjour en sus.

* Nous consulter pour les dates.

• Confirmation par écrit avec le numéro de carte de crédit et date d'expiration.
• Il sera retenu le prix d'une nuit en cas d'annulation moins de 72 h avant l'arrivée du client.

SAS SIEM

---

1. Quelle est l'adresse de l'hôtel? _____

2. Combien de chambres a l'hôtel? _____

3. Lisez la description. Comment dit-on en français... ?

   hair dryer   _____

   heated towel rack   _____

   safe deposit box   _____

   high-speed Internet _____

4. Quels sont les prix d'une chambre individuelle? _____

5. Quels sont les prix d'une chambre double? _____

6. Combien coûte le petit déjeuner? _____

7. Consultez le site Internet de l'hôtel: www.hotel-de-saint-germain.fr

   Est-ce qu'il y a le wifi dans les chambres maintenant? _____

   Est-ce que les prix des chambres ont changé? Expliquez. _____

   _____

IMAGES DU MONDE FRANCOPHONE 8:
HAÏTI

A **Haïti et ses habitants.** Lisez le texte sur Haïti à la page 390 et complétez les phrases suivantes.

1. Haïti est situé (a) à l'est, (b) à l'ouest de la grande île d'Hispaniola.
2. Les Haïtiens sont d'origine (a) africaine, (b) française.
3. Ces anciens esclaves ont libéré leurs pays (a) en 1804, (b) en 1864.
4. Haïti est la première nation indépendante de population (a) noire, (b) amérindienne.
5. Après deux cents ans d'indépendance, Haïti a (a) un régime démocratique stable, (b) un régime instable.
6. Aujourd'hui, Haïti est malheureusement le pays le plus pauvre (a) du monde, (b) de l'hémisphère américain.
7. Beaucoup d'Haïtiens ont émigré (a) au Brésil, (b) aux États-Unis et au Canada.
8. Les Haïtiens parlent créole, une langue qui combine des éléments (a) de français et de langues africaines, (b) de français et d'espagnol.
9. Le créole est la langue populaire utilisée dans (a) les universités, (b) la vie de tous les jours.
10. La langue littéraire d'Haïti est (a) l'anglais, (b) le français.

B **Un peu d'histoire.** Lisez «Un peu d'histoire» (p. 391). Puis mettez les phrases suivantes dans l'ordre chronologique.

1. _____ pré-1492

2. _____ 1697

3. _____ 1791

4. _____ 1801

5. _____ 1804

6. _____ 1915–1934

7. _____ 1956–1986

8. _____ 1990–

9. _____ 2010

A. L'indépendance est proclamée.

B. Révolte générale des esclaves.

C. Les Marines occupent Haïti et répriment l'insurrection paysanne.

D. Des tribus Arawak habitent Haïti.

E. Retour progressif mais incertain de la démocratie.

F. Période de dictature avec la famille Duvalier.

G. Toussaint Louverture devient gouverneur de Saint-Domingue.

H. Un tremblement de terre dévaste Haïti.

I. Saint-Domingue devient une colonie française.

C **Le vaudou.** Lisez le texte sur le vaudou (pp. 392–393). Puis faites correspondre les noms et les descriptions.

1. _____ Bondye   A. le dieu de la guerre

2. _____ Ogoun   B. le dieu-serpent de la sagesse

3. _____ Agoué   C. la prêtresse

4. _____ Dambala   D. le dieu de la mer

5. _____ Erzulie   E. la déesse de la beauté et de l'amour

6. _____ Loa   F. le prêtre

7. _____ Hougan   G. un esprit divin

8. _____ Mambo   H. l'être suprême

D **La musique et la cuisine haïtiennes.** [Écoutez!] Écoutez les descriptions de certains types de CD11-16 musique et de cuisine haïtiennes. Puis choisissez le terme correspondant.

la musique haïtienne	la cuisine haïtienne
A. le kompas	D. les griots
B. le ra-ra	E. le tchiaca de pois et de maïs
C. les styles originaux	F. le pain patate

1. _____   2. _____   3. _____   4. _____   5. _____   6. _____

E **L'art haïtien.** [Écoutez!] Lisez l'article sur l'art haïtien (pp. 394–395). Puis écoutez les phrases CD11-17 suivantes et indiquez si elles sont vraies ou fausses.

1. vrai   faux   5. vrai   faux

2. vrai   faux   6. vrai   faux

3. vrai   faux   7. vrai   faux

4. vrai   faux   8. vrai   faux

F **Après la lecture.** Quels sont les trois faits les plus intéressants que vous avez appris sur Haïti?

1. _____

_____

2. _____

_____

_____

3. _____

_____

_____

Interlude littéraire Numéro 4

Albert Camus, écrivain et philosophe

A **Faisons connaissance.** Allez à la page 396 et lisez la biographie d'Albert Camus. Puis écoutez et indiquez si les observations sont vraies ou fausses.

vrai	faux	1. Camus a eu le Prix Nobel de la Littérature.
vrai	faux	2. Camus est opposé au colonialisme.
vrai	faux	3. Pour Camus, nous vivons dans un monde logique et rationnel.
vrai	faux	4. Meursault, le narrateur de *L'Étranger*, est un homme très émotionnel.

B ***L'Étranger.*** Écoutez la lecture de l'extrait du roman. C'est Meursault qui parle.

CD11-18

Le soir, Marie est venue me chercher° et   *to pick me up*
m'a demandé si je voulais me marier avec elle.
J'ai dit que cela m'était égal° et que nous   *it was all the same to me*
pourrions le faire si elle le voulait. Elle a voulu
savoir alors si je l'aimais. J'ai répondu comme je
l'avais déjà fait une fois, que cela ne signifiait
rien mais que sans doute je ne l'aimais pas.
«Pourquoi m'épouser° alors?» a-t-elle dit. Je lui   *marry me*
ai expliqué que cela n'avait aucune° importance   *no*
et que si elle le désirait, nous pouvions nous
marier. D'ailleurs°, c'était elle qui le demandait   *Besides*
et moi je me contentais de dire oui. Elle a
observé alors que le mariage était une chose
grave°. J'ai répondu: «Non.» Elle s'est tue° un   *sérieuse / stopped speaking*
moment et elle m'a regardé en silence. Puis elle
a parlé. Elle voulait simplement savoir si
j'aurais accepté la même proposition venant°   *coming*
d'une autre femme, à qui je serais attaché de la
même façon. J'ai dit: «Naturellement.» Elle s'est
demandé alors si elle m'aimait et moi, je ne
pouvais rien savoir sur ce point. Après un
moment de silence, elle a murmuré que j'étais
bizarre, qu'elle m'aimait sans doute à cause de
cela mais que peut-être un jour je la
dégoûterais° pour les mêmes raisons. Comme je   *would disgust*
me taisais°, n'ayant° rien à ajouter°, elle m'a pris   *was silent / having / to add*
le bras en souriant et elle a déclaré qu'elle
voulait se marier avec moi. J'ai répondu que
nous le ferions dès° qu'elle le voudrait.   *as soon as*

© *L'Étranger,* Paris, Gallimard, 1942

C **Compréhension.** Écoutez et indiquez si les phrases correspondent à l'extrait.

CD11-19

1. oui   non   5. oui   non

2. oui   non   6. oui   non

3. oui   non   7. oui   non

4. oui   non

À la découverte

Paul Verlaine, poète français

Paul Verlaine (1844–1896) a eu une vie tragique marquée par la pauvreté *(poverty)*, la maladie *(illness)*, l'alcoolisme et la prison. Malgré *(Inspite of)* cette existence malheureuse, Verlaine a connu les joies intenses de l'amour et de la passion et, tardivement *(late in life)*, le succès littéraire. La poésie de Verlaine est caractérisée par une musicalité légère, discrète et limpide. Ses poèmes ressemblent à des chansons intimes, pleines de nostalgie et de mélancolie. Beaucoup de ces poèmes ont ainsi été mis en musique par de grands compositeurs comme Debussy, Fauré et Ravel.

Pendant la Deuxième Guerre mondiale *(World War)*, les premiers vers *(lines)* du poème *Chanson d'automne* ont été le code qui a annoncé à la Résistance le débarquement du 6 juin 1944 *(D-Day landing in Normandy)*.

D *Chanson d'automne.* Écoutez ce poème célèbre, plein de mélancolie.

CD11-20
Les sanglots° longs	*sobs*
Des violons	
De l'automne	
Blessent° mon coeur°,	*Wound / heart*
D'une langueur°	*listlessness*
Monotone.	
Tout suffocant°	*suffocating, choking*
Et blême°, quand	*pale*
Sonne l'heure°,	*The hour chimes*
Je me souviens°	*remember*
Des jours anciens°	*former*
Et je pleure°.	*cry*
Et je m'en vais°	*go away*
Au vent° mauvais	*Into the wind*
Qui m'emporte°	*carries me away*
Deçà, delà°	*Here, there*
Pareil° à la	*Like*
Feuille° morte.	*Leaf*

Source: Paul VERLAINE, *Poèmes saturniens* (1866)

E **À votre tour.** Maintenant récitez le poème en répétant après le narrateur.
CD11-21

F **Interprétation.** Allez sur l'Internet et écoutez l'interprétation de ce poème par deux ou trois chanteurs français, e.g., Charles Trenet, Georges Brasssens, Hugues Aufray, Léo Ferré, Dominique Pinon. Quelle version préférez-vous?

UNITÉ 9 Images de la vie

LEÇON 25 Le sport, c'est la santé

Le français écrit

1 **Dans la course.** *(In the running.)* Informez-vous sur les personnes suivantes et dites si oui ou non elles courent. Faites des phrases affirmatives ou négatives en utilisant le verbe **courir** au présent (phrases 1 à 4), à l'imparfait (phrases 5 et 6) et au passé composé (phrases 7 et 8). *[Vocabulaire, p. 402]*

Présent

1. Tu n'as pas d'énergie. Tu _____

2. Vous faites du jogging. Vous _____

3. Céline et Sophie font un marathon. Elles _____

4. Aujourd'hui, je suis malade. Je _____

Imparfait

5. Quand ma soeur était à l'université, elle faisait beaucoup de sport. Elle _____

6. Nous détestions le sport. Nous _____

Passé composé

7. M. Brissac a voulu attraper *(to catch)* le bus. Il _____

8. Vous êtes arrivé(e) très en retard en classe. Vous _____

2 **Oui ou non?** Répondez au questionnaire suivant en utilisant le pronom **y** dans des phrases affirmatives ou négatives. *[Section A, p. 404]*

✱ Allez-vous souvent chez vos amis?   *Oui, j'y vais souvent.*
                                     ou: *Non, je n'y vais pas souvent.*

1. Allez-vous souvent au cinéma? _____

2. Dînez-vous souvent à la cafétéria de l'université? _____

3. Avez-vous dîné au restaurant samedi soir? _____

4. Habitez-vous sur le campus? _____

5. Êtes-vous allé(e) en Italie? _____

6. Allez-vous aller au Canada cet été? _____

3 **Des conseils.** Voici certaines situations. Dites à un(e) ami(e) comment réagir *(to react)*. Pour cela, faites des phrases affirmatives ou négatives en utilisant l'impératif des verbes entre parenthèses et le pronom qui convient (**y, lui** ou **leur**). *[Section A, p. 404]*

✱ Ce film est extraordinaire. (aller)   *Vas-y!*

✱ Tes amis dorment. (téléphoner)   *Ne leur téléphone pas!*

1. Cette remarque est absurde. (répondre) _____

2. Cette conférence *(lecture)* est sans intérêt. (assister) _____

3. Ton cousin célèbre son anniversaire. (écrire) _____

4. Youcef est à l'hôpital. (rendre visite) _____

5. Tes amis attendent ta réponse. (répondre) _____

6. Cette question est importante. (répondre) _____

4 **Les loisirs.** Complétez les dialogues en utilisant les illustrations. Notez que le verbe est au passé composé dans les dialogues 3 et 4. *[Section B, p. 406]*

Présent

✱ Est-ce que Camille _*fait de la marche à pied*_ ?

✱ Oui, elle _*en fait*_ tous les jours.

1. —Est-ce que Vincent _____?

   —Non, il _____ souvent.

2. Où est-ce que vous _____?

   Nous _____ sur le lac d'Annecy.

Passé composé

3. Est-ce que vous _____ l'hiver dernier?

   Non, nous _____.

4. Est-ce que tes copains _____ pendant les vacances?

   Oui, ils _____ plusieurs fois.

5 **Au régime.** Les personnes suivantes suivent un régime très strict pour maigrir. Répondez affirmativement ou négativement aux questions suivantes en utilisant le pronom **en.** Soyez logique! [Section C, p. 409]

✱ Marc et Julien mangent des fruits?   *Oui, ils en mangent.*

1. Mathilde boit de la bière?   _____

2. Ces étudiants font du sport?   _____

3. M. Richard mange du pain?   _____

4. Clément a fait du yoga?   _____

5. Mme Dulac a commandé des pâtes?   _____

6. Élodie a mis du sucre dans son café?   _____

6 **Les statistiques.** Un employé de l'INSEE (Institut National de la Statistique et des Études Économiques) vous pose les questions suivantes. Utilisez le pronom **en** dans vos réponses. [Section C, p. 409]

1. Combien de frères avez-vous?   _____

2. Combien de soeurs avez-vous?   _____

3. Combien de voitures ont vos parents?   _____

4. Combien de télés avez-vous chez vous?   _____

5. Avez-vous un smartphone?   _____

6. Avez-vous un appareil photo numérique? _____

7 **En quelles quantités?** Répondez aux questions suivantes affirmativement ou négativement. Utilisez le pronom **en** et une expression de quantité comme **beaucoup, assez, trop.** [Section C, p. 409]

1. Faites-vous des progrès en français?   _____

2. Gagnez-vous de l'argent en été?   _____

3. Faites-vous de la marche à pied?   _____

4. Mangez-vous de la viande?   _____

5. Avez-vous des loisirs?   _____

À votre tour

Dominique vous pose des questions sur vos loisirs. Répondez-lui.

1. Est-ce que tu fais du jogging régulièrement *(regularly)*? Combien de kilomètres est-ce que tu cours par semaine?

   _____

   _____

   _____

2. As-tu un vélo? Est-ce que tu l'utilises souvent? En été, est-ce que tu fais souvent des promenades à bicyclette? Où vas-tu?

   _____

   _____

   _____

3. Quels sports pratiques-tu en été? Est-ce que tu as déjà fait du roller? Où est-ce que tu en as fait?

   _____

   _____

   _____

4. Est-ce que tu vas souvent au cinéma? Avec qui est-ce que tu y es allé(e) récemment *(recently)*?

   _____

   _____

Le français parlé

La langue française

A **Vocabulaire: Le sport.** Écoutez et répétez.

CD11-22

Quand on est sportif, on peut pratiquer un sport.

On peut jouer dans une équipe.

On peut faire du sport.

Chaque jour, on peut marcher.

On peut faire de l'exercice.

On peut faire du yoga.

On peut courir.

Nous jouons au volley.

Ils jouent au basket.

Élodie fait du roller.

David fait de la natation.

Voici quelques sports individuels:

D'abord, les noms masculins.

l'alpinisme

le jogging

le parapente

le roller

le ski

le ski nautique

le snowboard

Maintenant, les noms féminins.

l'escalade

la gymnastique

la marche à pied

la natation

la planche à voile

la voile

B **Le verbe *courir*.** Le verbe **courir** est irrégulier. Écoutez et répétez.

CD11-23

je cours

tu cours

il court

nous courons

vous courez

ils courent

j'ai couru

C. **Vocabulaire: La santé.** Écoutez et répétez.

CD11-24

Ça va?

Oui, ça va.	Non, ça ne va pas.
Je suis bien portant.	Je suis malade.
Je suis en forme.	Je suis fatiguée.
Je suis en bonne santé.	Je suis en mauvaise santé.

Qu'est-ce que tu as?

J'ai un rhume.
J'ai la grippe.

D. **Compréhension orale.** You will hear statements about health, sports, and leisure-time

CD11-25 activities. Are these statements logical or not? Listen carefully to each statement. If it is a logical statement, mark **logique.** If it is not logical, mark **illogique.**

1. logique   illogique   5. logique   illogique

2. logique   illogique   6. logique   illogique

3. logique   illogique   7. logique   illogique

4. logique   illogique   8. logique   illogique

E. **Conversation: Où allez-vous?** Monsieur Durand is asking you several questions. Answer them

CD11-26 in the affirmative using the pronoun **y.** Then listen to check your answer.

✱ M. Durand: Êtes-vous allé(e) à New York?

Vous: *Oui, j'y suis allé(e).*

Now answer in the negative. Then listen to check your answer.

✱ M. Durand: Est-ce que vous travaillez au supermarché?

Vous: *Non, je n'y travaille pas.*

F. **Conversation: Que fait Youcef?** Fatima is asking you questions about Youcef. Answer them in

CD11-27 the affirmative, using pronouns. Use **lui** or **leur** if the sentence refers to a person and **y** if the sentence refers to a thing. Then listen to check your answer.

✱ Fatima: Est-ce que Youcef joue au tennis?

Vous: *Oui, il y joue.*

✱ Fatima: Est-ce qu'il téléphone à ses amis?

Vous: *Oui, il leur téléphone.*

G. **Conversation: Un végétarien.** Mathieu is a vegetarian. He does not eat meat, but he eats every-

CD11-28 thing else. You will hear Amélie asking you questions about Mathieu's eating habits. Answer her, using the pronoun **en,** in affirmative or negative sentences. Then listen to check your answer.

✱ Amélie: Est-ce qu'il mange du rosbif?

Vous: *Non, il n'en mange pas.*

H **Conversation: Conseils.** Julie is asking you whether she should do certain things. Tell her yes, using the affirmative imperative and the pronoun **en.** Then listen to check your answer.

CD 11-29

❋ JULIE: Est-ce que je dois faire de l'athlétisme?

VOUS: *Oui, fais-en!*

I **Conversation: Nous aussi!** Nicolas is talking about how things are in France. Say that the situation is the same in the United States. Then listen to check your answer.

CD 11-30

❋ NICOLAS: En France, nous faisons du sport.

VOUS: *Nous aussi, nous en faisons.*

Dialogue

J **Activités.** Élodie va vous demander ce que font certaines personnes et où elles font ces choses. Répondez-lui en utilisant les informations données. Ensuite écoutez pour vérifier la réponse.

CD 11-31

à Toulon

❋ ÉLODIE: Qu'est-ce que Jacques fait en été?

VOUS: *Il fait de la voile.*

❋ ÉLODIE: Ah bon, et où est-ce qu'il en fait?

VOUS: *Il en fait à Toulon.*

1. en Suisse

2. à la Martinique

3. en Normandie

4. à Biarritz

5. au parc Monceau

Credits: © Cengage Learning

Phonétique

K **Les lettres «qu».** In French, the letters "qu" almost always represent the sound /k/.

CD 11-32

Répétez: qu̲i qu̲art qu̲artier Qu̲ébec qu̲estion qu̲itter équ̲ipe gymastiqu̲e

Dictée

L **À la mer.**

CD 11-33

Allez-vous souvent _____?

Quand j'étais jeune, _____ tous les étés.

C'est là que j'ai appris à _____. _____ très souvent.

Maintenant _____ parce que je n'ai pas de bateau.

Si j'ai de l'argent, je _____ cet été.

LEÇON **26** Pauvre Stéphane!

Le français écrit

1 **L'anatomie.** Dites avec quelle partie du corps on fait les choses suivantes. *[Section A, p. 415]*

❋ regarder   ***On regarde avec les yeux.***

1. courir _____

2. parler _____

3. jouer de la guitare _____

4. mâcher *(to chew)* du chewing-gum _____

5. jouer au football _____

6. sentir les odeurs _____

7. écouter _____

8. jouer au volley _____

2 **Le repos.** *(Rest.)* Lisez ce que font les personnes suivantes le week-end. D'après vous, est-ce que ces personnes se reposent ou non? Exprimez votre opinion en utilisant le verbe réfléchi **se reposer** dans des phrases affirmatives ou négatives. *[Section B, p. 416]*

1. Nous travaillons. _____

2. Ces étudiants nettoient leur appartement. _____

3. Je fais une promenade à la campagne. _____

4. Je prends un bain chaud. _____

5. Tu dors. _____

6. Vous regardez la télé. _____

7. Mathieu et Marie écoutent de la musique. _____

8. Clément répare sa voiture. _____

9. Mlle Charrier va au bureau. _____

Les activités de la journée. Dites ce que font les personnes suivantes en utilisant les verbes pronominaux suggérés par les illustrations. (Si vous avez besoin d'aide dans le choix de ces verbes, consultez les Vocabulaires, pp. 417 et 419.) *[Section B, p. 416]*

1. Tu _____

2. Je _____

3. Nous _____

4. M. Frontenac _____

5. Je _____

6. Vous _____ dans la rue.

7. Dominique _____

8. Stéphane _____

Credits: © Cengage Learning

4 **Quel pronom?** Lisez les phrases suivantes et complétez-les avec le pronom réfléchi ou le pronom complément d'objet entre parenthèses. *[Note linguistique, p. 418]*

✱ (te, le) Voici le pain. Peux-tu **le** _____ couper?

✱ (s', lui) Alice aime les films. Son cousin **lui** _____ achète des DVD pour son anniversaire.

1. (se, le) Henri aime la marche à pied. Il _____ promène souvent.

2. (se, le) Paul a un frère qui dort trop. Il doit _____ réveiller tous les matins.

3. (me, le) Mon chien *(dog)* a besoin d'exercice. Je _____ promène après le dîner.

4. (s', l') Zoé adore la lecture *(reading)*. Elle _____ achète souvent des romans policiers.

5. (se, la) Guy est secrètement amoureux de Chloé. Il _____ regarde souvent en classe.

6. (se, la) M. Richard a une nouvelle voiture. Il _____ lave souvent.

5 **Quand?** Les personnes suivantes ne font pas certaines choses. Dites quand elles vont les faire. *[Section C, p. 420]*

✱ Mlle Bertrand ne se repose pas. **Elle va se reposer** _____ ce week-end.

1. Les étudiants ne se lèvent pas. _____ à midi.

2. Nous ne nous promenons pas. _____ ce soir.

3. Ahmed ne se couche pas. _____ à onze heures.

4. Vous ne vous lavez pas les mains. _____ avant le dîner.

5. Je ne me brosse pas les dents. _____ après le déjeuner.

6. Tu ne te rases pas. _____ avant le petit déjeuner.

6 **Baby-sitting.** Vous gardez Pierre qui a 5 ans. Dites-lui ce qu'il doit faire. *[Section D, p. 421]*

✱ Pierre doit se laver. *Lave-toi!*

1. Il doit se brosser les dents. _____

2. Il doit se coucher. _____

3. Il ne doit pas se réveiller trop tôt. _____

4. Il ne doit pas se lever avant 7 heures. _____

5. Il doit s'habiller seul. _____

6. Il doit se peigner. _____

Unité 9 Leçon 26 **269**

7   **Activités.** Dites ce que les personnes suivantes font ou ont fait. Pour cela, utilisez les verbes suivants au présent dans les phrases 1 à 4 et au passé composé dans les phrases 5 à 8. Soyez logique dans votre choix de verbes! *[Section E, p. 422]*

> découvrir   offrir   ouvrir   souffrir

Présent

1. Quand je vais chez le dentiste, je _____ toujours un peu!

2. Tu _____ du champagne à tes amis.

3. Les étudiants _____ leurs livres à la page 125.

4. Le professeur _____ des erreurs dans les devoirs de ses étudiants.

Passé composé

5. Hier, nous _____ la fenêtre parce que nous avions chaud.

6. Jean-Philippe _____ un CD à Martine pour son anniversaire.

7. Mme Masson _____ quand son mari est mort.

8. Ces médecins _____ un nouveau vaccin.

À votre tour

Caroline, une amie française, vous pose des questions sur vos habitudes personnelles. Répondez à ses questions.

1. À quelle heure est-ce que tu te lèves les jours de classe? À quelle heure est-ce que tu te lèves le dimanche?

   _____

   _____

2. À quelle heure est-ce que tu te couches quand tu as un examen? À quelle heure est-ce que tu te couches le samedi soir?

   _____

   _____

3. Est-ce que tu as parfois mal à la tête quand tu étudies trop? Qu'est-ce que tu fais dans ce cas *(case)*?

   _____

   _____

Le français parlé

La langue française

A **Vocabulaire: Les parties du corps.** Écoutez et répétez.

CD 12-2

D'abord, les noms masculins.

le corps

le cou

le bras

le doigt

le dos

le ventre

le genou   les genoux

le pied

le visage

les cheveux

l'oeil   les yeux

le nez

Maintenant, les noms féminins.

la tête

la main

la jambe

la figure

l'oreille

la bouche

les dents

la gorge

B **Compréhension orale.** You will hear six sentences. In each sentence, a part of the body will be

CD 12-3 mentioned. Listen carefully and write the name of this part of the body in the space provided.
Be sure to use the correct definite article.

1. _____

2. _____

3. _____

4. _____

5. _____

6. _____

C **Les verbes réfléchis.** Écoutez et répétez les formes du verbe **se laver.**
CD 12-4
je me lave
tu te laves
il se lave
nous nous lavons
vous vous lavez
ils se lavent
je ne me lave pas
Est-ce que tu te laves?

Maintenant, écoutez et répétez les formes du verbe **s'habiller.**
je m'habille
tu t'habilles
il s'habille
nous nous habillons
vous vous habillez
ils s'habillent
je ne m'habille pas
Est-ce que tu t'habilles?

D **Vocabulaire: Les occupations de la journée.** Écoutez et répétez.
CD 12-5
Je me réveille à sept heures.
Le dimanche, nous nous levons à neuf heures.
Tu te laves avant le petit déjeuner.
Mélanie s'habille toujours bien.
Vous vous promenez dans le parc.
Le week-end, nous nous reposons.
Je me couche à onze heures.
En semaine, je me lève tôt.
Le samedi, je me couche tard.

E **Jouons un rôle: Mme Charron est curieuse.** Madame Charron pose des questions à Thomas.
CD 12-6
Jouez le rôle de Thomas. Utilisez les réponses suggérées. Écoutez pour vérifier la réponse.

✻ à sept heures

MME CHARRON: À quelle heure est-ce que vous vous réveillez?

THOMAS: ***Je me réveille à sept heures.***

1. à sept heures et quart
2. dans la salle de bains
3. avec un rasoir électrique
4. dans ma chambre
5. à vélo
6. après le déjeuner
7. à onze heures et demie

F **Vocabulaire: Dans la salle de bains.** Écoutez et répétez.

CD 12-7 D'abord, les noms masculins.

un peigne

du dentifrice

du savon

du shampooing

un rasoir

du rouge à lèvres

Maintenant, les noms féminins.

une brosse à cheveux

une brosse à dents

G **Narration: Demain aussi.** You will hear what certain people are doing today. Say that they are

CD 12-8 going to do the same things tomorrow. Use the construction **aller** plus the infinitive of the reflexive verb you hear. Then listen to check your answer.

❋ Léa se promène à la campagne.

Demain aussi, elle va se promener à la campagne.

H **Situation: Suggestions.** Tell your friend Jean-Pierre to do certain things, using affirmative

CD 12-9 commands. Then listen to check your answer.

❋ Tu dois te lever.   *Lève-toi!*

Now tell your friend Aurélie not to do the following things. Then listen to check your answer.

❋ Tu ne dois pas te coucher trop tard.   *Ne te couche pas trop tard!*

I **Situation: Bons conseils.** Tell your friends to do what they are not presently doing. Then listen

CD 12-10 to check your answer.

❋ Vos amis ne se lavent pas les cheveux.   *Lavez-vous les cheveux!*

J **Le verbe *ouvrir*.** Écoutez et répétez.

CD 12-11

J'ouvre la porte.

Tu ouvres le cahier.

On ouvre le livre.

Nous ouvrons la fenêtre.

Vous ouvrez le magazine.

Elles ouvrent le journal.

J'ai ouvert votre lettre.

Maintenant répétez la forme **je** des verbes suivants et écoutez les phrases.

je découvre   Les médecins vont découvrir une cure contre le cancer.

j'offre   Mes parents m'ont offert une nouvelle voiture.

je souffre   As-tu souffert quand tu es allé(e) chez le dentiste?

Dialogue

K **Qu'est-ce que tu cherches?** Aurelle vous demande quels objets vous cherchez. Répondez-lui en vous basant sur les illustrations. Ensuite elle va vous demander pourquoi vous en avez besoin. Répondez-lui d'une manière logique. Écoutez pour vérifier la réponse.

CD 12-12

＊ AURELLE: Qu'est-ce que tu cherches?

     VOUS: *Je cherche la brosse à dents.*

＊ AURELLE: Ah bon? Pourquoi est-ce que tu en as besoin?

     VOUS: *Je vais me brosser les dents.*

1.

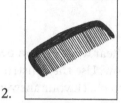

2.

3.

4.

Credits: © Cengage Learning

5.

Phonétique

L **Les lettres «gn».** In French, the letters "gn" represent the sound /ɲ/, which is similar to the "ny" in *canyon*.

CD 12-13

Répétez: champagne montagne Espagne magnifique peigne se peigner
          Agnès a un magnifique peigne espagnol.

Dictée

M **Le dimanche.**

CD 12-14

À quelle heure est-ce que _____ le dimanche?

Moi, _____ avant dix heures. Je _____,

je _____, je _____ et j'écoute la radio.

L'après-midi, _____ avec mon amie Marie-Laure.

_____ souvent à la campagne. Et vous, est-ce que

_____ avec vos amis?

LEÇON **27** Le grand amour

Le français écrit

1 **Activités.** Informez-vous sur les personnes suivantes et complétez les phrases avec la forme qui convient d'un des verbes suivants. Soyez logique dans votre choix de verbe! *[Section A, p. 428]*

> s'amuser   s'appeler   s'arrêter   s'asseoir   se dépêcher   s'excuser
> se fâcher   s'intéresser   se préparer   se souvenir   se tromper

✻ Nous étudions beaucoup. Nous ___*nous préparons*___ pour l'examen.

1. Ces étudiants ne sont pas sérieux. Ils _____ toujours en classe.

2. J'ai une excellente mémoire. Je _____ de tout.

3. Vous êtes poli(e). Vous _____ quand vous avez tort.

4. M. Péret ne veut pas rater *(to miss)* son bus. Il _____ .

5. Nous sommes fatigués. Nous _____ sur le sofa.

6. Vous êtes la fille de M. Rousset. Vous _____ Marie Rousset, n'est-ce pas?

7. Paul lit un livre sur le bouddhisme. Il _____ à la philosophie asiatique.

8. M. Maupin est absolument furieux. Il _____ quand son fils ne lui dit pas la vérité.

9. Nous avons très soif. Nous _____ dans un café.

10. Monique a fait une erreur dans le problème de chimie. C'est curieux parce qu'en général, elle ne _____ jamais!

2 **Expression personnelle.** Parlez de vous-même. Pour cela, utilisez les verbes suivants dans des phrases affirmatives ou négatives de votre choix. *[Section A, p. 428]*

✳ (s'intéresser à)   *Je m'intéresse à la musique. Je ne m'intéresse pas aux sports.*

1. (s'intéresser à) _____

_____

2. (se souvenir de) _____

_____

3. (s'inquiéter de) _____

_____

4. (s'entendre bien avec) _____

_____

5. (se disputer avec) _____

_____

3 **L'amitié?** Notre attitude envers *(toward)* certaines personnes dépend des sentiments que nous avons pour elles. Exprimez cela en complétant les phrases suivantes avec les verbes entre parenthèses dans des phrases affirmatives ou négatives. Soyez logique! *[Section B, p. 431]*

✳ Marie et Mélanie sont copines.

(se téléphoner) Elles ___*se téléphonent*___ tout le temps.

1. Christophe et moi, nous sommes d'excellents amis.

(s'entendre) Nous _____ bien.

(se disputer) Nous _____.

2. Thomas et Youcef sont de bons voisins.

(se connaître) Ils _____ bien.

(s'inviter) Ils _____ souvent.

3. Céline et toi, vous n'êtes jamais d'accord!

(se comprendre) Vous _____.

(se parler) Vous _____.

4 **Au lycée.** Charlotte et Pauline sont à l'université maintenant, l'une à Paris, l'autre à Tours. Elles se voient rarement, mais au lycée elles étaient toujours ensemble. Décrivez leurs activités. Utilisez l'imparfait. *[Sections A, B, pp. 428, 431.]*

❋ (se téléphoner)   Elles *se téléphonaient* _____ souvent.

1. (se voir)   Elles _____ tous les jours.

2. (s'envoyer)   Elles _____ des textos.

3. (s'intéresser)   Elles _____ aux mêmes choses.

4. (se donner)   Elles _____ rendez-vous après les cours.

5. (s'amuser)   Elles _____ beaucoup.

5 **Samedi.** Dites ce que les personnes suivantes ont fait samedi. Utilisez le passé composé. *[Section C, p. 432]*

❋ Mes cousins n'ont rien fait.

   (se reposer) ***Ils se sont reposés.***

1. Tu es allée à une fête.

   (s'amuser) _____.

2. Vous êtes allés à la campagne.

   (se promener) _____.

3. Élodie a dormi.

   (se reposer) _____.

4. Sarah a eu un problème avec sa soeur.

   (se disputer) _____ avec elle.

5. Ces étudiants ont dansé toute la nuit.

   (se coucher) _____ tard *(late)*.

6. Je suis resté(e) à la bibliothèque.

   (se préparer) _____ pour l'examen de lundi.

7. Amélie et Julie sont allées à un bal masqué *(costume party)*.

   (s'habiller) _____ d'une manière très originale.

8. Mes copines ont pris le train à sept heures du matin.

   (se lever) _____ tôt *(early)*.

6   **Pauvre Francine!** Francine n'a pas eu de chance hier. Dites ce qu'elle a fait et ce qu'elle n'a pas fait. Utilisez les verbes entre parenthèses dans des phrases affirmatives ou négatives. Soyez logique! *[Section C, p. 432]*

❋ (se disputer) Francine ___*s'est disputée*___ avec sa camarade de chambre.

❋ (se tromper) Elle ___*s'est trompée*___ à l'examen de biologie.

1. (se lever) Elle n'a pas entendu son réveil (*alarm clock*), et elle

    _____ à l'heure (*on time*).

2. (se dépêcher) Elle _____ et elle a raté (*missed*) son bus.

3. (se souvenir) Elle _____ d'un rendez-vous.

4. (s'impatienter) Elle a attendu ses copines qui ne sont pas venues et elle

    _____.

5. (s'amuser) Elle est sortie avec un garçon stupide et elle _____.

6. (se coucher) Finalement elle est rentrée chez elle et elle _____

    parce qu'elle avait mal à la tête.

À votre tour

Jean-François vous pose des questions sur votre manière de vivre (*way of life*). Répondez à ses questions.

1. Est-ce que tu t'entends bien avec tes frères et soeurs? Est-ce que tu te disputes parfois avec eux? Quand est-ce que tu t'es disputé(e) avec eux pour la dernière fois? Pour quelle raison (*cause*)?

    _____

    _____

    _____

2. En général, est-ce que tu es patient(e) ou impatient(e)? Quelle était la dernière fois que tu t'es impatienté(e)? Pourquoi?

    _____

    _____

    _____

3. Quand est-ce que tu es sorti(e) avec tes copains? Où est-ce que vous vous êtes retrouvés? Qu'est-ce que vous avez fait ensuite? Est-ce que vous vous êtes amusés?

    _____

    _____

Le français parlé

La langue française

A **Vocabulaire: L'amitié, l'amour et le mariage.** Écoutez et répétez.
CD 12-15

Jérémie est amoureux de Sophie.
Est-ce que tu vas rester célibataire?
Marc et moi, nous avons les mêmes amis.
Tu m'aimes?
Je t'aime bien.
Julie est tombée amoureuse d'Alain.
Céline va se fiancer avec Antoine.
Alice va se marier avec Thomas.
Mon oncle vient de divorcer.

Thomas a rendez-vous avec Émilie.
J'ai rendez-vous chez le dentiste.
Alice donne rendez-vous à Marc.
Je vous donne rendez-vous à midi.
Je m'entends bien avec mes amis.
Je me dispute avec mon frère.
Ils se sont rencontrés chez Cécile.
David et Élodie sont toujours ensemble.
Nous sommes entre amis.

B **Le verbe _s'asseoir_.** Écoutez et répétez.
CD 12-16

je m'assieds
tu t'assieds
il s'assied

nous nous asseyons
vous vous asseyez
ils s'asseyent

C **Compréhension orale.** You will hear a series of sentences. Some are logical; others are not.
CD 12-17 Listen carefully to each sentence. If it is logical, mark **logique.** If it is not logical, mark **illogique.**

1. logique   illogique   4. logique   illogique   7. logique   illogique
2. logique   illogique   5. logique   illogique   8. logique   illogique
3. logique   illogique   6. logique   illogique

D **Actions réciproques.** Écoutez les situations et répétez les verbes réciproques.
CD 12-18

E **Le verbe _s'amuser_ au passé composé.** Écoutez et répétez.
CD 12-19

je me suis amusé
tu t'es amusé
il s'est amusé

nous nous sommes amusés
vous vous êtes amusé(e)(s)
ils se sont amusés

Maintenant répétez les formes négatives.

je ne me suis pas amusée
tu ne t'es pas amusée
elle ne s'est pas amusée

nous ne nous sommes pas amusées
vous ne vous êtes pas amusé(e)(s)
elles ne se sont pas amusées

F **Narration: Hier.** You will hear what certain people are doing. Say that they also did these
CD 12-20 things yesterday. Then listen to check your answer.

✱ Nathalie se repose.   _Hier aussi, elle s'est reposée._

Now you will hear what people are not doing. Say that they didn't do these things yesterday
either. Then listen to check your answer.

✱ Marie ne s'amuse pas.   _Hier non plus, elle ne s'est pas amusée._

G **Conversation: Samedi dernier.** Amélie is asking whether you did certain things last Saturday.
CD 12-21 Answer her in the affirmative. Then listen to check your answer.

✳ AMÉLIE: Est-ce que tu t'es levé(e) tôt?
 VOUS: *Oui, je me suis levé(e) tôt.*

Now answer in the negative. Then listen to check your answer.

✳ AMÉLIE: Est-ce que tu t'es reposé(e)?
 VOUS: *Non, je ne me suis pas reposé(e).*

Dialogue

H **Le week-end dernier.** Sophie va vous poser certaines questions sur votre week-end. Répondez-
CD 12-22 lui en utilisant les informations indiquées. Puis, vérifiez votre réponse.

✳ à dix heures
 SOPHIE: À quelle heure est-ce que tu t'es levé(e)?
 VOUS: *Je me suis levé(e) à dix heures.*

1. à un copain   4. dans un café   7. au cinéma
2. à deux heures   5. à la terrasse   8. *Marie-Antoinette*
3. une promenade en ville 6. des glaces   9. à sept heures

Phonétique

I **Les consonnes /k/ et /s/.** The consonant sounds /k/ and /s/ have several spellings in French.
CD 12-23

- la consonne /k/

 c before **a, o, u**   café Canada corps cou découvrir curieux cuisine
 c before **l, r**   classe Claire crayon cravate crème
 qu before **e, i**   publique musique

- la consonne /s/

 s   sa santé semaine six souvenir surpris sympa rester
 ss   brosser assister poisson possible je m'assieds intéresser
 c before **e, i, y**   ce célibataire divorce facile cinq cinéma Cécile cyclone
 ç before **a, o, u**   ça français garçon nous commençons ils se fiançaient

Dictée

J **Nicolas et Sophie.**
CD 12-24 Aujourd'hui, Nicolas _____ tôt.

Il _____ et il _____.

Après il _____ à Sophie.

Ils _____ au café de l'université pour _____

Nicolas est arrivé un peu _____, mais Sophie

_____. Nicolas et Sophie _____ jusqu'à sept heures.

_____? C'est _____.

VIE PRATIQUE 9: LA SANTÉ

🔊 **Écouter et parler**

A **Ma santé.** Écoutez les questions et les réponses. Puis indiquez si la personne est en bonne
CD 12-25 santé ou non.

A. 😊   B. 🙁

1. A   B   3. A   B   5. A   B   7. A   B

2. A   B   4. A   B   6. A   B   8. A   B

B **Chez le médecin.** Vous êtes chez le médecin. Écoutez et répondez à ses questions. Puis écrivez
CD 12-26 son diagnostic.

1. Say that you don't feel good.

2. Say that you have a headache.

3. Say that you have a cold.

4. Say that you are coughing and sneezing.

5. Say that you don't have much fever.

6. Say yes, you feel nauseated.

Diagnostic: _____

C **Accidents.** Écoutez ce qui est arrivé aux personnes suivantes. Écrivez la lettre de l'image qui
CD 12-27 correspond à la description.

A. _____   B. _____   C. _____   D. _____   E. _____

Credits: © Cengage Learning

1. _____   2. _____   3. _____   4. _____   5. _____

D **À la pharmacie.** Dans les pharmacies en France, c'est le pharmacien qui vous sert. Demandez à
CD 12-28 la pharmacienne les produits suivants et écoutez la confirmation.

1. aspirin tablets   5. medicine against pain

2. throat lozenges   6. an Ace bandage

3. eye drops   7. cotton

4. cotton swabs   8. bandages

Lire et écrire

E **Voile et nutrition.** Le Club Nautique a publié des conseils pour ses membres qui vont participer aux régates de voile et de planche à voile. Lisez les extraits *(excerpts)* suivants et répondez aux questions.

MENUS DE L'ENTRAÎNEMENT	**MENUS DU JOUR DE RÉGATE***

Petit déjeuner
 fruit ou jus de fruit
 lait ou yaourt
 pain avec beurre, confiture ou miel*
 oeuf ou tranche de jambon
 café ou thé
	3 heures avant l'épreuve
	 pamplemousse sucré
	 oeuf ou jambon
	 pain avec beurre, confiture ou miel
	    ou pâtes au beurre et fromage
	    (selon l'heure)
	 yaourt sucré
	 fruit
	 eau

Déjeuner salade avec huile et citron viande, poulet ou poisson pommes de terre, riz ou pâtes avec beurre yaourt ou fromage fruit pain	**Pendant l'attente...** boisson sucrée toutes les ½ heures ou toutes les heures, jusqu'à 1 heure avant l'épreuve **Pauses entre les manches...** boisson sucrée, barres de céréales ou fruits secs **Après l'épreuve...** eau et boisson sucrée lait ou yaourt à boire ou milk-shake
Collation pain avec fromage fruit	**Collation** (entre 1 et 3 heures après l'épreuve) pain avec confiture ou miel lait ou yaourt boisson sucrée
Dîner potage poulet, poisson, jambon ou deux oeufs légumes avec riz ou pâtes yaourt fruit pain	**Dîner** bouillon de légumes pâtes, riz ou pommes de terre avec beurre poisson, jambon ou oeuf dur salade verte vinaigrette fromage fruit pain eau **Avant de se coucher** lait écrémé sucré
*honey	**sailing race*

© Cengage Learning

1. Regardez le menu de l'entraînement *(training)* pour tous les jours.

   Quelles sont les similarités et les différences avec le menu d'un sportif américain?

   _____

   _____

2. Regardez le menu du jour de régate *(race day)*.
   La règle *(rule)* est d'avoir mangé environ trois heures avant l'épreuve *(race)*.
   Note: l'attente = *down time;* une manche = *heat;* une collation = *snack.*
   Quelles sont les similarités et les différences avec le menu d'un sportif américain?

   _____

   _____

IMAGES DU MONDE FRANCOPHONE 9:
AFRIQUE DU NORD

A **Le Maghreb.** Complétez les descriptions de ces trois pays du Maghreb.

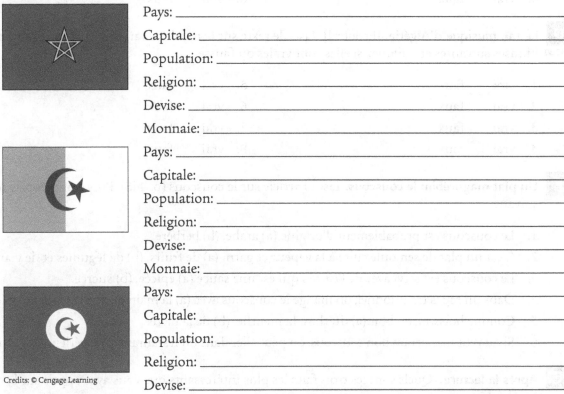

Credits: © Cengage Learning

Pays: _____

Capitale: _____

Population: _____

Religion: _____

Devise: _____

Monnaie: _____

Pays: _____

Capitale: _____

Population: _____

Religion: _____

Devise: _____

Monnaie: _____

Pays: _____

Capitale: _____

Population: _____

Religion: _____

Devise: _____

Monnaie: _____

B **Un peu d'histoire.** Lisez «Un peu d'histoire» (p. 441). Puis mettez les phrases suivantes dans l'ordre chronologique.

1. _____ 1000–250 av. JC   A. Annexion de l'Afrique du Nord par la Turquie.
2. _____ 250 av. JC–400   B. Guerre d'Algérie et indépendance de l'Algérie.
3. _____ 670–710   C. «Révolution pour la dignité» en Tunisie.
4. _____ 12ᵉ–13ᵉ siècles   D. Indépendance de la Tunisie et du Maroc.
5. _____ 16ᵉ siècle   E. Établissement d'un puissant royaume au Maroc.
6. _____ 1830   F. Destruction de Carthage.
7. _____ 1881   G. Protectorat français en Tunisie.
8. _____ 1912   H. Débarquement des troupes américaines en Afrique du Nord.
9. _____ 1942   I. Début de la colonisation française en Algérie.
10. _____ 1956   J. Conquête de l'Afrique du Nord par des tribus arabes.
11. _____ 1952–1962   K. Protectorat français au Maroc.
12. _____ 2011   L. Populations berbères établies en Afrique du Nord.

C **L'Islam.** [Écoutez!] Lisez le texte sur l'Islam (p. 442). Puis écoutez les phrases suivantes et
CD 12-29 indiquez si elles sont vraies ou fausses.

1. vrai faux   5. vrai faux
2. vrai faux   6. vrai faux
3. vrai faux   7. vrai faux
4. vrai faux   8. vrai faux

D **Le raï: musique d'Algérie.** [Écoutez!] Lisez le texte sur la musique raï (p. 443). Puis écoutez les
CD 12-30 phrases suivantes et indiquez si elles sont vraies ou fausses.

1. vrai faux   5. vrai faux
2. vrai faux   6. vrai faux
3. vrai faux   7. vrai faux
4. vrai faux   8. vrai faux

E **Un plat maghrébin: le couscous.** Lisez l'article sur le couscous (p. 445). Puis complétez le texte
suivant.

1. Le couscous est probablement d'origine (a) arabe, (b) berbère.
2. C'est un plat de semoule cuite à la vapeur et garni (a) de fruits, (b) de légumes et de viande.
3. Le couscous est servi avec de l'*harissa* qui est une sauce (a) épicée, (b) sucrée.
4. Dans un repas traditionnel, on mange le couscous avec (a) la main droite, (b) la main gauche.
5. Comme boisson, on boit (a) du thé à la menthe, (b) de la bière.
6. Si on veut manger un bon couscous, on peut aller dans un restaurant (a) algérien, (b) mexicain.

F **Après la lecture.** Quels sont les trois faits les plus intéressants que vous avez appris sur le
Maghreb?

1. _____

_____

_____

2. _____

_____

_____

3. _____

_____

Révision 3: Leçons 19–27

By completing this series of short tests, you will be able to check your progress in French. Correct your work using the Answer Key at the back of the *Student Activities Manual*. If you make any mistakes on these tests, you may want to review the lesson sections indicated in brackets.

Structures

Test 1. Les pronoms compléments d'objet direct.

Rewrite the following sentences, replacing the underlined expression with the appropriate direct-object pronoun. *[20-B, D; 21-D]*

❋ Philippe regarde Carole. *Philippe la regarde.*

1. Jacques regarde le menu. _____

2. Nous invitons Christine et Alain. _____

3. Nous écoutons nos CD. _____

4. J'aide ma soeur. _____

5. Jean n'a pas aidé sa soeur. _____

6. Je n'ai pas connu vos parents. _____

7. Invite Anne. _____

8. N'invite pas Thomas et Aline. _____

9. Je ne veux pas acheter cette veste. _____

10. Je vais écouter tes CD. _____

Test 2. Les pronoms compléments d'objet direct et indirect.

Complete the following sentences with the appropriate direct- or indirect-object pronouns replacing the person in parentheses. *[20-B; 21-B, C]*

1. (Christine) François _____ connaît, mais il ne _____ parle pas souvent.

2. (moi) Mes parents _____ aident, mais ils ne _____ prêtent pas toujours leur voiture.

3. (Sophie et moi) Est-ce que tu _____ invites? Est-ce que tu _____ montres tes photos?

4. (Pierre et Michel) Henri _____ aide. Il _____ prête ses notes.

5. (mon cousin) Je _____ téléphone. Je _____ invite au cinéma.

6. (mes amies) Je _____ trouve sympathiques. Je _____ rends souvent visite.

Test 3. Quel pronom?

Complete the answers to the questions below by filling in the blanks with one of the following pronouns. [20-B; 21-B; 25-A, B]

```
le    la    les    lui    leur    en    y
```

1. Tu connais ce restaurant?

   Oui, je _____ connais bien.

2. Faites-vous de l'italien?

   Oui, nous _____ faisons.

3. Tu téléphones aux cousins de Marc?

   Oui, je _____ téléphone.

4. Vous pensez à ce problème?

   Oui, nous _____ pensons.

5. André boit du jus d'orange?

   Oui, il _____ boit.

6. Vous avez besoin de ce livre?

   Oui, nous _____ avons besoin.

7. Tu regardes les photos de Yasmina?

   Oui, je _____ regarde.

8. Tu as parlé à Charlotte?

   Oui, je _____ ai parlé.

9. Vous dînez souvent dans cette cafétéria?

   Oui, nous _____ dînons souvent.

10. Tu mets ta nouvelle veste?

    Oui, je _____ mets.

Test 4. L'ordre des pronoms compléments.

Rewrite the following sentences, replacing the underlined words with two object pronouns. Be sure to use the correct pronoun sequence. [21-E]

1. Paul vend sa tablette à Béatrice. _____

2. Jacqueline donne les magazines à ses cousines. _____

3. Anne dit la vérité à ses parents. _____

4. Charles me prête sa guitare. _____

5. Montre ton nouveau logiciel à Robert! _____

6. Je prête mes DVD à Marc. _____

7. Donnez-moi ce magazine. _____

8. Prête ta voiture à ses amis. _____

Test 5. *Qui* ou *que?*

Complete the following sentences with **qui** or **que**. *[22-D, E, F]*

1. J'ai un ami _____ parle japonais.

2. Michel a une moto _____ marche bien.

3. Qui est la fille _____ tu regardes?

4. Le livre _____ j'ai acheté n'est pas très intéressant.

5. Les CD _____ tu écoutes sont des CD _____ viennent de France.

6. Les étudiants _____ je vais inviter sont des étudiants _____ tu connais.

Verbes

Test 6. Le présent des verbes irréguliers.

Complete the sentences below with the appropriate present-tense forms of the verbs in the box. Be logical. *[19-A, B, C; 20-A, C; 21-A; 23-E; 25-voc; 26-E]*

conduire	connaître	courir	devoir	dire	écrire
lire	ouvrir	pouvoir	suivre	voir	

1. François _____ la fenêtre.

2. Je _____ un cours de français à l'Université de Tours.

3. À qui _____ -vous cette lettre?

4. Anne et Christine ne _____ pas voyager à l'étranger. Elles n'ont pas de passeport.

5. Nous _____ ton cousin. Il habite à Montréal, n'est-ce pas?

6. Quel journal est-ce que tes parents _____?

7. Est-ce que vous _____ la vérité?

8. Nous _____ un bon film à la télé.

9. Annick _____ dix kilomètres tous les jours.

10. Je ne peux pas venir ce soir. Je _____ rester chez moi.

11. Quand je suis en voiture, je ne _____ pas trop vite.

Test 7. Le passé composé des verbes irréguliers.

Complete the sentences below with the **passé composé** of the verbs in parentheses. *[19-B, C; 20-A, C; 21-A; 22-A; 23-A; 25-voc; 26-E]*

1. (devoir) À la douane (*customs*) nous _____ montrer nos passeports.

2. (vivre) Mathieu _____ un an au Mexique.

3. (savoir) Comment est-ce que tu _____ cela?

4. (ouvrir) Qui _____ cette lettre?

5. (vouloir) Pourquoi est-ce que tu _____ partir?

6. (lire) Est-ce que vous _____ le journal ce matin?

7. (pouvoir) Est-ce que tu _____ réparer ton vélo?

8. (courir) Hier après-midi, Clément _____ plus de vingt kilomètres.

9. (connaître) Quand est-ce que tu _____ mon cousin?

10. (voir) Hier, j' _____ le nouveau film de Juliette Binoche.

11. (traduire) Nous _____ un poème de Lamartine.

Test 8. La forme de l'imparfait.

Complete the following sentences with the appropriate imperfect forms of the verbs in parentheses. *[23-B, C]*

1. (habiter) J' _____ avec mes parents. Nous _____ dans une petite maison.

2. (voir) Le samedi, je _____ mes grands-parents. Le dimanche, Charlotte _____ ses cousins.

3. (rendre) Tu _____ visite à tes parents. Mes amis _____ visite à leur tante.

4. (être) Vous _____ timide. Moi, je n' _____ pas patient avec vous.

5. (faire) Nous _____ du sport. Mes cousines _____ du ski.

6. (avoir) J' _____ un vélomoteur. Nous _____ une moto.

7. (apprendre) J' _____ l'anglais. Mon frère _____ le japonais.

8. (boire) Mes amis _____ de la bière. Qu'est-ce que tu _____?

9. (finir) Vous _____ votre travail à cinq heures. Mon père _____ à six heures.

10. (lire) Tu _____ des romans policiers. Vous _____ des livres d'aventure.

Test 9. L'emploi de l'imparfait.

Complete the following sentences with the appropriate imperfect or passé composé forms of the verbs in parentheses. *[23-D; 24-A, B]*

1. (être, arriver) Il _____ deux heures quand Pierre

   _____.

2. (parler) Quand Solange était à Paris, elle _____ très bien français.

3. (parler) Hier, Thomas _____ au professeur de français.

4. (jouer) Marc est fatigué parce qu'il _____ au basket pendant deux

   heures.

5. (jouer) Maintenant je ne joue pas très bien au tennis, mais avant, je _____ très bien.

6. (être, avoir) Hier, la visibilité _____ très mauvaise et mon frère

   _____ un accident.

7. (être, rencontrer) Hier, quand j' _____ au café, je (j')

   _____ une amie américaine.

8. (prendre, jouer) Cet après-midi, nous _____ des photos des jeunes

   Français qui _____ au football dans la rue.

9. (visiter) Paul _____ Québec en 2012.

10. (aller, faire) Paul _____ à la plage parce qu'il

    _____ beau.

11. (entrer, jouer) Quand le professeur _____, les élèves

    _____ aux cartes.

12. (rester, avoir) Dimanche, Éric _____ chez lui parce qu'il

    _____ mal à l'estomac.

Test 10. La forme des verbes réfléchis.

Fill in the first blank with the appropriate present-tense form of the reflexive verb in parentheses. Fill in the second blank with the **passé composé**. Make the sentences affirmative or negative as indicated. *[26-B; 27-C]*

		aujourd'hui	hier
1.	(se lever)	Non, vous _____ tôt.	Oui, vous _____ tôt.
2.	(se laver)	Oui, je _____ .	Oui, je _____ aussi.
3.	(se raser)	Non, Michel _____ .	Oui, il _____ .
4.	(se lever)	Oui, Léa _____ tard.	Non, elle _____ tard.
5.	(se promener)	Oui, nous _____ .	Non, nous _____ .
6.	(s'arrêter)	Oui, ils _____ au café.	Non, ils _____ au café.
7.	(s'amuser)	Oui, elles _____ .	Non, elles _____ .

Test 11. Quelques verbes pronominaux (présent, infinitif, impératif).

Fill in the blanks with the appropriate verbs. *[26-B, D; 27-A, B]*

1. Paul *wakes up* at seven.   Paul _____ à sept heures.

2. Pierre, *get up!*   Pierre, _____ !

3. Thérèse *gets up* at eight.   Thérèse _____ à huit heures.

4. We *are getting dressed.*   Nous _____ .

5. My father *is shaving.*   Mon père _____ .

6. I want *to rest.*   Je veux _____ .

7. You can't *remember* that story. Tu ne peux pas _____ de cette histoire.

8. We like *to go for walks.*   Nous aimons _____ .

9. Henri *goes to bed* late.   Henri _____ tard.

10. Marc and Paul, *don't get impatient!*   Marc et Paul, _____ !

11. Jean, *don't stop* at the café. Jean, _____ au café.

12. *Let's hurry!*   _____ !

Vocabulaire

Test 12. Logique!

Indicate the letter of the option that completes the sentence logically.

1. En hiver, quand il fait très froid, on peut faire _____.
    a. de la voile   b. du snowboard   c. de la planche à voile   d. de la natation

2. Après six heures du soir, il n'est pas nécessaire de payer le parking parce qu'il est _____.
    a. seul   b. cher   c. gratuit   d. bon marché

3. Les Dulac habitent un immeuble moderne dans _____.
    a. l'usine   b. la banlieue   c. le bâtiment   d. la circulation

4. Excusez-moi. Je me suis _____.
    a. arrêté   b. trompé   c. préoccupé   d. préparé

5. Écoutez! Est-ce que vous entendez _____? Qu'est-ce que c'est?
    a. cette bande dessinée   b. ce roman   c. la vérité   d. ce bruit

6. Vraiment, je ne comprends pas ce que tu _____.
    a. rends   b. prêtes   c. vis   d. veux dire

7. La police a posé des questions à un témoin qui a assisté _____.
    a. au cambriolage   b. à l'émission   c. au mensonge   d. au roman policier

8. M. Leblond suit un _____ parce qu'il veut maigrir.
    a. plat   b. cours   c. devoir   d. régime

9. J'ai mal _____ parce que j'ai couru!
    a. au cou   b. à la gorge   c. à la figure   d. aux jambes

10. Alice est restée chez elle parce qu'elle a un très mauvais _____.
    a. dos   b. rhume   c. peigne   d. pied

11. Ce soir, nous allons regarder _____ à la télévision.
    a. un feuilleton   b. un cinéma   c. une chaîne   d. une scène

12. Brosse-toi les dents avec _____.
    a. du savon   b. un peigne   c. les doigts   d. du dentifrice

Test 13. Le mot exact.

Fill in the blanks with the noun that logically completes the sentence.

1. Michel a un _____ avec Véronique. Il va la retrouver au café des

   Arts à une heure.

2. J'ai réussi à l'examen et le professeur m'a donné une bonne _____.

3. Préférez-vous habiter en ville ou à la _____?

4. _____ j'ai fait mes devoirs. Ensuite, je suis sorti avec mes copains.

5. Thierry est honnête. Il dit toujours la _____.

6. À l'université, Céline étudie le _____ parce qu'elle veut être avocate.

7. J'ai été victime d'un _____. Quelqu'un a volé mon ordinateur.

8. Mon sport préféré est la _____ ! J'adore nager.

9. M. Rocard va suivre un _____ parce qu'il veut maigrir.

10. J'ai une migraine. Je prends de l'aspirine parce que j'ai mal à la _____.

UNITÉ **10** Perspectives d'avenir

LEÇON **28** Une candidate parfaite

| Le français écrit |

1 **La personnalité.** Informez-vous sur les personnes suivantes. Utilisez ces renseignements pour les décrire. Utilisez le verbe **être** et la forme correcte d'un des adjectifs suivants. *[Section A, p. 451]*

actif	conservateur	créateur	ennuyeux	étranger
inquiet	paresseux	ponctuel	sportif	travailleur

❋ Fatima est toujours à l'heure.   ***Elle est ponctuelle.***

1. Sophie et Mathilde font du jogging tous les jours.

   _____

2. Ces filles ne préparent pas leurs examens.

   _____

3. La secrétaire de Mlle Maubert travaille beaucoup.

   _____

4. Ces garçons sont extrêmement dynamiques.

   _____

5. Vraiment, Amélie n'est pas drôle.

   _____

6. Cette jeune artiste a une imagination extraordinaire.

   _____

7. Cette personne est extrêmement traditionnelle.

   _____

8. Sarah se préoccupe de tout.

   _____

9. Ces étudiantes habitent en France, mais elles ne sont pas françaises.

   _____

2 **Questions.** Complétez les questions avec la forme correcte des adjectifs entre parenthèses. *[Section A, p. 451]*

✱ (favori) Quelle est ta recette *(recipe)* __*favorite*_____ ?

1. (fou) Qui a eu cette idée *(idea)*_____?

2. (jaloux) Pourquoi est-ce que Charlotte est _____?

3. (long) Est-ce que Aïcha va mettre une robe _____?

4. (gros) As-tu une _____ voiture?

5. (gentil) Est-ce que la soeur de Habib est _____?

6. (roux) Qui est la fille _____?

3 **Commentaires personnels.** Complétez les phrases suivantes avec au moins deux adjectifs du Vocabulaire à la page 450.

1. Je suis _____

2. J'ai une amie _____

3. J'ai des amis _____

4. J'ai des professeurs _____

5. Aujourd'hui, les hommes sont _____

6. Aujourd'hui, les femmes sont _____

7. Je respecte les personnes _____

8. Je n'aime pas les gens _____

4 **Des conseils.** Donnez aux personnes suivantes certains conseils. Pour cela, utilisez l'impératif et un adverbe en **-ment** dérivé de l'adjectif souligné. *[Section B, p. 452]*

✱ Sylvie n'est pas <u>calme</u>. (parler) ***Parle calmement!***

1. Henri n'est pas <u>consciencieux</u>. (étudier) _____

2. Paul n'est pas <u>sérieux</u>. (travailler) _____

3. Paul et Guy ne sont pas <u>discrets</u>. (parler) _____

4. Gérard n'est pas <u>patient</u>. (attendre) _____

5. Laure n'est pas <u>prudente</u>. (jouer) _____

6. Antoine n'est pas <u>élégant</u>. (s'habiller) _____

7. Christian n'est pas <u>franc</u>. (parler) _____

5 **Des personnalités.** Informez-vous sur les personnes suivantes et dites ce qu'elles font. Pour cela, utilisez les verbes entre parenthèses dans une construction employant l'infinitif. Notez que vos phrases peuvent être affirmatives ou négatives. Soyez logique! *[Section C, p. 455]*

✽ Caroline est sportive. (apprendre / faire du ski nautique)
Elle apprend à faire du ski nautique.

1. Ces employés sont ponctuels. (commencer / travailler à neuf heures)

_____

2. Vous êtes généreux. (hésiter / aider vos amis)

_____

3. Cette artiste est créatrice. (cesser / avoir des idées originales)

_____

4. Tu n'es pas ambitieux. (chercher / avoir des responsabilités)

_____

5. Nous sommes irrésolus *(indecisive)*. (hésiter / prendre des décisions)

_____

6. Ces étudiants sont paresseux. (essayer / faire des progrès)

_____

7. Je suis travailleur. (s'arrêter / étudier)

_____

8. Vous êtes consciencieux. (oublier / faire vos devoirs)

_____

6 **L'interview.** Un représentant d'Air France va interviewer les étudiants suivants. Dites dans quel ordre chacun va être interviewé. *[Section D, p. 458]*

✽ Monique (3ᵉ)   *Monique est la troisième.*

1. Jacques (1ᵉʳ) _____   6. Youcef (12ᵉ) _____

2. Sophie (2ᵉ) _____   7. Jamila (15ᵉ) _____

3. Antoine (7ᵉ) _____   8. Pauline (20ᵉ) _____

4. Yasmina (8ᵉ) _____   9. Nicolas (21ᵉ) _____

5. Philippe (10ᵉ) _____   10. Ali (22ᵉ) _____

À votre tour

Olivier va vous parler de lui-même. Il va aussi vous poser des questions. Répondez à ses questions.

1. Je suis assez sportif. Et toi? En ce moment, j'apprends à faire de la voile. Et toi, quels sports apprends-tu en ce moment? Quand as-tu appris à nager? à faire du ski?

   _____

   _____

   _____

   _____

   _____

   _____

2. En général, je suis un étudiant travailleur mais pas toujours. Et toi? Quelles sont les choses que tu oublies de faire? Quelles sont les choses que tu refuses de faire? Est-ce que tu regrettes d'être à l'université? Pourquoi ou pourquoi pas?

   _____

   _____

   _____

   _____

   _____

   _____

3. J'ai pris de bonnes résolutions récemment. Par exemple, j'ai décidé de faire du jogging tous les jours. J'ai aussi cessé de fumer. Est-ce qu'il y a des choses que tu as décidé de faire? Quoi? Est-ce qu'il y a des choses que tu t'es arrêté(e) de faire? Quoi?

   _____

   _____

   _____

   _____

   _____

   _____

Le français parlé

La langue française

A **Vocabulaire: La description — la personnalité.** Écoutez et répétez.

CD13-2 Un homme peut être actif, courageux et travailleur.

Une femme peut être active, courageuse et travailleuse.

ambitieux	ambitieuse
généreux	généreuse
paresseux	paresseuse
attentif	attentive
naïf	naïve
intellectuel	intellectuelle
ponctuel	ponctuelle
musicien	musicienne
mignon	mignonne
familier	familière
étranger	étrangère
discret	discrète
inquiet	inquiète
créateur	créatrice

B **Vocabulaire: La description — d'autres caractéristiques.** Écoutez et répétez.

CD13-3 gros	grosse
faux	fausse
roux	rousse
doux	douce
jaloux	jalouse
fou	folle
favori	favorite
net	nette
sot	sotte
gentil	gentille
long	longue
blanc	blanche
franc	franche
public	publique

C **Identification de formes.** You will hear a series of sentences describing different people whose
CD13-4 names can be given to men or women. Can you tell from the form of the adjectives whether
these phrases describe a man or a woman? Indicate either masculine or feminine.

1. ◯ masculine   ◯ feminine   6. ◯ masculine   ◯ feminine

2. ◯ masculine   ◯ feminine   7. ◯ masculine   ◯ feminine

3. ◯ masculine   ◯ feminine   8. ◯ masculine   ◯ feminine

4. ◯ masculine   ◯ feminine   9. ◯ masculine   ◯ feminine

5. ◯ masculine   ◯ feminine   10. ◯ masculine   ◯ feminine

D **Conversation: Eux aussi!** Vincent is describing certain people and objects. Each description is
CD13-5 followed by a question. Answer his questions using the same adjectives. Then listen to check
your answer.

✳ Vincent: Nicolas est sportif. Et Sophie?

   Vous: *Elle aussi est sportive.*

E **Situations: Est-ce que c'est vrai?** You will hear descriptions of several people. After each
CD13-6 description you will hear a second sentence. State whether this second sentence is true or not.
Then listen to check your answer.

✳ Henri n'aime pas travailler. Il est paresseux.   *C'est vrai! Il est paresseux.*

   Louis déteste jouer au tennis. Il est très sportif.   *C'est faux! Il n'est pas très sportif.*

F **Conversation: Comment?** Listen to the adjective used to describe each of the following people.
CD13-7 Then answer Yasmina's question about how each acts or reacts by using the corresponding
adverb. Then listen to check your answer.

✳ Yasmina: Sophie est polie. Comment répond-elle aux questions?

   Vous: *Elle répond poliment.*

G **Verbes suivis de l'infinitif.** Écoutez et répétez les verbes suivis de **à** + infinitif.

CD13-8

apprendre à	Nous apprenons à faire de la voile.
chercher à	Je n'ai pas cherché à gagner de l'argent.
commencer à	J'ai commencé à travailler lundi.
continuer à	Continuez-vous à étudier le français?
hésiter à	N'hésitez pas à exprimer votre opinion.
réussir à	J'ai réussi à réparer ma voiture.

Maintenant écoutez et répétez les verbes suivis de **de** + infinitif.

s'arrêter de	Quand est-ce que tu t'arrêtes d'étudier?
cesser de	J'ai cessé de fumer.
choisir de	J'ai choisi d'étudier le chinois.
décider de	Nous avons décidé de partir en vacances.
essayer de	Essayez de trouver un job!
finir de	J'ai fini de regarder le journal.
oublier de	As-tu oublié de mettre une annonce?
refuser de	Nous refusons de répondre à la question.
regretter de	Je ne regrette pas d'apprendre le français.
rêver de	Caroline rêve d'acheter une voiture de sport.
se souvenir de	Est-ce que tu t'es souvenu de téléphoner à Paul?

H **Réactions personnelles.** Listen carefully to the following statements and determine whether or
CD13-9 not you do the same things. If you do, mark **moi aussi.** If you do not do the same thing, mark
pas moi.

1. ○ moi aussi   ○ pas moi

2. ○ moi aussi   ○ pas moi

3. ○ moi aussi   ○ pas moi

4. ○ moi aussi   ○ pas moi

5. ○ moi aussi   ○ pas moi

6. ○ moi aussi   ○ pas moi

7. ○ moi aussi   ○ pas moi

8. ○ moi aussi   ○ pas moi

Dialogue

I **Concierge.** Imaginez que vous êtes concierge dans un grand immeuble. Quelqu'un vous
CD13-10 demande à quel étage habitent certaines personnes. Répondez en utilisant les indications
données. Notez que le mot **étage** signifie *floor*. Écoutez pour vérifier la réponse.

❋ Où habite Mademoiselle Dupuis? ***Elle habite au cinquième étage.***

LOCATAIRE	ÉTAGE
Arnaud	12
Beaudoin	8
Charron	21
Dupuis	5
Eckenspieler	11
Fabre	9
Guignard	16
Henri	2
Lévy	10
Marceau	7
Pascal	1
Reboul	6
Velasquez	3

© Cengage Learning

Phonétique

J **Consonnes finales.** When a French word ends in a consonant sound, that final consonant is
CD13-11 very distinctly pronounced. This makes it easier to distinguish many feminine adjectives and
plural verbs.

Répétez: doux – dou<u>c</u>e   jaloux – jalou<u>s</u>e   favori – favori<u>t</u>e   long – lon<u>gu</u>e

blanc – blan<u>ch</u>e   grand – gran<u>d</u>e   sérieux – sérieu<u>s</u>e   discret – discrè<u>t</u>e

il vend – ils ven<u>d</u>ent   il finit – ils fini<u>ss</u>ent   il boit – ils boi<u>v</u>ent   il met – ils me<u>tt</u>ent

il doit – ils doi<u>v</u>ent   il suit – ils sui<u>v</u>ent   il lit – ils li<u>s</u>ent   il vit – ils vi<u>v</u>ent

Dictée

K **Nicolas et ses soeurs.**
CD13-12

_____ Nicolas?

C'est un garçon très _____ et très _____.

Ses soeurs sont _____.

Christine est une fille très _____, mais elle n'est pas très

_____.

Sophie est une fille très _____ et très _____.

Voilà pourquoi elle a beaucoup _____.

Nom ________________________________ Date ______________

LEÇON 29 Après l'université

Le français écrit

1 **Sur les Champs-Élysées.** Les personnes suivantes se promènent sur les Champs-Élysées. Dites qui elles aperçoivent ou qui elles ont aperçu. Utilisez le verbe **apercevoir** au présent (phrases 1 à 4) et au passé composé (phrases 5 et 6). *[Section A, p. 463]*

Présent

1. Guillaume ______________________ le copain de sa soeur.
2. J' ______________________ mon patron *(boss)*.
3. Nous ______________________ un ami d'université.
4. Mes amis ______________________ des touristes américains.

Passé composé

5. Hier, j' ______________________ mon professeur de maths.
6. La semaine dernière, nous ______________________ une actrice célèbre *(famous)*.

2 **Vouloir, c'est pouvoir!** *(Where there's a will, there's a way!)* Dites que les personnes suivantes réaliseront leurs projets. Utilisez le futur des verbes soulignés. *[Section B, p. 464]*

❊ Alexandre veut habiter à Paris. ***Il habitera à Paris.***

1. Je veux réussir dans mes études. ______________________
2. Nicolas veut se marier. ______________________
3. Ces étudiants veulent choisir une profession intéressante. ______________________
4. Mathieu veut gagner beaucoup d'argent. ______________________
5. Nous voulons voyager. ______________________
6. Mélanie veut apprendre le russe. ______________________
7. Mes cousins veulent maigrir. ______________________
8. Vincent veut partir pour Tahiti. ______________________
9. Vous voulez vivre à Paris. ______________________
10. Tu veux t'amuser. ______________________
11. Je veux écrire un roman. ______________________

3 Cet été. Dites ce que les étudiants vont faire cet été en complétant la première phrase avec le futur du premier verbe entre parenthèses. Puis, soyez logique et complétez la deuxième phrase avec la forme affirmative ou négative du futur du deuxième verbe entre parenthèses. *[Section B, p. 464]*

✱ (suivre / grossir) Ces garçons _**suivront**_ un régime. Ils _**ne grossiront pas**_.

1. (travailler / se reposer) Nous _____. Nous _____.

2. (acheter / se promener) Estelle _____ un vélo. Elle _____ dans la campagne.

3. (rester / partir) Vous _____ chez vous. Vous _____ en vacances.

4. (passer / connaître) Je _____ un mois à Nice. Je _____ des Français.

5. (voyager / rester) Ali _____. Il _____ chez lui.

6. (étudier / apprendre) Tu _____ à l'Alliance française. Tu _____ l'espagnol.

4 Des projets. Décrivez les projets des personnes suivantes. Utilisez le futur des verbes suggérés. *[Section C, p. 468]*

> aller   avoir   être   faire

✱ Alice _**sera**_ millionnaire. Elle _**aura**_ une Rolls-Royce.

1. Nous _____ un voyage en Asie. Nous _____ au Tibet.

2. Tu _____ le président de ta compagnie. Tu _____ beaucoup de responsabilités.

3. Vous _____ à Monte Carlo. Vous _____ fortune!

4. Je _____ acteur de cinéma. J' _____ beaucoup d'admiratrices.

5 Quand? Dites quand vous ferez les choses suivantes. Utilisez le futur. *[Section C, p. 468]*

✱ aller en vacances   *J'irai en vacances en juin (dans deux mois, après les examens...).*

1. aller à la bibliothèque _____

2. faire les courses _____

3. recevoir une lettre _____

4. voir mes parents _____

5. courir dans une course *(race)*_____

6. savoir piloter un avion _____

7. avoir un examen _____

8. obtenir mon diplôme _____

6 **Plus tard!** *(Later!)* Pour le moment, les personnes suivantes ne font pas certaines choses. Dites quand elles feront ces choses. Utilisez le futur. *[Section C, p. 468]*

✻ Je ne peux pas t'aider. ___*Je t'aiderai*_____ dans deux heures.

1. Tu ne viens pas chez moi. _____ à trois heures.

2. Audrey ne voit pas ses amis. _____ ce week-end.

3. Maxime ne veut pas se reposer. _____ après le dîner.

4. Les étudiants ne doivent pas étudier. _____ pour l'examen.

5. Émilie n'envoie pas cette lettre. _____ demain.

6. Emmanuel ne va pas à la plage. _____ dimanche.

7. Luc ne sait pas nager. _____ s'il prend des leçons.

7 **Si...** Dites ce que chaque personne fera dans les circonstances suivantes. Utilisez le futur et votre imagination! *[Section D, p. 472]*

✻ Si nous allons en France, ___*nous visiterons Paris.*_____

1. Si Mathieu n'a rien à faire ce soir, _____

2. Si Pierre et Philippe gagnent à la loterie, _____

3. Si Céline et Sophie ont le temps, _____

4. Si Charlotte n'a pas son diplôme, _____

5. Si Antoine a de l'argent, _____

8 **Conséquences.** Certaines actions provoquent certaines conséquences. Expliquez cela selon le modèle. *[Section E, p. 473]*

✻ Anthony (réussir / étudier plus) **Anthony réussira quand il étudiera plus.**

1. (envoyer cette lettre / aller à la poste)

Tu _____

2. (maigrir / faire de l'exercice)

Vous _____

3. (chercher du travail / avoir son diplôme)

Laura _____

4. (gagner de l'argent / travailler)

Je _____

5. (avoir des responsabilités / être la présidente de sa compagnie)

Élodie _____

À votre tour

Thomas vous pose des questions sur vos projets. Répondez-lui.

1. Qu'est-ce que tu feras ce week-end s'il fait beau? Où iras-tu? Et qu'est-ce que tu feras s'il pleut?

   _____

   _____

   _____

2. Qu'est-ce que tu feras quand tu auras ton diplôme? Et si tu n'as pas ton diplôme?

   _____

   _____

3. Qu'est-ce que tu feras avec ton argent quand tu auras un travail? Est-ce que tu t'achèteras une nouvelle voiture?

   _____

   _____

   _____

4. Quand est-ce que tu te marieras? Combien d'enfants auras-tu?

   _____

5. Qu'est-ce que tu feras dans dix ans? Où habiteras-tu? Est-ce que tu gagneras beaucoup d'argent? Comment est-ce que tu le dépenseras?

   _____

   _____

   _____

6. Qu'est-ce que tu feras quand tu seras à la retraite *(retired)*? Qu'est-ce que tu ne feras pas?

   _____

   _____

   _____

Le français parlé

La langue française

A **Vocabulaire: Expressions de temps.** Écoutez et répétez.

CD13-13

Ma soeur aura bientôt son diplôme.
Alors, elle cherchera du travail.
J'arrive tout de suite.
Je descendrai dans un instant.
Je téléphonerai à Sophie dans une minute.

Je lui téléphonerai de nouveau demain.
Nous sommes en avance pour notre rendez-vous.
Soyez à l'heure!
Si tu ne pars pas maintenant, tu vas être en retard.

B **Le verbe *recevoir*.** Écoutez et répétez.
CD13-14

Je voudrais recevoir ta réponse.
Je reçois une lettre.
Tu reçois un email.
Éric reçoit son diplôme.
Nous recevons cette revue.
Vous recevez un bon salaire.
Elles reçoivent de l'argent de leurs parents.
J'ai reçu une bonne note à l'examen.

Ne décevez pas vos parents.
As-tu aperçu ton prof ce matin?
Je me suis aperçu de mon erreur.

C **Le futur: Formation.** Écoutez et répétez le futur du verbe **habiter**.
CD13-15

j'habiterai	nous habiterons
tu habiteras	vous habiterez
il habitera	elles habiteront

Écoutez et répétez le futur du verbe **finir**.

je finirai	nous finirons
tu finiras	vous finirez
il finira	elles finiront

Écoutez et répétez le futur du verbe **vendre**.

je vendrai	nous vendrons
tu vendras	vous vendrez
il vendra	elles vendront

Écoutez et répétez le futur du verbe **dire**.

je dirai	nous dirons
tu diras	vous direz
il dira	elles diront

D **Conversation: L'avenir.** Stéphanie is asking about your future plans. Answer her questions in CD13-16 the affirmative. Then listen to check your answer.

✳ STÉPHANIE: Est-ce que tu vas chercher un travail intéressant?

    VOUS: *Oui, je chercherai un travail intéressant.*

Now say that you will *not* do the following activities. Then listen to check your answer.

✳ STÉPHANIE: Est-ce que tu vas manger du caviar?

    VOUS: *Non, je ne mangerai pas de caviar.*

E **Futurs irréguliers: Formation.** Écoutez et répétez les futurs irréguliers.
CD13-17

être	Nous serons à l'heure.
faire	Est-ce qu'il fera beau ce week-end?
aller	J'irai à Québec l'été prochain.
avoir	Vincent aura une bonne lettre de recommandation.
savoir	Je ne saurai jamais la vérité.
courir	Est-ce que tu courras dans le marathon?
pouvoir	Vous pourrez voyager.
voir	Nous verrons nos amis ce soir.
envoyer	Est-ce que tu m'enverras une photo?
devoir	Tu devras trouver un job.
recevoir	Nous recevrons notre diplôme en mai.
vouloir	Mes cousins ne voudront pas venir avec nous.
venir	Viendrez-vous avec nous?
obtenir	Anne obtiendra son passeport demain.
il y a	Il y aura un concert dimanche.
il faut	Il faudra acheter des billets.
il pleut	J'espère qu'il ne pleuvra pas.

F **Conversation: Le week-end.** Thomas is asking you about your weekend plans. Answer him in CD13-18 the affirmative, using the future tense. Then listen to check your answer.

✳ THOMAS: Est-ce que tu vas aller à la piscine?

    VOUS: *Oui, j'irai à la piscine.*

Now say that you will *not* do the following things. Then listen to check your answer.

✳ THOMAS: Est-ce que tu vas aller à la bibliothèque?

    VOUS: *Non, je n'irai pas à la bibliothèque.*

G **Narration: Demain.** Listen to what the following people are not doing today. Say that they will
CD13-19 do these things tomorrow. Then listen to check your answer.

❊ Jean-Paul ne fait pas les courses.   *Il fera les courses demain.*

H **Vocabulaire: Quelques professions.** Écoutez et répétez les noms des professions pour les hom-
CD13-20 mes et les femmes.

les professions médicales

un médecin	un médecin
un dentiste	une dentiste
un infirmier	une infirmière
un pharmacien	une pharmacienne

les professions littéraires et artistiques

un écrivain	un écrivain
un cinéaste	une cinéaste
un photographe	une photographe
un acteur	une actrice
un journaliste	une journaliste
un architecte	une architecte

les professions légales et commerciales

un avocat	une avocate
un chef d'entreprise	un chef d'entreprise
un vendeur	une vendeuse
un homme d'affaires	une femme d'affaires

les professions administratives

un comptable	une comptable
un secrétaire	une secrétaire
un fonctionnaire	une fonctionnaire
un employé	une employée

les professions scientifiques

un ingénieur	un ingénieur
un technicien	une technicienne
un chercheur	une chercheuse
un informaticien	une informaticienne

I **Compréhension orale.** You will hear a series of statements describing what different people
CD13-21 will be doing. Select the corresponding profession.

❊ *Charlotte travaillera à l'hôpital Pasteur.*

Charlotte	<u>infirmière</u>	journaliste
1. Pierre	vendeur	médecin
2. Philippe	ouvrier	fonctionnaire
3. Julie	avocate	ingénieur
4. Antoine	vendeur	architecte
5. Fatima	patronne	journaliste
6. Vincent	employé	médecin
7. Amélie	chef d'entreprise	fonctionnaire
8. Thomas	écrivain	avocat

Maintenant vérifiez vos réponses. After each person's name is stated, say what you have
decided his or her profession will be. Then listen to check your answer.

❊ Charlotte   *Elle sera infirmière.*

Unité 10   Leçon 29   **307**

J **Narration: À Paris.** You will hear what several people want to do when they are in Paris. Say
CD13-22 that if they go to Paris they will do these things. Then listen to check your answer.

✱ Marc veut visiter le Louvre. ***Si Marc va à Paris, il visitera le Louvre.***

K **Narration: Quand?** Say what things must happen before the following people go to Paris.
CD13-23 Then listen to check your answer.

✱ Marie doit avoir son passeport. ***Quand Marie aura son passeport, elle ira à Paris.***

Dialogue

L **D'accord!** Amélie va vous demander de faire certaines choses. Exprimez votre accord et dites
CD13-24 quand vous ferez ces choses. Utilisez les informations données. Écoutez pour vérifier la réponse.

✱ à deux heures

AMÉLIE: Va à la poste!

Vous: ***D'accord, j'irai à la poste à deux heures.***

1. avant le dîner
2. après la classe
3. avant le week-end
4. pour le rendez-vous
5. pour la classe d'histoire
6. demain
7. dimanche soir
8. avant jeudi

Phonétique

M **Les lettres «in» et «im».** English speakers often have trouble pronouncing the letters "in" and
CD13-25 "im" correctly in French.

- The letters "in(n)" + *vowel* are pronounced /in/, as in the English "seen" (and not "sin").

Répétez: cop<u>in</u>e   m<u>in</u>ute   <u>in</u>utile   <u>in</u>égal   méde<u>cin</u>e   <u>inn</u>ovation   <u>inn</u>ocent

- The letters "im(m)" + *vowel* are pronounced /im/, as in the English "deem" (and not "dim").

Répétez: <u>im</u>age   <u>im</u>iter   Max<u>im</u>e   <u>imm</u>ense   <u>imm</u>édiat   <u>imm</u>euble

- The letters "in," "yn" + *consonant* represent the nasal vowel /ɛ̃/; the "n" is not pronounced.

Répétez: <u>in</u>firmier   <u>in</u>génieur   <u>in</u>formation   <u>in</u>discret   <u>in</u>stant   s<u>in</u>gulier   s<u>yn</u>dicat

- The letters "im," "ym" + *consonant* represent the nasal vowel /ɛ̃/; the "m" is not pronounced.

Répétez: <u>im</u>per   <u>im</u>patient   <u>im</u>possible   <u>im</u>pulsif   s<u>im</u>ple   s<u>ym</u>pa   s<u>ym</u>bole

Dictée

N **Voyage en Italie.**
CD13-26

Si j' _____ cet été, je _____ un voyage en

Italie avec mon ami Pierre.

Nous _____ d'abord à Rome.

Quand nous _____ là-bas, nous _____ mes cousins.

J'espère qu'ils _____ un hôtel bon marché.

Je _____ un email quand je _____ la date de notre départ.

Nom ______________________________ Date ______________

LEÇON 30 Si j'avais plus d'argent...

Le français écrit

1 **Les vacances.** Dites si oui ou non vous feriez les choses suivantes si c'étaient les vacances. Utilisez le conditionnel. *[Section A, p. 480]*

❈ sortir souvent? ***Oui, je sortirais souvent.***

ou: ***Non, je ne sortirais pas souvent.***

1. aller à la piscine? ______________________________
2. être de mauvaise humeur? ______________________________
3. jouer au tennis? ______________________________
4. travailler? ______________________________
5. voir vos cousins? ______________________________
6. étudier? ______________________________
7. faire des promenades? ______________________________
8. lire des livres français? ______________________________
9. avoir beaucoup de rendez-vous? ______________________________
10. dormir beaucoup? ______________________________
11. envoyer des textos à vos amis? ______________________________
12. courir tous les jours? ______________________________

2 **Avec plus d'argent.** Tout le monde a une idée de ce qu'on peut faire avec plus d'argent. Dites ce que feraient les personnes suivantes. Utilisez le conditionnel. *[Section A, p. 480]*

✱ nous / faire un voyage en Italie   ***Nous ferions un voyage en Italie.***

1. Élodie et Nicole / être généreuses avec leurs amies

   _____

2. vous / envoyer de l'argent à vos parents

   _____

3. Gérard / devenir mécène *(patron of the arts)*

   _____

4. tu / vouloir voyager souvent

   _____

5. Julien / avoir un appartement à Paris

   _____

6. Vincent / aller en Grèce pendant les vacances

   _____

7. mes parents / pouvoir s'acheter une nouvelle maison

   _____

8. nous / voir toutes les merveilles *(marvels)* du monde

   _____

9. je / faire des économies

   _____

10. M. Armand / devoir payer plus d'impôts *(taxes)*

    _____

3 **Commentaires personnels.** Complétez les phrases avec une expression personnelle. Utilisez le conditionnel. *[Section B, p. 482]*

1. Si j'étais riche, _____

2. Si le professeur était malade, _____

3. Si je n'allais pas à l'université, _____

4. Si mes amis et moi passions les vacances en Suisse, nous _____

5. Si j'avais beaucoup de loisirs, _____

6. Si mes parents étaient millionnaires, _____

4   **Annonces.** Les personnes suivantes ont fait certaines annonces. Décrivez ces annonces selon le modèle. *[Section B, p. 482]*

    ✲ je / dire / répondre à ta lettre   ***J'ai dit que je répondrais à ta lettre.***

    1. mes cousins / téléphoner / venir dimanche

    _____

    2. Ali / dire / passer cet après-midi

    _____

    3. Clément et Émilie / annoncer / se marier en mai

    _____

    4. Guillaume / écrire / aller en Suisse pendant les vacances

    _____

5   **Si...** Les personnes suivantes ne font pas certaines choses. Expliquez ce qu'elles feraient si leur situation changeait. *[Section C, p. 484]*

    ✲ Je ne travaille pas. Je ne gagne pas d'argent.   ***Si je travaillais, je gagnerais de l'argent.***

    1. Thomas n'a pas de voiture. Il ne va pas à la plage.

    _____

    2. Vous ne travaillez pas. Vous ne réussissez pas.

    _____

    3. Tu n'as pas d'argent. Tu ne voyages pas.

    _____

    4. Marie ne se repose pas. Elle n'est pas en bonne santé.

    _____

    5. Nous ne sommes pas en vacances. Nous ne nous reposons pas.

    _____

    6. Nicolas ne suit pas de régime. Il ne maigrit pas.

    _____

6 **Conditions.** Complétez les phrases suivantes avec la forme et le temps appropriés (présent, imparfait, futur, conditionnel) du verbe entre parenthèses. *[Section C, p. 484]*

1. (être) Si vous _____ plus généreux, vous aideriez vos amis!

2. (gagner) Qu'est-ce que tu ferais si tu _____ à la loterie?

3. (louer) Si nous allons en France, nous _____ une voiture.

4. (rester) Si je _____ chez moi cet été, je chercherai du travail.

5. (avoir) Si Malik _____ son appareil photo, il prendra des photos.

6. (aller) Nous _____ à la plage s'il faisait beau!

7. (étudier) J'_____ plus sérieusement si j'étais toi!

8. (faire) Si vous _____ attention, vous ne feriez pas d'erreur.

À votre tour

Yasmina vous demande ce que vous feriez et ne feriez pas dans certaines circonstances. Répondez à ses questions.

1. Que ferais-tu si tu avais beaucoup d'argent?

   _____

   _____

2. Que ferais-tu si tu gagnais un voyage pour faire le tour du monde *(to go around the world)*?

   _____

   _____

3. Que ferais-tu si tu n'étais pas étudiant(e)?

   _____

   _____

4. Que ferais-tu si tu pouvais changer le monde?

   _____

   _____

5. Que ferais-tu si tu n'avais plus que six mois à vivre?

   _____

   _____

🔊 **Le français parlé**

La langue française

A **Vocabulaire: Projets de vacances.** Écoutez et répétez.

CD14-2 As-tu eu l'occasion de voyager cet été?

Les grandes vacances durent trois mois.

Je voulais aller au Japon cet été, mais je n'ai pas réalisé ce projet.

Est-ce que chacun a acheté son billet d'avion?

L'année dernière, je suis allé au Canada. Cette année, je vais aller ailleurs.

Il est allé vers la plage.

Il rentrera vers midi.

J'ai étudié à cause de l'examen.

J'ai raté mon examen. Cependant j'avais beaucoup travaillé.

Anne réussit toujours à ses examens. Pourtant, elle ne travaille pas beaucoup.

B **Le conditionnel: Formation.** Répétez les formes du conditionnel du verbe **habiter** dans

CD14-3 l'expression **habiter en France.**

J'habiterais en France.   Nous habiterions en France.

Tu habiterais en France.   Vous habiteriez en France.

Il habiterait en France.   Ils habiteraient en France.

C **Identification de formes.** You will hear a series of sentences. Is the speaker stating a definite

CD14-4 plan, or is he merely talking about a hypothetical project? Listen carefully to the tense of the verb. If the verb is in the future tense, the plan is definite. Mark **certitude.** If the verb is in the conditional, the project is hypothetical. Mark **hypothèse.**

1. ○ certitude   ○ hypothèse   7. ○ certitude   ○ hypothèse
2. ○ certitude   ○ hypothèse   8. ○ certitude   ○ hypothèse
3. ○ certitude   ○ hypothèse   9. ○ certitude   ○ hypothèse
4. ○ certitude   ○ hypothèse   10. ○ certitude   ○ hypothèse
5. ○ certitude   ○ hypothèse   11. ○ certitude   ○ hypothèse
6. ○ certitude   ○ hypothèse   12. ○ certitude   ○ hypothèse

D **Situation: En France.** Imagine that you are planning to spend some time in France. You are go-

CD14-5 ing to hear a series of activities. Say that you would do these things if you were going to France. Then listen to check your answer.

✻ aller à Paris   *Oui, j'irais à Paris.*

Now say you would *not* do the following things. Then listen to check your answer.

✻ aller dans les Alpes   *Non, je n'irais pas dans les Alpes.*

E **Narration: Avec mille dollars.** You will hear what various people would like to do. Say that with

CD14-6 one thousand dollars, they would do these things. Then listen to check your answer.

✻ Je voudrais aller en Espagne.   *Avec mille dollars, j'irais en Espagne.*

F **Narration: Qu'est-ce qu'il a dit?** You will hear Youcef make certain statements about future

CD14-7 events. Report on what he said. Then listen to check your answer.

✻ YOUCEF: Caroline restera chez elle ce soir.

     Vous: *Il a dit que Caroline resterait chez elle ce soir.*

G **Narration: Si nous avions le temps...** You will hear what various people like to do. Say that they would do these things if they had the time. Then listen to check your answer.

❋ Tu voudrais écrire des poèmes. *Si tu avais le temps, tu écrirais des poèmes.*

Dialogue

H **Conditions.** Robert va vous demander ce que vous feriez dans certaines conditions. Répondez-lui sur la base des illustrations. Écoutez pour vérifier la réponse.

❋ ROBERT: Qu'est-ce que tu achèterais si tu avais mille dollars?

Vous: *J'achèterais un ordinateur.*

1.

2.

3.

4.

5.

6.

Phonétique

I **La chute du «e muet».** In the future and conditional of **-er** verbs, the final "e" of the infinitive is a "mute e" and is often dropped in conversational speech.

Répétez: je commenc*e*rai   tu invit*e*rais   il dîn*e*ra   nous quitt*e*rons   vous pass*e*rez
ils trouv*e*raient

This is also the case with stem-changing verbs in **-eler,-eter, -ener,** and **-ayer.**

Répétez: j'appell*e*rai   tu rappell*e*rais   vous achèt*e*rez   nous amèn*e*rons   ils pai*e*raient

Dictée

J **Après l'université.**

CD14-11

Qu'est-ce que _____ si je _____

étudiant? Je _____ ici. Si _____,

je _____. Je _____ de nouveaux pays.

J'_____ au Japon ou en Chine.

Je _____ en France après deux ou trois ans.

VIE PRATIQUE 10: EN VOYAGE

Écouter et parler

A **Voyage en train.** Écoutez la description d'un voyage récent de Madame Leclerc. Puis complétez
CD14-12 les phrases suivantes. Vous allez entendre la description deux fois.

1.	Madame Leclerc va...	(a) à la Gare de l'Est	(b) à la Gare du Nord.
2.	Elle achète un billet pour...	(a) Strasbourg	(b) Nancy.
3.	Elle prend un billet...	(a) aller simple	(b) aller-retour.
4.	Elle voyage...	(a) en première classe	(b) en seconde classe.
5.	Elle composte son billet...	(a) dans la gare	(b) dans le train.
6.	Elle consulte le tableau d'affichage...	(a) dans la gare	(b) dans le train.
7.	Pour chercher sa voiture, elle va...	(a) au guichet	(b) sur le quai.
8.	Le numéro de sa place est indiqué...	(a) sur le billet	(b) sur le tableau d'affichage.

B **Au guichet.** Vous êtes au guichet à la gare de Tours. Pour 1 à 4, répondez aux questions et
CD14-13 écoutez la confirmation. Pour 5 à 7, posez la question et écrivez la réponse.

1. Say you would like a ticket for Paris.

2. Say you would like a round trip.

3. Say you would like to travel in second class.

4. Ask what the ticket costs. Prix: _____

5. Ask when the train leaves. Heure du départ: _____

6. Ask from which platform. Numéro de quai: _____

C **Quelle voiture?** Écoutez bien chaque description. Puis indiquez quelle voiture chaque
CD14-14 personne va acheter. Soyez logique.

1.	_____	A.	une voiture de tourisme
2.	_____	B.	une voiture de sport
3.	_____	C.	un minivan
4.	_____	D.	une décapotable
5.	_____	E.	un 4 × 4

D **Voiture d'occasion.** Vous voulez acheter une voiture d'occasion *(used car)*. Posez les questions
CD14-15 et écoutez la confirmation. Puis notez les réponses.

1.	Ask what make it is.	Renault	Peugeot
2.	Ask if it is reliable.	oui	non
3.	Ask if it has automatic or manual transmission.	automatique	manuel
4.	Ask if it has air conditioning.	oui	non
5.	Ask if it has GPS.	oui	non
6.	Ask what kind of gas it uses.	essence ordinaire	gazole

Lire et écrire

E **Un billet de train.** Regardez le billet SNCF et répondez aux questions.

BILLET à composter avant l'accès au train

PARIS EST ➔ STRASBOURG

01 ADULTE

Départ 18/05 à 10H24 de PARIS EST
Arriv. à 12H43 à STRASBOURG
PERIODE DE POINTE   TGV   9215
CARTE SENIOR A PRESENTER-ECH/REMB SOUS CONDITIONS

Classe 2   VOITURE   07
PLACE ASSISE   37
01 FENETRE
SENS DE LA MARCHE   DUO

Départ   à   de ✳✳✳   Classe ✳
Arriv.   à   à

Prix par voyageur   64.00
BP SR11 873646951335   64.00   KM0503   PP   DV 364695133

Prix EUR   ✳✳64.00
CB 033673865

BTQ RENNES ST SUL   08711625342643   170511   10H31   6B0112   Dossier QPBQMD Page 1/1

Courtesy of SNCF and Rail Europe

1. Ce train part de Paris Gare de l'Est. Quelle est sa destination?

   _____

2. À quelle heure part le train? À quelle heure est-ce qu'il arrive à Strasbourg?

   _____

3. Combien de temps dure *(lasts)* le voyage?

   _____

4. La distance entre Paris et Strasbourg est approximativement 440 kilomètres. Quelle est la vitesse *(speed)* approximative du TGV Paris-Strasbourg (en kilomètres/heures)?

   _____

5. Combien coûte le billet? _____

6. Trouvez Strasbourg sur une carte de France. Puis visitez le site Internet de l'Office de Tourisme de Strasbourg: www.otstrasbourg.fr. Si vous pouviez passer trois jours à Strasbourg, qu'est-ce que vous feriez?

   _____

   _____

IMAGES DU MONDE FRANCOPHONE 10:
LA FRANCE DANS LE MONDE

A **La France dans le monde: Hier et aujourd'hui.** Lisez le texte (pp. 490–491) et complétez les phrases suivantes.

1. Au _____ siècle, la France était la première puissance mondiale.

2. Le _____ était la langue internationale de la diplomatie et du commerce.

3. Aujourd'hui, la France a une politique internationale _____.

4. La France est membre permanent du _____ des Nations Unies.

5. La France est membre fondateur de _____.

6. La France fait partie du _____ qui regroupe les 8 pays les plus industrialisés.

7. La France exporte des _____, comme les parfums, les bijoux et les vêtements.

8. En 1971, un groupe de médecins a créé _____.

9. En 1999, Médecins sans frontières a reçu le prix _____.

B **La France et l'Europe.** Lisez le texte (pp. 492–493). Puis indiquez si les phrases suivantes sont vraies ou fausses.

vrai   faux   1. L'idée d'une grande Europe unie est très ancienne.

vrai   faux   2. Elle devient une réalité après la Première Guerre mondiale.

vrai   faux   3. L'Europe est née officiellement en 1957.

vrai   faux   4. Le Traité de Paris a créé la CEE, ou «Marché Commun».

vrai   faux   5. Les six pays membres de la CEE sont: la France, l'Allemagne, l'Italie, la Hollande, la Belgique et le Luxembourg.

vrai   faux   6. Au cours des années, la CEE est devenue la CE (Communauté européenne).

vrai   faux   7. La CE est devenue l'Union européenne.

vrai   faux   8. Aujourd'hui, l'Union européenne est un grand bloc de 20 pays.

vrai   faux   9. Avec le passeport européen, on peut voyager d'un pays à l'autre sans formalité douanière.

vrai   faux   10. Avec le programme Erasmus, les jeunes Européens peuvent faire leurs études aux États-Unis.

C **Les emblèmes européens.** [Écoutez!] Écoutez les descriptions des emblèmes européens et CD14-16 faites-les correspondre avec l'image appropriée.

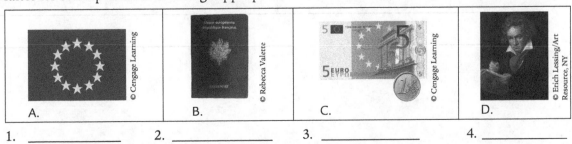

A.   B.   C.   D.

1. _____   2. _____   3. _____   4. _____

D **Deux réalisations européennes: Airbus et Ariane.** [Écoutez!] Lisez l'article sur les deux réalisa-
CD14-17 tions européennes: Airbus et Ariane (p. 493). Puis écoutez les phrases suivantes et indiquez si
elles sont vraies ou fausses.

1. vrai   faux   4. vrai   faux

2. vrai   faux   5. vrai   faux

3. vrai   faux   6. vrai   faux

E **La francophonie.** Lisez l'article sur la Francophonie (pp. 494–495). Puis indiquez si les pays
suivants sont membres de la Francophonie ou pas.

1. la France   oui   non   11. la Roumanie   oui   non

2. le Vietnam   oui   non   12. l'Égypte   oui   non

3. le Mexique   oui   non   13. le Québec   oui   non

4. le Cameroun   oui   non   14. la Belgique   oui   non

5. le Niger   oui   non   15. le Cambodge   oui   non

6. l'Australie   oui   non   16. le Pakistan   oui   non

7. le Togo   oui   non   17. la Suisse   oui   non

8. le Kenya   oui   non   18. la Guinée   oui   non

9. Haïti   oui   non   19. le Burkina Faso   oui   non

10. le Liban   oui   non   20. la Russie   oui   non

F **Après la lecture.** Quels sont les trois faits les plus importants que vous avez appris sur la
France dans le monde?

1. _____

_____

_____

2. _____

_____

_____

3. _____

_____

_____

Interlude littéraire   Numéro 5

Eugène Ionesco et le théâtre de l'absurde

A   **Faisons connaissance.** Allez à la page 496 et lisez la biographie d'Eugène Ionesco. Puis indiquez si les observations sont vraies ou fausses.

vrai   faux   1. Ionesco est un écrivain francophone.

vrai   faux   2. En 1970, il reçoit le Prix Nobel de Littérature.

vrai   faux   3. Ionesco est un auteur de théâtre classique.

vrai   faux   4. Dans le théâtre de l'absurde, les personnages n'ont pas beaucoup de personnalité.

vrai   faux   5. Dans *La Leçon*, l'élève devient agressive et tue le professeur.

B   **La Leçon.** Écoutez la scène entre le professeur et l'élève.

CD14-18

Extrait de *La Leçon*

En préparation de son «doctorat total» une élève arrive chez un professeur pour sa première leçon. Dans la scène qui suit, ils parlent du temps qu'il fait.

LE PROFESSEUR: Il fait beau aujourd'hui... ou plutôt° pas tellement...   *rather*

Oh! si quand même°. Enfin, il ne fait pas trop mauvais, c'est le   *after all*

principal... Euh... euh... Il ne pleut pas, il ne neige pas non plus.

L'ÉLÈVE: Ce serait bien étonnant°, car° nous sommes en été.   *astonishing / since*

LE PROFESSEUR: Je m'excuse, Mademoiselle, j'allais vous le dire...

mais vous apprendrez que l'on peut s'attendre à tout°.   *expect anything*

L'ÉLÈVE: Évidemment, Monsieur.

LE PROFESSEUR: Nous ne pouvons être sûrs de rien, Mademoiselle, en ce monde.

L'ÉLÈVE: La neige tombe l'hiver. L'hiver, c'est une des quatre saisons.

Les trois autres sont... euh... le prin....

LE PROFESSEUR: Oui?

L'ÉLÈVE: ...temps, et puis l'été... et... euh...

LE PROFESSEUR: Ça commence comme automobile, Mademoiselle.

L'ÉLÈVE: Ah, oui, l'automne...

LE PROFESSEUR: C'est bien cela, Mademoiselle, très bien répondu,

c'est parfait. Je suis convaincu° que vous serez une bonne élève.   *convinced*

Vous ferez des progrès. Vous êtes intelligente, vous me paraissez°   *seem*

instruite°, bonne mémoire.   *educated*

L'ÉLÈVE: Je connais mes saisons, n'est-ce pas, Monsieur?

LE PROFESSEUR: Mais oui, Mademoiselle... ou presque. Mais ça viendra.

De toute façon°, c'est déjà bien. Vous arriverez à les connaître,   *In any case*

toutes vos saisons, les yeux fermés. Comme moi.

L'ÉLÈVE: C'est difficile.

LE PROFESSEUR: Oh, non. Il suffit° d'un petit effort, de la bonne volonté°,   *One just needs / will*

Mademoiselle. Vous verrez. Ça viendra, soyez-en sûre.

Source: Eugène Ionesco, **Théâtre I**, Paris: Gallimard, 1954. pp. 62–63.

C Compréhension.
CD14-19

Écoutez et indiquez si les phrases correspondent à la scène.

1. oui   non   4. oui   non
2. oui   non   5. oui   non
3. oui   non

À la découverte

Paul Éluard, écrivain surréaliste

Paul Éluard (1895–1952) est l'un des fondateurs *(founders)* du mouvement surréaliste en France. Le surréalisme est une réaction contre la folie et le désastre humain de la Première Guerre mondiale (1914–1918). Dans la conception surréaliste, le monde réel est un monde absurde. Il doit être remplacé par une nouvelle réalité hors *(outside)* de toute logique et de toute réalité.

Le texte suivant *(following)* est extrait d'une pièce de théâtre-radio créée par Paul Éluard et intitulée *Invraisemblances et hyperboles*.

© Roger Viollet / Getty Images

D Dans Paris
CD14-20

Écoutez cet échange entre deux femmes.

Première femme:	Deuxième femme:	
Dans Paris il y a une rue;	L'oiseau renversa° l'œuf;	*knocked over, knocked down*
Dans cette rue il y a une maison;	L'œuf renversa le nid;	
Dans cette maison il y a un escalier;	Le nid renversa la cage;	
Dans cet escalier il y a une chambre;	La cage renversa le tapis;	
Dans cette chambre il y a une table;	Le tapis renversa la table;	
Sur cette table il y a un tapis;	La table renversa la chambre;	
Sur ce tapis il y a une cage;	La chambre renversa l'escalier;	
Dans cette cage il y a un nid°; *nest*	L'escalier renversa la maison;	
Dans ce nid il y a un œuf;	La maison renversa la rue;	
Dans cet œuf il y a un oiseau.	La rue renversa la ville de Paris.	

Paul Éluard, *Invraisemblances et hyperboles*, in *Oeuvres complètes*, vol. II, Paris: Gallimard ©1968, p. 565

E Compréhension.
CD14-21

Relisez la première strophe et répondez aux questions.

1. a. une rue   b. un escalier
2. a. un oiseau   b. une chambre
3. a. une cage   b. une table
4. a. un tapis   b. un oeuf

F Composition.

Écrivez un nouveau dialogue sur le même modèle.

Dans [nom de votre ville] il y a une université;

Dans cette université il y a ...

UNITÉ 11 Le monde actuel

LEÇON 31 La réussite

Le français écrit

1 **Commentaires personnels.** Complétez les phrases suivantes en exprimant une opinion personnelle. Utilisez l'infinitif. *[Section B, p. 505]*

1. En ce moment, je suis heureux (heureuse) de _____

_____

2. Je trouve intéressant de _____

_____

3. Je suis souvent obligé(e) de _____

_____

4. Dans l'existence, il est facile de _____

_____

5. Il est difficile de _____

_____

6. Il est important de _____

_____

7. Je n'ai pas toujours l'énergie de _____

_____

8. J'aimerais avoir le temps de _____

_____

9. Ce week-end, mes amis et moi, nous avons l'intention de _____

_____

2 Réactions. Lisez ce qu'ont fait les personnes suivantes et exprimez leurs réactions. Pour cela, utilisez les adjectifs entre parenthèses et l'infinitif passé dans des phrases affirmatives ou négatives. *[Sections A, B, pp. 504, 505]*

✽ Amadou est sorti avec sa copine. (content?)
   Il est content d'être sorti avec sa copine.

✽ Charlotte a perdu le match de tennis. (contente?)
   Elle n'est pas contente d'avoir perdu le match de tennis.

1. Mademoiselle Bonnet a travaillé toute la journée. (fatiguée?)

   _____

2. Mélanie a reçu un «D» à l'examen. (satisfaite *[pleased]*?)

   _____

3. Cette actrice a gagné un Oscar. (heureuse?)

   _____

4. Mathieu s'est disputé avec sa fiancée. (triste?)

   _____

5. Le professeur s'est trompé dans l'explication *(explanation)*. (gêné *[embarrassed]*?)

   _____

6. Cet athlète est tombé pendant la course *(race)*. (content?)

   _____

3 Commentaires personnels. Complétez les phrases suivantes avec une expression personnelle. Utilisez une construction infinitive. *[Section C, p. 507]*

1. Je vais à l'université pour _____

2. Je voudrais être riche pour _____

3. Parfois je sors avec mes amis au lieu de _____

4. Je ne réussirai pas sans _____

5. On n'est pas heureux sans _____

6. Il ne faut pas se marier avant de _____

7. Il ne faut pas prendre de décisions importantes avant de _____

4 **Pourquoi?** Expliquez pourquoi les personnes suivantes vont dans certains endroits. Suivez le modèle et utilisez **pour** + infinitif. *[Section C, p. 507]*

❋ David / au café / il retrouve ses amis

David va au café pour retrouver ses amis.

1. nous / en France / nous apprenons le français

____

2. je / à la pharmacie / j'achète de l'aspirine

____

3. Élodie / au musée / elle voit la nouvelle exposition *(exhibit)*

____

4. tu / à l'université / tu obtiens ton diplôme d'ingénieur

____

5. mes parents / chez eux / ils se reposent

____

5 **Quand et comment?** Dites quand ou comment les personnes suivantes font certaines choses. Utilisez la construction **en** + participe présent. *[Section D, p. 510]*

❋ M. Leclerc / acheter le journal / aller à son bureau

M. Leclerc achète le journal en allant à son bureau.

1. je / me reposer / regarder la télé

____

2. nous / étudier / écouter la musique

____

3. Mélanie / apprendre l'anglais / sortir avec un étudiant américain

____

4. vous / maigrir / faire du sport

____

5. on / réussir / travailler beaucoup

____

À votre tour

Céline vous demande comment vous faites certaines choses. Répondez à ses questions en utilisant la construction **en** + participe présent.

1. Comment est-ce que tu restes en forme?

   _____

2. Comment est-ce que tu t'amuses le week-end?

   _____

3. Comment est-ce que tu vas t'occuper *(to keep busy)* pendant les vacances?

   _____

4. Comment est-ce qu'on peut être utile à la société?

   _____

5. Comment est-ce qu'on peut être heureux dans la vie?

   _____

Le français parlé

La langue française

A **Vocabulaire: La vie professionnelle.** Écoutez et répétez.

CD14-22 Après les études, on cherche un travail.

On cherche un emploi.

On choisit une profession.

On choisit un métier.

On choisit une carrière.

On peut travailler dans le commerce.

... dans l'industrie.

... dans les affaires.

... dans la publicité.

... dans l'immobilier.

... dans l'informatique.

... dans la communication.

... dans la recherche scientifique.

... dans la fonction publique.

... dans les relations publiques.

On travaille pour un patron.

... pour une entreprise.

... pour une firme.

... pour une compagnie.

... pour une société.

On peut aussi créer une entreprise.

... être son propre patron.

... être sa propre patronne.

... réussir dans les affaires.

B **Conversation: Préférences.** Sophie is telling you what certain people do not do. Say that
CD14-23 you prefer to do these things. Use the infinitive of the verbs you will hear. Then listen to
check your answer.

✳ Sophie: Philippe ne travaille pas le matin.

Vous: *Moi, je préfère travailler le matin.*

C **Conversation: J'espère...** Amadou is asking whether you have done certain things. Say that you hope so, using the appropriate past infinitive. Then listen to check your answer.

CD14-24

✵ AMADOU: Est-ce que tu as bien étudié?

VOUS: *J'espère avoir bien étudié.*

D **Narration: Sentiments.** You will hear about the feelings of different people and why they feel that way. Rephrase the sentences using the construction adjective + infinitive. Then listen to check your answer.

CD14-25

✵ Jacques est heureux parce qu'il voyage.   *Jacques est heureux de voyager.*

E **Conversation: La vie à l'université.** Julien is asking you about life at your university. Tell him it is necessary to do the things he mentions. Then listen to check your answer.

CD14-26

✵ JULIEN: Est-ce qu'on étudie beaucoup?

VOUS: *Ah oui, il est nécessaire d'étudier beaucoup.*

F **Vocabulaire: Prépositions suivies de l'infinitif.** Écoutez et répétez.

CD14-27

pour	J'apprends le français pour aller en France.
sans	Sans étudier, vous ne réussirez pas à l'examen.
avant de	Nous avons dîné avant de partir.
au lieu de	Au lieu d'étudier, Jacques est sorti.
après	Qu'est-ce que tu vas faire après avoir obtenu ton diplôme?

G **Situations: Après la fête.** Say that the following people left the party without doing certain things, using the construction **sans** + infinitive. Then listen to check your answer.

CD14-28

✵ Nicolas n'a pas dit merci.   *Il est parti sans dire merci.*

H **Narration: À l'université.** Say what the following students do while they study. Then listen to check your answer.

CD14-29

✵ Monique écoute la musique.   *Monique étudie en écoutant la musique.*

Now say what the following students do to stay in shape. Then listen to check your answer.

✵ Nicolas fait du roller.   *Nicolas reste en forme en faisant du roller.*

Dialogue

I **Comment?** Amélie va vous demander comment vous faites certaines choses. Répondez-lui en
CD14-30 mentionnant les activités indiquées par les illustrations. Then listen to check your answer.

＊ AMÉLIE: Comment est-ce que tu te reposes?

VOUS: *Je me repose en lisant.*

1.

2.

3.

4.

5.

Credits: © Cengage Learning

Phonétique

J **Les lettres «on» et «om».** It is important to distinguish between the nasal and non-nasal
CD14-31 pronunciations of the letter combinations "on" and "om."

- The letters "on" + *consonant* represent the nasal vowel /ɔ̃/. The "n" is not pronounced.
  Répétez: considérer monter rencontrer annoncer montagne conseil

- The letters "om" + *consonant* represent the nasal vowel /ɔ̃/. The "m" is not pronounced.
  Répétez: combien tomber compagnie comptabilité

- The letters "on(n)" + *vowel* are pronounced /ɔn/.
  Répétez: limonade téléphone patronne personne je connais mayonnaise

- The letters "om(m)" + *vowel* are pronounced /ɔm/.
  Répétez: tomate promenade comme commerce sommeil communication

Dictée

K **Pour apprendre l'anglais.**

CD14-32

_____ en vacances cet été, je vais _____.

Je voudrais _____ pour _____ en Angleterre.

C'est _____ à Madrid que _____ l'espagnol.

C'est _____ en Angleterre que _____ l'anglais.

LEÇON **32** Français ou Européens?

1 **Obligations personnelles?** Dites si oui ou non vous devez faire les choses suivantes. Commencez vos phrases avec **il faut que** ou **il ne faut pas que.** [Sections A, B, pp. 518, 520]

❋ vendre mon ordinateur   *Il faut que je vende mon ordinateur.*

                 ou: *Il ne faut pas que je vende mon ordinateur.*

1. réussir à l'examen de français _____

2. étudier ce soir _____

3. maigrir _____

4. me reposer _____

5. perdre mon temps _____

6. rendre visite à mes cousins cet été _____

7. travailler pendant les vacances _____

8. m'impatienter _____

9. réfléchir à l'avenir _____

2 **Les bons conseils.** Donnez des conseils aux personnes suivantes. Commencez vos phrases avec **il faut** ou **il ne faut pas** et le subjonctif du verbe entre parenthèses. [Sections A, B, pp. 518, 520]

❋ (finir)   _**Il faut**_ _____ que tu _**finisses**_____ tes cours.

1. (grossir) _____ que vous _____ .

2. (dormir) _____ que les étudiants _____ en classe.

3. (conduire) _____ que je _____ prudemment (*carefully*).

4. (offrir) _____ que nous _____ un cadeau
   au professeur pour son anniversaire.

5. (partir) _____ que les employés _____
   avant cinq heures.

6. (lire) _____ que tu _____ ton email.

7. (écrire) _____ que Jules _____ à sa cousine pour son
   anniversaire.

8. (dire) _____ que nous _____ la vérité.

3 Les conseils. Donnez des conseils aux personnes suivantes. Pour cela, complétez les phrases avec le subjonctif des verbes entre parenthèses. (Attention: au subjonctif, ces verbes ont deux radicaux [stems]!) [Section C, p. 522]

1. (voir)   Il est normal que tu _____ tes parents avant de partir.

              Il est préférable que nous _____ nos professeurs avant l'examen.

2. (apprendre) Il est essentiel que vous _____ à conduire.

              Il est utile que ces étudiants _____ à programmer.

3. (boire)   Il est bon que vous _____ du jus d'orange.

              Il est bon que ces athlètes _____ de l'eau minérale.

4. (obtenir) Il est important que j' _____ un «A» en français.

              Il est nécessaire que nous _____ notre diplôme.

4 Oui ou non? Lisez ce que les personnes suivantes veulent faire. Dites ensuite si oui ou non elles doivent faire ces choses. Étudiez le modèle. [Section C, p. 522]

✻ Tu organises une fête chez toi. (nécessaire / acheter beaucoup de boissons)

   Il (n')est (pas) nécessaire que tu achètes beaucoup de boissons.

1. Vous voulez réussir à l'examen. (indispensable / obtenir un «A»)

   _____

2. Les Canadiens francophones veulent maintenir leur identité. (essentiel / maintenir leurs traditions)

   _____

3. Ariane a mal à la tête. (nécessaire / voir un médecin)

   _____

4. Nous avons la grippe. (bon / boire du thé chaud)

   _____

5 **Non!** Un(e) camarade vous demande s'il (si elle) peut faire certaines choses. Répondez-lui négativement selon le modèle. *[Section E, p. 526]*

❋ Est-ce que je peux lire ton courrier?

Non, je ne veux pas que tu lises mon courrier.

1. Est-ce que je peux venir chez toi après le dîner?

   _____

2. Est-ce que je peux boire cette bière?

   _____

3. Est-ce que je peux voir tes photos?

   _____

4. Est-ce que je peux prendre ton vélo?

   _____

6 **Des souhaits.** Décrivez ce que les personnes suivantes souhaitent pour les autres personnes. *[Section E, p. 526]*

❋ Le professeur / vouloir (nous / être patients)

Le professeur veut que nous soyons patients.

1. mes parents / souhaiter (je / avoir un bon travail)

   _____

2. Éric / désirer (ses copains / sortir avec lui dimanche)

   _____

3. Mme Mercier / permettre (son fils / prendre la voiture)

   _____

4. je / préférer (vous / venir chez moi lundi soir)

   _____

À votre tour

Danièle vous pose des questions sur ce que vous devez faire. Répondez à chacune de ses questions en faisant deux phrases.

✳ Qu'est-ce que tu dois faire ce week-end?

Il faut que je nettoie ma chambre.
Il faut aussi que je rende visite à mes grands-parents.

1. Qu'est-ce que tu dois faire ce soir?

   _____

   _____

2. Qu'est-ce que tu dois faire avant la fin du mois?

   _____

   _____

3. Qu'est-ce que tu dois faire avant les vacances?

   _____

   _____

4. Qu'est-ce que tu dois faire pour obtenir ton diplôme?

   _____

   _____

5. Qu'est-ce que tu dois faire pour trouver du travail?

   _____

   _____

Le français parlé

La langue française

A **Vocabulaire: La politique internationale.** Écoutez et répétez.

CD15-2

le monde	la paix
un pays	la guerre
un rapport	
un gouvernement	une puissance
un citoyen	une citoyenne
un droit	une loi
	une valeur

On doit conserver les ressources naturelles.
On doit protéger l'environnement.
On doit maintenir la paix dans le monde.
On doit garder ses valeurs.
On ne doit pas menacer les autres pays.

Le terrorisme est un danger réel.
Est-ce que l'inflation est un problème actuel?
J'ai réellement besoin d'argent.
Mes parents sont actuellement en Europe.
À l'heure actuelle, ils sont à Rome.

B **Le subjonctif: Verbes à un radical.** Répétez les formes du subjonctif des verbes **parler, finir,**
CD15-3 **attendre** et **partir.**

Il faut que je parle.	Il faut que je finisse.
Il faut que tu parles.	Il faut que tu finisses.
Il faut qu'il parle.	Il faut qu'elle finisse.
Il faut que nous parlions.	Il faut que nous finissions.
Il faut que vous parliez.	Il faut que vous finissiez.
Il faut qu'elles parlent.	Il faut qu'ils finissent.
Il faut que j'attende.	Il faut que je parte.
Il faut que tu attendes.	Il faut que tu partes.
Il faut qu'on attende.	Il faut qu'on parte.
Il faut que nous attendions.	Il faut que nous partions.
Il faut que vous attendiez.	Il faut que vous partiez.
Il faut qu'elles attendent.	Il faut qu'ils partent.

C **Jouons un rôle: Le contraire.** Thomas mentions what certain people are not doing. Marie says
CD15-4 they should do these things. Play the role of Marie. Then listen to check your answer.

✳ Thomas: Philippe ne sort pas.

    Vous: ***Il faut qu'il sorte.***

D **Le subjonctif: Verbes à deux radicaux.** Répétez les formes du subjonctif des verbes **acheter,**
CD15-5 **prendre** et **venir.**

Il faut que j'achète.	Il faut que je prenne.
Il faut que tu achètes.	Il faut que tu prennes.
Il faut qu'il achète.	Il faut qu'elle prenne.
Il faut que nous achetions.	Il faut que nous prenions.
Il faut que vous achetiez.	Il faut que vous preniez.
Il faut qu'elles achètent.	Il faut qu'ils prennent.

Il faut que je vienne.
Il faut que tu viennes.
Il faut qu'on vienne.
Il faut que nous venions.
Il faut que vous veniez.
Il faut qu'elles viennent.

E **Conversation: Obligations.** Monsieur Martin will ask you if you are doing certain things.
CD15-6 Answer that you have to do them, using the expression **il faut que** + subjunctive. Then listen
to check your answer.

✳ M. Martin: Est-ce que vous achetez un ordinateur?

    Vous: ***Oui, il faut que j'achète un ordinateur.***

F **Vocabulaire: Quelques expressions d'opinion.** Écoutez et répétez.
CD15-7

Il est bon	Il est nécessaire	Il est normal
Il est essentiel	Il est regrettable	Il est juste
Il est important	Il est préférable	Il est dommage
Il est indispensable	Il est utile	Il vaut mieux

G **Quel dommage.** Listen to what happened to various people. Express your sympathy,
CD15-8 beginning your comments with **Il est dommage.**

✳ Mathieu ne vient pas.   ***Il est dommage qu'il ne vienne pas.***

H **Vocabulaire: Verbes de volonté.** Écoutez et répétez.

CD15-9 J'accepte que vous veniez à Paris avec moi.

J'aime mieux que vous veniez à Paris avec moi.

Je désire que vous veniez à Paris avec moi.

Je permets que vous veniez à Paris avec moi.

Je préfère que vous veniez à Paris avec moi.

Je souhaite que vous veniez à Paris avec moi.

Je veux que vous veniez à Paris avec moi.

Je veux bien que vous veniez à Paris avec moi.

I **Jouons un rôle: Révolte.** Mélanie's mother is telling her to do certain things, but Mélanie says
CD15-10 she does not want to do them. Play the role of Mélanie. Then listen to check your answer.

❊ La maman: Je veux que tu mettes la table.

Mélanie: *Je ne veux pas mettre la table.*

Dialogue

J **Désolé!** Antoine va vous proposer certaines choses. Excusez-vous et dites que vous avez
CD15-11 d'autres obligations. Décrivez ces obligations en utilisant le calendrier. Écoutez pour vérifier
la réponse.

❊ Antoine: Est-ce que tu veux sortir avec moi jeudi?

Vous: *Désolé(e), mais il faut que je passe à la bibliothèque.*

CALENDRIER DE LA SEMAINE	
LUNDI	*conduire Michèle à l'aéroport*
MARDI	*nettoyer mon appartement*
MERCREDI	*suivre le cours de l'Alliance française*
JEUDI	*passer à la bibliothèque*
VENDREDI	*finir le devoir de maths*
SAMEDI	*dîner chez les Descroix*
DIMANCHE	*rendre visite à mes grands-parents*

© Cengage Learning

Phonétique

K **Les lettres «en» et «em».** It is important to distinguish between the nasal and non-nasal
CD15-12 pronunciations of the letter combinations "en" and "em."

- The letters "en" + *consonant* represent the nasal vowel /ɑ̃/. The "n" is not pronounced.

  Répétez: d<u>en</u>tiste g<u>en</u>til <u>en</u>treprise v<u>en</u>deur ess<u>en</u>tiel vraim<u>en</u>t indisp<u>en</u>sable

- The letters "em" + *consonant* represent the nasal vowel /ɑ̃/. The "m" is not pronounced.

  Répétez: <u>em</u>ploi <u>em</u>ployer <u>en</u>semble ress<u>em</u>bler <u>em</u>blème

- The letters "en" + *vowel* are pronounced /ən/.

  Répétez: m<u>en</u>acer g<u>en</u>ou prom<u>en</u>ade ars<u>en</u>al

- The letters "enn" + *vowel* are usually pronounced /ɛn/.

  Répétez: citoy<u>enn</u>e <u>enn</u>emi moy<u>enn</u>e

- The letters "em" + *vowel* are pronounced /əm/.

  Répétez: pr<u>em</u>ier d<u>em</u>ander s<u>em</u>aine r<u>em</u>ettre All<u>em</u>agne r<u>em</u>arquer

- The letters "emm" + *vowel* are pronounced /ɛm/.

  Répétez: dil<u>emm</u>e EXCEPTION: f<u>emm</u>e /am/

Dictée

L **Les courses.**
CD15-13

Je vais aller _____.

Il faut _____ du lait.	
Ensuite, je veux passer _____.	
Il faut _____ un livre.	
Non, il _____ que _____ avec moi.	
Mais, _____ que _____ votre voiture.	

LEÇON **33**   La mondialisation: pour ou contre?

Le français écrit

---

1 **Des convictions.** Expliquez les convictions des personnes suivantes. Utilisez le verbe **croire** aux mêmes temps (présent, imparfait, futur, passé composé) que le verbe souligné. *[Section A, p. 533]*

❋ Nous **_croyons_** _____ Véronique parce qu'elle <u>est</u> sincère.

1. Je _____ Patrick quand il <u>dira</u> la vérité.

2. Est-ce que le juge _____ les témoins quand ils <u>ont décrit</u> l'accident?

3. Élodie _____ son copain quand il lui <u>a raconté</u> cette histoire *(story)* extraordinaire.

4. Tu _____ au Père Noël *(Santa Claus)* quand tu <u>étais</u> enfant?

5. Est-ce que tes amis _____ tout ce qu'ils <u>lisent</u> dans le journal?

6. Vous _____ Yasmina quand vous <u>parlerez</u> à sa soeur.

7. Je _____ toujours ce que mon professeur <u>dit</u>.

---

2 **L'interview.** Imaginez qu'une compagnie française recrute du personnel pour sa succursale *(branch)* aux États-Unis. Le chef du personnel va passer sur votre campus pour interviewer des étudiants. Dites que chacun doit avoir certains documents sur lui. Utilisez le subjonctif d'**avoir.** Dites aussi si oui ou non l'étudiant(e) doit faire certaines choses ou prendre certaines précautions. Utilisez le subjonctif d'**être** dans une phrase affirmative ou négative. *[Section B, p. 534]*

❋ Mathieu (une photo / à l'heure)
   Il faut que Mathieu ait une photo. Il faut qu'il soit à l'heure.

1. Fatima (une carte d'identité / en retard)

   _____

2. vous (vos notes / timides)

   _____

3. nous (les résultats des examens / polis avec l'interviewer)

   _____

4. tu (une lettre de recommandation / nerveux [nerveuse])

   _____

5. Kevin et Christophe (leurs diplômes / arrogants)

   _____

6. je (mon curriculum vitae / sûr[e] de moi)

   _____

3 **Oui ou non?** Est-ce que les choses suivantes sont importantes pour vous? Exprimez votre opinion en utilisant l'adjectif entre parenthèses dans des phrases affirmatives ou négatives. [Section B, p. 535]

✱ aller à l'université (utile)   *Il est utile que j'aille à l'université.*

    (Il n'est pas utile que j'aille à l'université.)

1. faire des progrès en français (nécessaire)

   _____

2. faire du sport (bon)

   _____

3. vouloir être indépendant(e) (normal)

   _____

4. savoir jouer au tennis (essentiel)

   _____

5. pouvoir gagner beaucoup d'argent (indispensable)

   _____

4 **Votre opinion.** Exprimez votre opinion sur les sujets suivants. Pour cela, commencez vos phrases avec **je crois que** ou **je ne crois pas que.** Utilisez l'indicatif ou le subjonctif des verbes soulignés. [Section C, p. 536]

✱ L'économie américaine est en danger?   *Oui, je crois qu'elle est en danger.*

    ou: *Non, je ne crois pas qu'elle soit en danger.*

1. La France <u>est</u> une grande puissance *(power)*?

   _____

2. On <u>va</u> vers une crise *(crisis)* économique?

   _____

3. Le président <u>sait</u> ce qu'il fait?

   _____

4. Les Américains <u>sont</u> très patriotes?

   _____

5. On <u>peut</u> arrêter *(stop)* le progrès?

   _____

5 **Réactions.** Chacun des événements suivants provoque une double réaction: chez les personnes qui sont directement concernées par cet événement et chez d'autres personnes. Décrivez cette double réaction selon le modèle. *[Section D, p. 538]*

❋ Je pars. Je suis triste ___*de partir*.___

Mes amies sont tristes ___**que je parte.**___

1. Amélie va passer l'été au Mexique. Elle est heureuse _____

   Son frère est heureux _____

2. Tu fais des progrès en français. Tu es heureux _____

   Ton professeur est heureux _____

3. Stéphane a un accident. Il est furieux _____

   Ses parents sont furieux _____

4. Luc réussit à ses examens. Luc est fier _____

   Ses parents sont fiers _____

5. Julien part en vacances. Il est content _____

   Ses amis sont désolés _____

6. Vincent est malade. Il a peur _____

   Sa mère a peur _____

6 **La correspondance.** Les personnes suivantes écrivent à d'autres personnes pour certaines raisons. Expliquez cela en utilisant les conjonctions suggérées et l'indicatif ou le subjonctif. *[Section E, p. 540]*

❋ vous / à vos amis / pendant que / ils / être à Paris

   Vous écrivez à vos amis pendant qu'ils sont à Paris.

1. nous / au professeur / pour que / il / nous écrire des lettres de recommandation

   _____

2. je / à mes cousins / avant que / ils / partir au Canada

   _____

3. Élodie / à Luc / pour que / il / lui envoyer l'adresse de son frère

   _____

4. M. Martin / à sa fille / depuis que / elle / être étudiante à Paris

   _____

5. tu / à ta cousine / parce que / elle / venir de se marier

   _____

7 **Les attitudes.** Complétez les phrases suivantes avec l'indicatif ou le subjonctif des verbes entre parenthèses.

1. (connaître) Jean-Michel est très heureux depuis qu'il _____ Caroline.

2. (venir) J'aimerais que vous _____ chez moi ce soir.

3. (faire) Le professeur déplore que nous ne _____ pas de progrès.

4. (être) Je m'impatiente parce que mes amis ne _____ pas à l'heure.

5. (dire) Gérard est sûr que vous ne _____ pas la vérité.

6. (pouvoir) Nous sommes contents que vous _____ passer les vacances avec nous.

7. (vouloir) Je doute que Daniel _____ te prêter son auto.

8. (aller) Thierry ne sait pas que tu _____ en Europe cet été.

9. (partir) Je téléphonerai avant que tu _____ en Espagne.

10. (savoir) Il faut absolument que vous _____ pourquoi je ne suis pas d'accord avec vous!

À votre tour

Exprimez vos opinions et vos attitudes sur les sujets suivants. Utilisez des expressions comme **je pense, je doute, je suis content(e), j'aimerais, je souhaite,** etc.

✳ votre cours de français

En général, je suis content(e) de suivre ce cours. Je pense que le professeur est compétent. Je déplore parfois que les examens soient difficiles.

1. votre vie à l'université

_____

_____

2. vos relations avec vos amis

_____

_____

3. votre avenir

_____

_____

4. la politique internationale des États-Unis

_____

_____

Le français parlé

La langue française

A **Les verbes *croire* et *craindre*.** Écoutez et répétez.

CD15-14

je crois
tu crois
il croit
nous croyons
vous croyez
ils croient

je crains
tu crains
elle craint
nous craignons
vous craignez
elles craignent

B **Le subjonctif d'*être* et d'*avoir*.** Les verbes **être** et **avoir** ont un subjonctif irrégulier. Répétez les
CD15-15 phrases suivantes.

Il faut que je sois énergique.   Il faut que j'aie de l'énergie.

Il faut que tu sois patient.   Il faut que tu aies de la patience.

Il faut qu'il soit riche.   Il faut qu'il ait de l'argent.

Il faut que nous soyons ambitieux.   Il faut que nous ayons de l'ambition.

Il faut que vous soyez courageux.   Il faut que vous ayez du courage.

Il faut qu'ils soient persévérants.   Il faut qu'ils aient de la persévérance.

C **Quelques subjonctifs irréguliers.** Les verbes **faire, pouvoir, savoir, aller** et **vouloir** ont des
CD15-16 subjonctifs irréguliers. Répétez la forme **je** et la forme **nous** de ces verbes.

il faut que je fasse   il faut que nous fassions

il faut que je puisse   il faut que nous puissions

il faut que je sache   il faut que nous sachions

il faut que j'aille   il faut que nous allions

il faut que je veuille   il faut que nous voulions

D **Identification de formes.** You will hear a series of clauses. Each clause represents the second
CD15-17 half of a sentence. Can you tell whether the beginning of the sentence expressed a certainty or
a doubt? Listen carefully. If the verb is in the indicative, a certainty is being expressed: mark **je
sais.** If the verb is in the subjunctive, a doubt is being expressed: mark **je doute.**

1. je sais   je doute   6. je sais   je doute

2. je sais   je doute   7. je sais   je doute

3. je sais   je doute   8. je sais   je doute

4. je sais   je doute   9. je sais   je doute

5. je sais   je doute   10. je sais   je doute

E **Conversation.** Amadou is making a number of statements. Express your doubts about these
CD15-18 statements. Then listen to check your answer.

✿ AMADOU: Sa mère est très superstitieuse.

    Vous: *Je doute que sa mère soit très superstitieuse.*

F **Situation: Opinions.** Is French a useful language? People have different opinions about this.
CD15-19 Express these, and be sure to use the indicative or the subjunctive as appropriate. Then listen to
check your answer.

✿ Nicolas est sûr...   *Nicolas est sûr que le français est utile.*

✿ Vous doutez...   *Vous doutez que le français soit utile.*

G **Narration: Réactions.** You will hear how certain people react to various situations. Express this
CD15-20 in a single sentence. Then listen to check your answer.

✿ Paul est content. Marie va en France.   *Paul est content que Marie aille en France.*

H **Conversation: Au téléphone.** Céline is telling you what certain people are going to do. Say that
CD15-21 you will phone them before that. Use **avant que** and the subjunctive of the verbs mentioned.
Then listen to check your answer.

✿ CÉLINE: Jean-Claude va faire ses courses au Monoprix.

    Vous: *Je téléphonerai à Jean-Claude avant qu'il fasse ses courses.*

I **Compréhension orale: Est-ce que j'ai raison?** You will hear what various people think. If their
CD15-22 statement uses the indicative, mark **indicatif.** If the statement uses the subjunctive, mark
subjonctif. Since the expression **j'ai(e) raison** sounds the same in the subjunctive and the
indicative, you will have to listen carefully to the first part of each statement.

1. indicatif   subjonctif   7. indicatif   subjonctif

2. indicatif   subjonctif   8. indicatif   subjonctif

3. indicatif   subjonctif   9. indicatif   subjonctif

4. indicatif   subjonctif   10. indicatif   subjonctif

5. indicatif   subjonctif   11. indicatif   subjonctif

6. indicatif   subjonctif   12. indicatif   subjonctif

Dialogue

J **Réactions.** Jean-Louis va vous décrire certains événements futurs. Exprimez votre réaction
CD15-23 selon l'attitude représentée par l'illustration. Écoutez pour vérifier la réponse.

✱ JEAN-LOUIS: Je vais gagner à la loterie.

Vous: *Je doute que tu gagnes à la loterie.*

1.

2.

3.

4.
Credits: © Cengage Learning

5.

6.

Phonétique

K **Les terminaisons «-tion» et «-sion».** The endings "-tion" and "-sion" represent very different
CD15-24 sounds in French and in English. Be sure to pronounce these endings clearly, with tension.

Répétez:

-tion	/sjɔ̃/	na<u>tion</u> condi<u>tion</u> situa<u>tion</u> atten<u>tion</u> mondialisa<u>tion</u>
-stion	/stjɔ̃/	que<u>stion</u> ge<u>stion</u> sugge<u>stion</u>
-ssion	/sjɔ̃/	mi<u>ssion</u> pa<u>ssion</u> profe<u>ssion</u> posse<u>ssion</u>
-sion	/zjɔ̃/	télévi<u>sion</u> déci<u>sion</u> occa<u>sion</u> fu<u>sion</u> confu<u>sion</u>

When followed by a vowel, the "on(n)" is not nasal.

Répétez:

-tion(n)-	/sjɔn/	na<u>tion</u>al excep<u>tion</u>nel
-stion-	/stjɔn/	que<u>stion</u>naire
-ssion-	/sjɔn/	mi<u>ssion</u>naire pa<u>ssion</u>né profe<u>ssion</u>nelle
-sion-	/zjɔn/	occa<u>sion</u>nel

Dictée

L **Visite à Genève.**

CD15-25

Je _____ que _____ à Genève cet été,

mais _____ que _____ rencontrer mon frère.

Je sais _____ beaucoup et je doute _____ en

juillet.

Révision 4: Leçons 28–33

By completing this series of short tests, you will be able to check your progress in French. Correct your work using the Answer Key at the back of the *Student Activities Manual*. If you make any mistakes on these tests, you may want to review the lesson sections indicated in brackets.

Structures

Test 1. Adjectifs irréguliers.

Complete the following sentences with the appropriate forms of the adjectives in parentheses. *[28-A]*

1. (franc) Cette personne est _____.

2. (paresseux) Monique et Laure sont _____.

3. (fou) Cette idée est absolument _____.

4. (ponctuel) La secrétaire est _____.

5. (gentil) Mes nièces sont _____.

6. (sérieux) Ces étudiants sont _____.

Test 2. Adverbes en *-ment*.

Read about the following people and then say how they act, using a corresponding adverb in **-ment**. *[28-B]*

1. Stéphane est calme. Il fait tout _____.

2. Charlotte est active. Elle fait du sport _____.

3. Nicolas est sérieux. Il travaille _____.

4. Yasmina est brillante. Elle réussit _____.

5. Jean-Louis est lent. Il écrit _____.

6. Amélie est polie. Elle parle _____.

Test 3. Les nombres ordinaux.

Write out the corresponding ordinal numbers. *[28-D]*

1. (1) _____

2. (4) _____

3. (5) _____

4. (9) _____

5. (18) _____

6. (30) _____

Test 4. L'emploi de l'infinitif après les verbes, les adjectifs et les noms.

Complete the following sentences with **à** or **de,** if necessary. *[28-C]*

1. Nous apprenons _____ faire du ski.

2. Gildas hésite _____ répondre.

3. André a oublié _____ téléphoner à Claire.

4. Thomas espère _____ sortir ce week-end.

5. Martin s'est arrêté _____ fumer.

6. Michel rêve _____ faire un voyage cet été.

7. Mon cousin commence _____ étudier le russe.

8. Jean-Claude refuse _____ travailler ce week-end.

9. Est-ce que tu as décidé _____ venir avec nous?

10. Nous avons réussi _____ trouver du travail.

11. Nous devons _____ partir avant midi.

12. Vous avez demandé à Jacqueline _____ nous contacter?

13. J'essaie _____ faire de l'exercice tous les jours.

Verbes

Test 5. Les formes du futur.

Complete the following sentences with the appropriate future forms of the verbs in parentheses. [29-B, C]

1. (habiter) L'année prochaine, j'_____ avec mon frère.

   Nous _____ dans un appartement.

2. (venir) Tu _____ à 4 heures.

   À quelle heure est-ce que tes amis _____?

3. (vendre) Antoine _____ son livre de maths.

   Est-ce que vous _____ vos livres aussi?

4. (sortir) Je _____ avec Alice. Nous _____ ce soir.

5. (pouvoir) Est-ce que vos amis _____ sortir ce soir?

   Moi, je ne _____ pas.

6. (avoir) Mon frère _____ son diplôme en juin.

   Quand _____-vous votre diplôme?

7. (faire) Je _____ les exercices de maths demain.

   Et toi, quand est-ce que tu les _____?

8. (aller) Nous _____ en France cet été.

   Mes parents _____ à Québec.

9. (réussir) Tu _____, mais tes amis ne

   _____ pas.

10. (recevoir) Je _____ mon passeport en juin.

    Et vous, quand est-ce que vous _____ votre passeport?

11. (être) Vous _____ riches et moi, je _____
    heureux.

12. (courir) Ce week-end, mes amis _____ une distance de dix
    kilomètres.

    Est-ce que tu _____ avec eux?

Test 6. Le conditionnel.

Complete the following sentences with the appropriate conditional forms of the verbs in parentheses. *[30-A]*

1. (vouloir) Nous _____ voir vos photos.

2. (réussir) Avec plus de patience, nous _____ à l'examen. Toi aussi,

   tu _____ et tes amis _____ aussi.

3. (être) Avec plus de chance, mon père _____ millionnaire.

4. (acheter) Avec mille dollars, j'_____ une moto.

   Mon frère _____ un lecteur DVD et un appareil photo numérique.

   Et vous, qu'est-ce que vous _____ ?

5. (avoir) Avec plus d'ambition, tu _____ plus de responsabilités.

6. (faire) À ta place, je _____ de la gymnastique!

7. (pouvoir) Est-ce que vous _____ venir à six heures?

8. (aller) Avec plus d'argent, nous _____ en France.

Test 7. L'emploi des temps avec *quand* et *si*.

Read the sentences below carefully and determine whether the missing verbs should be in the present, the future, the conditional, or the imperfect. Fill in the blanks with one of the following: **travaille, travaillera, travaillerait, travaillait.** *[29-D, E; 30-C]*

1. Quand Youcef _____, il habitera à New York.

2. Si Sophie _____ cet été, elle ne voyagera pas avec ses parents.

3. Si Michel _____, il serait plus heureux!

4. Si Yasmina n'était pas étudiante, elle _____ dans un magasin d'informatique.

5. Si Stéphane ne _____ pas cet été, il ira au Canada avec moi.

6. Si Pierre avait besoin d'argent, il _____ plus!

7. Si Aurelle _____ pour cette compagnie, elle aurait beaucoup de responsabilités.

8. Quand Alain _____, il gagne beaucoup d'argent.

9. Émilie voyagera beaucoup quand elle _____ pour cette firme internationale.

10. Charlotte gagnerait plus d'argent si elle _____ à Paris.

Test 8. Le participe présent.

Complete the following sentences with the present participle of the verb in parentheses. *[31-D]*

1. (travailler)   Je gagne de l'argent en _____.

2. (faire)   Je regarde la télé en _____ la vaisselle.

3. (prendre)   Je chante en _____ un bain.

4. (lire)   Je m'amuse en _____ des bandes dessinées.

5. (attendre)   Je lis le journal en _____ le bus.

Test 9. Le subjonctif des verbes réguliers.

Complete the following sentences with the appropriate subjunctive forms of the verbs in parentheses. *[32-A]*

1. (trouver, réussir) Je souhaite que vous _____ du travail et que

   vous _____ dans la vie.

2. (manger, maigrir) Le médecin veut que mon père _____ moins et

   qu'il _____.

3. (finir, jouer) Je souhaite que tu _____ ton travail et que

   tu _____ au tennis avec moi.

4. (étudier, réussir) Le professeur veut que les étudiants _____ et

   qu'ils _____ à l'examen.

5. (finir, choisir) Mes parents veulent que je _____ mes études et

   que je _____ une profession intéressante.

6. (vendre, acheter) Ma mère veut que mon frère _____ sa moto et

   qu'il _____ une voiture.

7. (répondre, oublier) Je souhaite que mes amis _____ à mes lettres

   et qu'ils n'_____ pas de me téléphoner.

8. (téléphoner, rendre) Mes grands-parents souhaitent que nous leur _____

   et que nous leur _____ visite pendant les vacances.

Test 10. Le subjonctif: Formation régulière, verbes à deux radicaux.

Fill in the blanks with the appropriate subjunctive forms of the verbs in parentheses. Although these verbs are irregular in the present indicative, their subjunctive is formed according to the regular pattern. *[32-B]*

1. (venir) Je souhaite que vous _____ avec nous au restaurant.

   Je souhaite que vos amis _____ aussi.

2. (voir) Il faut que je _____ le professeur.

   Il faut que vous le _____ aussi.

3. (boire) Le médecin ne veut pas que nous _____ du vin.

   Il ne veut pas que je _____ de l'alcool.

4. (apprendre) Il est utile que tu _____ le français

   et que tes amis _____ l'espagnol.

5. (recevoir) Il faut que ces étudiants _____ une bonne note en

   espagnol. Il faut que vous _____ une bonne note en français.

Test 11. Des subjonctifs irréguliers.

Fill in the blanks with the appropriate subjunctive forms of the verbs in parentheses. *[32-B, D, E; 33-B, C, D]*

1. (être) Il faut que je _____ à l'aéroport à six heures.

   Il faut que vous _____ là aussi.

2. (avoir) Il faut que nous _____ une bonne note à l'examen.

   Il faut que j'_____ un «A».

3. (vouloir) Je doute que Jean _____ me prêter sa moto.

   Je doute que vous _____ sortir avec nous.

4. (faire) Il faut que je _____ des progrès.

   Il faut que vous _____ attention!

5. (aller) Le professeur souhaite que j'_____ en France avec mes amis.

   Il souhaite que nous _____ à Paris.

6. (savoir) Il est utile que vous _____ programmer.

   Il est bon que je _____ utiliser cet ordinateur.

7. (pouvoir) Je regrette que tu ne _____ pas venir, mais je suis

   content que tes amis _____ jouer au tennis avec moi.

Test 12. Indicatif ou subjonctif?

Complete the sentences below with **est** *(indicative)* or **soit** *(subjunctive)*, as appropriate. *[32-D, E; 33-B, C, D, E]*

1. Je pense que Lucien _____ assez généreux.

2. Crois-tu qu'il _____ intelligent?

3. Isabelle doute qu'il _____ très dynamique.

4. Il faut que Thomas _____ chez le médecin à une heure.

5. Les parents d'Henri veulent que leur fils _____ avocat.

6. Je sais que Nathalie _____ la cousine de Gérard.

7. M. Dumas prête de l'argent à son fils jusqu'à ce qu'il _____ financièrement

   indépendant.

8. Christine est ma meilleure amie. Je suis contente qu'elle _____ à la fête avec moi.

9. David parle très bien le français depuis qu'il _____ à Paris.

10. J'ai prêté ma voiture à Julien pour qu'il _____ à l'heure à son rendez-vous.

11. Joëlle est restée chez elle parce qu'elle _____ malade.

12. Paul est québécois. Il est normal qu'il _____ bon en français.

Test 13. Des verbes irréguliers.

Complete the following sentences with the French verbs that correspond to the English verbs in italics. Be sure to use the appropriate tense: **présent** or **passé composé**. *[29-A; 33-A]*

1. We don't *believe* you.   Nous ne te _____ pas.

2. I *believed* what you said.   J'_____ ce que tu as dit.

3. When *did* you *receive* this letter?   Quand est-ce que tu _____ cette

                                      lettre?

4. Don't *disappoint* your parents.   Ne _____ pas tes parents.

5. They *receive* letters from their   Ils _____ des lettres de leurs
   friends every day.

                                      amis tous les jours.

6. You don't *fear* anything.   Vous ne _____ rien.

Test 14. Logique!

Select the option that completes the sentence logically. Circle the corresponding letter.

1. Elle m'a dit que je pourrais partir en vacances. C'est ma _____.

   a. fonctionnaire   b. cadre   c. patronne   d. infirmière

2. Les employés de cette entreprise ont cinq semaines de _____ par an.

   a. congé   b. départ   c. fin   d. fête

3. Je n'ai pas aimé ce film. Il était vraiment _____.

   a. génial   b. doux   c. ennuyeux   d. net

4. Il est important que tout le monde travaille pour _____.

   a. l'esprit   b. la jeunesse   c. la paix   d. la langue

5. À la suite d'une longue guerre, les adversaires ont signé un traité *(treaty)* de _____.

   a. droit   b. loi   c. paix   d. rapport

6. J'ai étudié _____ l'examen.

   a. parce que   b. à cause de   c. pourtant   d. vers

7. Bernard est au courant des problèmes _____. Il ne lit jamais de livres anciens!

   a. historiques   b. internationaux   c. personnels   d. actuels

8. À quelle _____ roule cette voiture?

   a. chance   b. avenir   c. vie   d. vitesse

Révision Answer Key

Révision Answer Key

RÉVISION 1 | Leçons 1–9

Structures

Test 1. Les pronoms sujets et les pronoms accentués.

1. lui
2. vous
3. Tu
4. eux
5. moi
6. nous
7. elle
8. elle

Test 2. La forme des adjectifs.

1. canadiennes
2. bonne
3. brillantes
4. mauvais
5. sympathique
6. sportives
7. égoïstes
8. polis
9. courageuse
10. ponctuelle

Test 3. L'article défini: formes simples et formes contractées.

1. Je vais téléphoner au professeur.
2. Je vais inviter les amies de Claudine.
3. Je vais utiliser le portable de Philippe.
4. Le professeur va parler aux étudiants.
5. Jeanne aime parler des copains de Mélanie.
6. Le train va arriver à la gare dans dix minutes.
7. Les étudiants vont arriver du laboratoire.
8. Nathalie va jouer au tennis avec nous.

Test 4. La négation.

1. Non, Paul ne va pas regarder la télévision.
2. Non, Sylvie n'aime pas écouter le jazz.
3. Non, Christine ne parle pas bien français.
4. Non, Georges ne va pas visiter Paris.

Test 5. Descriptions.

1. Marc et Antoine sont des garçons intelligents.
2. Jacqueline et Élodie sont des amies amusantes.
3. Les Ford et les Chevrolet sont des voitures américaines.
4. Jodie Foster est une actrice américaine.
5. Les Rolling Stones sont des musiciens anglais.

6. Les Renault sont de bonnes voitures.
7. Christine et Florence sont de vraies amies.
8. M. Dupont est un professeur sérieux.

Test 6. Autres structures.

1. c
2. c
3. d
4. b
5. a
6. d
7. c
8. c
9. d
10. b

Verbves

Test 7. Les verbes en *-er*.

1. habitons
2. visite
3. dînes
4. étudiez
5. danse
6. invitent

Test 8. Les verbes *être, avoir* et *aller*.

1. sommes; avons; allons
2. es; as; vas
3. sont; ont; vont
4. êtes; avez; allez

Test 9. Verbes.

1. joue du
2. écoute
3. regarde
4. téléphone à
5. pense à
6. entre dans
7. passe

Vocabulaire

Test 10. Qu'est-ce que c'est?

1. un stylo
2. une tablette
3. un crayon
4. un ordinateur
5. un appareil photo
6. une maison
7. une piscine
8. une montre

Test 11. Les contraires.

1. mauvais
2. fort
3. rapide
4. méchant
5. brun
6. triste

Test 12. Logique!

1. a   4. d   7. a
2. d   5. b   8. b
3. b   6. c

Test 13. L'heure.

1. E   3. A   5. B
2. F   4. D   6. C

RÉVISION 2 | Leçons 10–18

Structures

Test 1. Les adjectifs possessifs.

1. ton   6. leurs
2. ma   7. son
3. tes   8. nos
4. leur   9. vos
5. votre   10. son

Test 2. Les articles et les prépositions avec les pays.

1. La France, l'Espagne, le Portugal
2. aux États-Unis, au Canada
3. du Japon, au Mexique, en Argentine

Test 3. L'article partitif: formes et emplois.

1. le pain, la confiture
2. de l'eau minérale, le jus d'orange
3. de pâtes, de la salade
4. du sucre, de la crème
5. du vin, la bière
6. de l'ambition, de courage
7. du lait, de la limonade
8. de champagne, Le vin

Test 4. Autres structures.

1. a   4. a   7. b
2. d   5. d   8. d
3. c   6. b   9. b

Verbes

Test 5. Le présent des verbes comme *payer, acheter* et *préférer*; le présent des verbes réguliers en *-ir* et *-re*.

1. finissent   6. réussissons
2. attend   7. amène
3. vends   8. achètes
4. envoie   9. répondez
5. possède   10. célèbre

Test 6. Le présent des verbes irréguliers.

1. faites   6. viens
2. mets   7. apprennent
3. buvez   8. part
4. comprennent 9. sors
5. reviennent

Test 7. Le passé composé avec *avoir*: verbes réguliers.

1. ont joué   6. n'ai pas perdu
2. n'ai pas parlé   7. avons rendu
3. a téléphoné   8. n'ont pas fini
4. n'avons pas visité 9. as maigri
5. avez acheté   10. n'a pas vendu

Test 8. Les participes passés irréguliers.

1. a mis   6. a bu
2. a été   7. a appris
3. a eu   8. a dormi
4. a fait   9. a servi
5. a pris

Test 9. Les constructions négatives.

1. Non, je n'ai entendu personne.
2. Non, il n'est pas encore parti.
3. Non, je n'ai rien fait ce week-end.
4. Non, personne n'a téléphoné.
5. Non, rien n'est arrivé.
6. Non, je n'habite plus à Paris.

Test 10. *Être* ou *avoir*?

1. ont étudié; sont devenues
2. sont sortis; sont allés
3. a visité; est allée
4. ai invité; est venu
5. avez voyagé; êtes arrivés

Test 11. Verbes et expressions verbales.

1. sort   9. rend visite à
2. attend   10. met
3. nettoie   11. commande
4. grossit   12. apporte
5. fait   13. déjeune
6. fait les courses /   14. loue
   du shopping   15. porte
7. fait la cuisine   16. oublie
8. rencontre /   17. cherche
   retrouve   18. trouve

Vocabulaire

Test 12. Qu'est-ce que c'est?

1. des chaussettes	7. des frites
2. des lunettes	8. un maillot
3. un costume	9. un fromage
4. un chapeau	10. un gâteau
5. un bureau	11. une tarte
6. un fauteuil	12. un oeuf

Test 13. Logique!

1. a	5. d	9. b
2. d	6. a	10. b
3. c	7. b	11. d
4. a	8. a	12. c

RÉVISION 3 | Leçons 19–27

Structures

Test 1. Les pronoms compléments d'objet direct.

1. Jacques le regarde.	6. Je ne les ai pas connus.
2. Nous les invitons.	7. Invite-la.
3. Nous les écoutons.	8. Ne les invite pas.
4. Je l'aide.	9. Je ne veux pas l'acheter.
5. Il ne l'a pas aidée.	10. Je vais les écouter.

Test 2. Les pronoms compléments d'objet direct et indirect.

1. la, lui	4. les, leur
2. m', me	5. lui, l'
3. nous, nous	6. les, leur

Test 3. Quel pronom?

1. le	6. en
2. en	7. les
3. leur	8. lui
4. y	9. y
5. en	10. la

Test 4. L'ordre des pronoms compléments.

1. Paul la lui vend.	5. Montre-le-lui.
2. Jacqueline les leur donne.	6. Je les lui prête.
3. Anne la leur dit.	7. Donnez-le-moi.
4. Charles me la prête.	8. Prête-la-leur.

Test 5. *Qui* ou *que*?

1. qui	4. que
2. qui	5. que, qui
3. que	6. que, que

Verbes

Test 6. Le présent des verbes irréguliers.

1. ouvre	7. dites
2. suis	8. voyons
3. écrivez	9. court
4. peuvent	10. dois
5. connaissons	11. conduis
6. lisent	

Test 7. Le passé composé des verbes irréguliers.

1. avons dû	7. as pu
2. a vécu	8. a couru
3. as su	9. as connu
4. a ouvert	10. ai vu
5. as voulu	11. avons traduit
6. avez lu	

Test 8. La forme de l'imparfait.

1. habitais, habitions	6. avais, avions
2. voyais, voyait	7. apprenais, apprenait
3. rendais, rendaient	8. buvaient, buvais
4. étiez, étais	9. finissiez, finissait
5. faisions, faisaient	10. lisais, lisiez

Test 9. L'emploi de l'imparfait.

1. était, est arrivé	7. étais, j'ai rencontré
2. parlait	8. avons pris, jouaient
3. a parlé	9. a visité
4. a joué	10. est allé, faisait
5. jouais	11. est entré, jouaient
6. était, a eu	12. est resté, avait

Test 10. La forme des verbes réfléchis.

1. ne vous levez pas; vous êtes levé(e)(s)
2. me lave; me suis lavé(e)
3. ne se rase pas; s'est rasé
4. se lève tard; ne s'est pas levée
5. nous promenons; ne nous sommes pas promené(e)s
6. s'arrêtent; ne se sont pas arrêtés
7. s'amusent; ne se sont pas amusées

Test 11. Quelques verbes pronominaux (présent, infinitif, impératif).

1. se réveille	7. te souvenir
2. lève-toi	8. nous promener
3. se lève	9. se couche
4. nous habillons	10. ne vous impatientez pas
5. se rase	11. ne t'arrête pas
6. me reposer	12. Dépêchons-nous.

Vocabulaire

Test 12. Logique!

1. b	5. d	9. d
2. c	6. d	10. b
3. b	7. a	11. a
4. b	8. d	12. d

Test 13. Le mot exact.

1. rendez-vous	6. droit
2. note	7. cambriolage
3. campagne	8. natation
4. D'abord	9. régime
5. vérité	10. tête

RÉVISION 4 | Leçons 28–33

Structures

Test 1. Adjectifs irréguliers.

1. franche	4. ponctuelle
2. paresseuses	5. gentilles
3. folle	6. sérieux

Test 2. Adverbes en *-ment.*

1. calmement	4. brillamment
2. activement	5. lentement
3. sérieusement	6. poliment

Test 3. Les nombres ordinaux.

1. premier	4. neuvième
2. quatrième	5. dix-huitième
3. cinquième	6. trentième

Test 4. L'emploi de l'infinitif après les verbes, les adjectifs et les noms.

1. à	6. de	11. —
2. à	7. à	12. de
3. de	8. de	13. de
4. —	9. de	
5. de	10. à	

Verbes

Test 5. Les formes du futur.

1. habiterai, habiterons	7. ferai, feras
2. viendras, viendront	8. irons, iront
3. vendra, vendrez	9. réussiras, réussiront
4. sortirai, sortirons	10. recevrai, recevrez
5. pourront, pourrai	11. serez, serai
6. aura, aurez	12. courront, courras

Test 6. Le conditionnel.

1. voudrions	5. aurais
2. réussirions, réussirais, réussiraient	6. ferais
3. serait	7. pourriez
4. achèterais, achèterait, achèteriez	8. irions

Test 7. L'emploi des temps avec *quand* et *si.*

1. travaillera	6. travaillerait
2. travaille	7. travaillait
3. travaillait	8. travaille
4. travaillerait	9. travaillera
5. travaille	10. travaillait

Test 8. Le participe présent.

1. travaillant	4. lisant
2. faisant	5. attendant
3. prenant	

Test 9. Le subjonctif des verbes réguliers.

1. trouviez, réussissiez	5. finisse, choisisse
2. mange, maigrisse	6. vende, achète
3. finisses, joues	7. répondent, oublient
4. étudient, réussissent	8. téléphonions, rendions

Test 10. Le subjonctif: formation régulière, verbes à deux radicaux.

1. veniez, viennent	4. apprennes, apprennent
2. voie, voyiez	5. reçoivent, receviez
3. buvions, boive	

Test 11. Des subjonctifs irréguliers.

1. sois, soyez	5. aille, allions
2. ayons, aie	6. sachiez, sache
3. veuille, vouliez	7. puisses, puissent
4. fasse, fassiez	

Test 12. Indicatif ou subjonctif?

1. est	5. soit	9. est
2. soit	6. est	10. soit
3. soit	7. soit	11. est
4. soit	8. soit	12. soit

Test 13. Des verbes irréguliers.

1. croyons	4. déçois
2. ai cru	5. reçoivent
3. as reçu	6. craignez

Vocabulaire

Test 14. Logique!

1. c	3. c	5. c	7. d
2. a	4. c	6. b	8. d